财政部规划教材

全国中等职业学校财经类教材

会计岗位实训

（第四版）

刘雪清　主编

中国财政经济出版社

图书在版编目（CIP）数据

会计岗位实训/刘雪清主编．—4版．—北京：中国财政经济出版社，2007.3
财政部规划教材．全国中等职业学校财经类教材
ISBN 978-7-5005-9719-3

Ⅰ．会…　Ⅱ．刘…　Ⅲ．会计学-职业教育-教材　Ⅳ．F230

中国版本图书馆CIP数据核字（2007）第025065号

中国财政经济出版社 出版

URL：http://www.cfeph.cn
E-mail：cfeph@cfeph.cn

社址：北京市海淀区阜成路甲28号　邮政编码：100036
发行处电话：88190406　财经书店电话：64033436
北京富生印刷厂印刷　各地新华书店经销
787×1092毫米　16开　19印张　465 000字
2007年3月第4版　2011年8月北京第7次印刷
印数：34 081-37 080　定价：29.00元
ISBN 978-7-5005-9719-3/F·8441
（图书出现印装问题，本社负责调换）

编写说明

本书是财政部规划教材，由财政部教材编审委员会组织编写并审定，作为全国中等职业学校财经类教材。

会计是一门操作技能比较强的学科，突出实践教学尤为重要。近几年，中等职业学校都加大了会计岗位模拟实训课。实践证明，会计岗位模拟实训教学作为会计专业教学的重要组成部分，已经取得了很好的教学效果。学生普遍反映，通过会计岗位模拟实训，加深了对所学专业知识的理解和掌握，对毕业后胜任会计工作充满了信心。为了满足各类中等职业学校教学的需要，根据财政部2006—2008年学历教材新编修订计划，我们对《会计模拟实训（第三版)》再次进行了修订，并更名为《会计岗位实训（第四版)》。

此次修订的原则是：

1. 以教育部颁布的中职学校会计模拟实训教学大纲为依据，注重素质教育，全面体现中等职业学校教育、教学改革的精神。

2. 以财政部最新颁布的《企业会计准则》、《小企业会计制度》等及《会计基础工作规范》为依据，突出与新准则、新知识的结合。

3. 注重理论联系实际，突出实用性，将会计知识的应用放在首位，在知识内容的安排上从中等职业学校的实际出发，特色鲜明。

4. 在编写形式上从转变教学观念入手，结合我们在教学第一线的实际经验，在选择企业类型、设计业务等方面主要突出岗位实训，同时更加注重了财务会计软件的应用。

本书适用于全国中等职业学校财经类专业学生日常教学和毕业前实训；也可作为会计从业人员上岗前的培训教材。

本书由东北财经大学刘雪清任主编。承担此次修订工作的人员有：刘雪清（同时负责第三单元企业会计综合实训的修订），还有广东省财政职业技术学校黄莉（编写第二单元会计岗位实训手工操作部分）、辽东学院范颖茜（编写第二单元会计岗位实训会计电算化部分）、广东省财政职业技术学校李建华（参加了商品流通企业会计综合实训的修订）、无锡商业职业技术学院朱光明（参加了工业企业会计综合实训的修订）。刘雪清负责统稿和总纂。

编写一本优秀的实训教材是职业教育工作者的责任，希望能够继续得到多年来关注、使用本教材的广大师生们一如继往的支持。在此，也对教材中存在的疏漏和不足之处真诚地表示歉意。

用书学校任课老师若需要习题答案，请以电子邮件形式向中国财政经济出版社索取，E－mail:chenbing @ cfeph.cn。

编 者

2007年2月

目　录

第一单元

会计岗位模拟实训

实训一　出纳会计岗位实训

一、实训目的

1. 了解出纳工作的特点，理解出纳人员的工作职能、职责权限，掌握出纳业务日常工作基本程序和内容；掌握国家规定的现金开支范围、库存现金限额核定的要求。

2. 熟练掌握现金、银行存款日记账的启用、交接、保管的方法；熟练掌握现金、银行存款日记账的设置、登记、结账、对账及错账更正方法；熟练掌握现金日清月结、现金清查、现金保管的制度和操作方法。

3. 理解备用金制度，掌握备用金的预借、报销、核销方法；熟练掌握现金，银行存款收、付款业务日常处理程序和方法；掌握现金，银行存款收、付款业务日常处理的复核和审查；熟练掌握现金送存、提取的方法。

4. 了解支票的特点和有关规定，掌握支票的签发与结算手续、办理支票的挂失及预留印鉴的更换与保管；了解银行本票结算特点、有关规定和办理手续；理解银行汇票结算的特点和有关规定，掌握银行汇票的申请、签发、使用、退款及遗失后的处理等具体操作方法。

5. 理解委托收款结算方式的特点和有关规定，掌握办理托收、付款、拒付等手续；理解异地托收承付结算方式的特点和办理时应具备的条件，掌握办理托收、承付、拒付和逾期付款等手续；了解汇总结算的特点、有关规定和办理手续。

6. 熟练掌握与银行对账、编制银行存款余额调节表的基本程序和方法。

二、实训要求

1. 根据实训资料一的相关资料，填写账簿启用表，并登记现金日记账期初余额；根据相关原始凭证，填制记账凭证并登记现金日记账。

2. 根据实训资料二的相关资料，填制各种银行结算凭证。

3. 根据实训资料三的相关资料，填制收、付款凭证并登记现金、银行存款日记账；月末编制科目汇总表，并登记现金和银行存款总账；核对日记账与总账。逐笔核对银行存款日记账与银行对账单记录，查找并列出未达账项，编制银行存款余额调节表，核对银行日记账与对账单余额。

4. 实训用纸：记账凭证 25 张、现金日记账和银行存款日记账各 1 页、总分类账 2 页、科目汇总表 2 页。

三、实训资料

（一）实训资料一

1. 自备公共汽车票或其他原始凭证，训练原始凭证的粘贴方法，见表 1－1－1。

表 1－1－1

原始凭证粘贴单

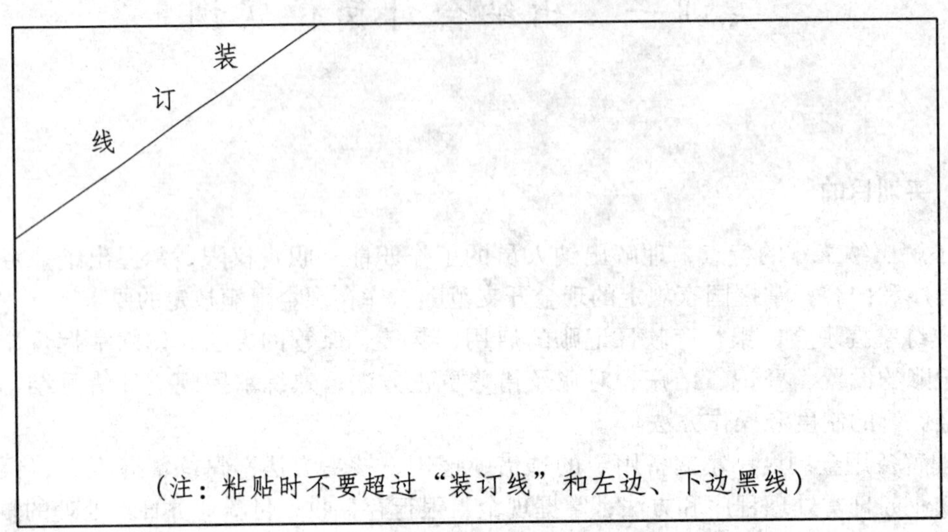

共粘贴原始凭证　　张，金额合计：¥____________

2. 广州长进贸易公司自本月 1 日起由你接替原出纳员陈月的工作，会计机构负责人仍是李力，请填写现金、银行存款日记账扉页并登记期初余额。其中，现金日记账余额为 4 000 元，银行存款日记账余额为 25 万元，见表 1－1－2、表 1－1－3。

表 1－1－2

账簿启用表

<table>
<tr><td colspan="2">单位名称</td><td colspan="8"></td><td>单位公章</td></tr>
<tr><td colspan="2">账簿名称</td><td colspan="8">现金日记账</td><td rowspan="4"></td></tr>
<tr><td colspan="2">账簿编号</td><td colspan="8">字第　　号第　　册共　　册</td></tr>
<tr><td colspan="2">账簿页数</td><td colspan="8">本账共计　　页</td></tr>
<tr><td colspan="2">启用日期</td><td colspan="8">年　　月　　日</td></tr>
<tr><td colspan="2">经管人员</td><td colspan="3">接管</td><td colspan="3">移交</td><td colspan="2">会计负责人</td><td>印花税票粘贴处</td></tr>
<tr><td>姓名</td><td>盖章</td><td>年</td><td>月</td><td>日</td><td>年</td><td>月</td><td>日</td><td>姓名</td><td>盖章</td><td rowspan="5"></td></tr>
<tr><td></td><td></td><td></td><td></td><td></td><td></td><td></td><td></td><td></td><td></td></tr>
<tr><td></td><td></td><td></td><td></td><td></td><td></td><td></td><td></td><td></td><td></td></tr>
<tr><td></td><td></td><td></td><td></td><td></td><td></td><td></td><td></td><td></td><td></td></tr>
<tr><td></td><td></td><td></td><td></td><td></td><td></td><td></td><td></td><td></td><td></td></tr>
</table>

表 1－1－3

账簿启用表

<table>
<tr><td colspan="3">单位名称</td><td colspan="6"></td><td colspan="2">单位公章</td></tr>
<tr><td colspan="3">账簿名称</td><td colspan="6">银行存款日记账</td><td colspan="2" rowspan="4"></td></tr>
<tr><td colspan="3">账簿编号</td><td colspan="6">字第　　号第　　册共　　册</td></tr>
<tr><td colspan="3">账簿页数</td><td colspan="6">本账共计　　页</td></tr>
<tr><td colspan="3">启用日期</td><td colspan="6">年　　月　　日</td></tr>
<tr><td colspan="2">经管人员</td><td colspan="6">接管移交</td><td colspan="2">会计负责人</td><td>印花税票粘贴处</td></tr>
<tr><td>姓名</td><td>盖章</td><td>年</td><td>月</td><td>日</td><td>年</td><td>月</td><td>日</td><td>姓名</td><td>盖章</td><td rowspan="5"></td></tr>
<tr><td></td><td></td><td></td><td></td><td></td><td></td><td></td><td></td><td></td><td></td></tr>
<tr><td></td><td></td><td></td><td></td><td></td><td></td><td></td><td></td><td></td><td></td></tr>
<tr><td></td><td></td><td></td><td></td><td></td><td></td><td></td><td></td><td></td><td></td></tr>
<tr><td></td><td></td><td></td><td></td><td></td><td></td><td></td><td></td><td></td><td></td></tr>
</table>

3．2006 年 12 月 5 日，广州长进贸易公司从银行提现金 3 000 元以备零星开支；12 月 21 日，收到所属零售商场交来营业款 5 095 元(100 元 30 张、50 元 28 张、20 元 23 张、10 元 11 张、5 元 12 张、2 元 25 张、1 元 15 张)(见表 1－1－4)送存银行。由你担任出纳(单位主管：陈强，会计：李力)，并据以填制现金支票(见表 1－1－5)和现金缴款单(见表1－1－6)。公司开户银行：广州工商银行中山路办事处，银行账号：0007－7036－3000－3360。

表 1－1－4

营业交款单

交款单位：零售部　　　　2006 年 12 月 21 日　　　　No 321564

交款项目	摘要	金额
销货款	12 月 21 日零售货款	5 095.00
合计人民币（大写）：伍仟零玖拾伍元整		¥ 5 095.00

②财会记账

收款人：　　　　　　　　交款人：

表 1－1－5

<table>
<tr><td rowspan="2">中国工商银行
现金支票存根
支票号码　No.
附加信息

出票日期　　年　　月　　日
收款人：
金额：
用途：

单位主管：　　会计：</td><td colspan="2">支票号码 No.
中国工商银行现金支票
出票日期（大写）　　年　　月　　日　付款行名称：
收款人：　　出票人账号：
本支票付款期限十天
人民币（大写）：　亿 千 百 十 万 千 百 十 元 角 分</td></tr>
<tr><td>用途
上列款项请从
我账户内支付
出票人签章</td><td>复核　　记账</td></tr>
</table>

表 1－1－6

中国工商银行　现金存款单（第一联回单）

年　　月　　日

<table>
<tr><td rowspan="2">存款单位</td><td>全称</td><td colspan="7"></td><td colspan="4">开户银行</td><td colspan="4"></td></tr>
<tr><td>账号</td><td colspan="7"></td><td colspan="4">款项来源</td><td colspan="4"></td></tr>
<tr><td colspan="8">人民币
（大写）</td><td colspan="8"></td><td>百十万千百十元角分</td></tr>
<tr><td>票面</td><td>张数</td><td>万</td><td>千</td><td>百</td><td>十</td><td>元</td><td>角</td><td>分</td><td>票面</td><td>张数</td><td>百</td><td>十</td><td>元</td><td>角</td><td>分</td><td rowspan="7">本存款单金额银行全部收讫

收款员　　复核员</td></tr>
<tr><td>壹百元</td><td></td><td></td><td></td><td></td><td></td><td></td><td></td><td></td><td>伍角</td><td></td><td></td><td></td><td></td><td></td><td></td></tr>
<tr><td>伍拾元</td><td></td><td></td><td></td><td></td><td></td><td></td><td></td><td></td><td>贰角</td><td></td><td></td><td></td><td></td><td></td><td></td></tr>
<tr><td>拾元</td><td></td><td></td><td></td><td></td><td></td><td></td><td></td><td></td><td>壹角</td><td></td><td></td><td></td><td></td><td></td><td></td></tr>
<tr><td>伍元</td><td></td><td></td><td></td><td></td><td></td><td></td><td></td><td></td><td>伍分</td><td></td><td></td><td></td><td></td><td></td><td></td></tr>
<tr><td>贰元</td><td></td><td></td><td></td><td></td><td></td><td></td><td></td><td></td><td>贰元</td><td></td><td></td><td></td><td></td><td></td><td></td></tr>
<tr><td>壹元</td><td></td><td></td><td></td><td></td><td></td><td></td><td></td><td></td><td>壹元</td><td></td><td></td><td></td><td></td><td></td><td></td></tr>
</table>

此联由银行盖章后退回单位

会计：　　　　　　　　复核：　　　　　　　　记账：

4．2007 年 1 月，广州长进贸易公司根据企业实际需要，准备调整库存现金限额，申请出纳库存现金为 6 000 元，其中，备用金为 2 000 元；见表 1－1－7。

表 1－1－7

库存现金限额申请批准书

填报单位：　　　　　　　　开户银行：　　　　　　　　账号：　　　　　　　　单位：元

项　　目	申 请 表	批 准 数	说明
库存限额合计： 其中： 1．出纳 2．备用金 3． 4．			
（申请单位盖章） 年　月　日	（单位主管部门意见） 年　月　日	（开户银行审查意见） 年　月　日	

5．2007 年 1 月 30 日，广州长进贸易公司清点库存现金余额为 4 800 元，实际盘点余额为 4 600 元，另有 200 元是白条抵库。填制现金清查盘点报告表（见表 1－1－8）及余缺的处理。

表 1－1－8

现金清理盘点报告表

单位名称：　　　　　　　　　　　　年　　月　　日

<table>
<tr><td rowspan="2">账面金额</td><td rowspan="2">实盘金额</td><td colspan="2">清查结果</td><td colspan="2" rowspan="2">问题简要说明</td></tr>
<tr><td>盘盈</td><td>盘亏</td></tr>
<tr><td></td><td></td><td></td><td></td><td colspan="2"></td></tr>
<tr><td>主管部门
处理意见</td><td colspan="3"></td><td>备注</td><td></td></tr>
</table>

财务负责人：　　　　　　出纳：　　　　　　监盘人：　　　　　　盘点人：

（二）实训资料二

长沙湘北机械集团（长沙湘北机械集团地址：长沙市人民路 213 号，开户银行：长沙市中行人民路分理处，账号：0863－0008－6860）2006 年 12 月 1 日银行存款日记账余额为 55 万元，2006 年 12 月发生以下经济业务，根据以下业务填制相应银行结算凭证：

1．8 日，向太原市钢铁集团（开户银行：太原市工行中山分理处，账号：0436－7000－5990）采购原材料，开出委托书向开户银行申请并办妥面额为 24 万元的银行汇票一张，持往太原市中山路 103 号购料，见表 1－1－9、表 1－1－10。

表 1－1－9

中国工商银行汇票申请书（存根）　1　　第　　号

申请日期　　　　　　　　　　　年　　月　　日

<table>
<tr><td>申请人</td><td></td><td>收款人</td><td colspan="10"></td></tr>
<tr><td>账　　号
或住址</td><td></td><td>账　　号
或住址</td><td colspan="10"></td></tr>
<tr><td></td><td></td><td>代　　理
付款行</td><td colspan="10"></td></tr>
<tr><td rowspan="2">人民币
（大写）</td><td colspan="2" rowspan="2"></td><td>千</td><td>百</td><td>十</td><td>万</td><td>千</td><td>百</td><td>十</td><td>元</td><td>角</td><td>分</td></tr>
<tr><td></td><td></td><td></td><td></td><td></td><td></td><td></td><td></td><td></td><td></td></tr>
</table>

此联申请人留存

备注　　　　　　　　　　　科　　目

　　　　　　　　　　　　　对方科目

　　　　　　　　　　　　　财务主管　　复核　　经办

表 1－1－10

付款期限
壹 个 月

银行汇票（卡片）1　汇票号码

出票日期　　　　　　　　　　　　　　　　　　　　　　　　第　号
（大写）　　　年　月　日　代理付款行：　　　　　　行号：

收款人：				账号：							
出票金额人民币 （大写）											
实际结算金额人民币 （大写）	千	百	十	万	千	百	十	元	角	分	

申请人：　　　　　　　　　账号或住址：

出票行：　　　　行号：

备注

复核　　　经办

科目（借）

对方科目

销账日期　年　月　日

复核　　　记账

此联出票行结清汇票时作汇出汇款借方凭证

2. 11 日，销售产品一批给沈阳市汽车贸易公司（沈阳市汽车贸易公司地址：沈阳市和平区淮南路 34 号，开户银行：沈阳市工行淮南分理处，账号：0045－6700－1344），价值 117 000 元（交易合同号：02570），采用商业汇票结算，收到承兑期为 4 个月的商业汇票一张，见表 1－1－11。

表 1－1－11

商业承兑汇票　（卡片）　1

出票日期：　　　　　年　月　日　　　　　第　0107 号
（大写）

付款人	全　称		收款人	全　称	
	账　号			账　号	
	开户银行			开户银行	

出票金额	人民币（大写）	千	百	十	万	千	百	十	元	角	分

汇票到期日（大写）		付款人开户行	账号	
			地址	

交易合同号：	备注：
出票人签章	

3．15日，偿还原欠长沙市金属公司（长沙市金属公司地址：长沙市云山路102号，开户银行：长沙市工行武陵分理处，账号：0365－0009－4728）材料款23 400元，向开户银行申请并办妥银行本票一张交付，见表1－1－12，表1－1－13。

表1－1－12

中国工商银行本票申请书（存根） **1** 第 号

申请日期 年 月 日

申请人		收款人											
账 号 或住址		账 号 或住址											
		代 理 付款行											
人民币 （大写）			千	百	十	万	千	百	十	元	角	分	
备注		科 目											
		对方科目											
		财务主管 复核 经办											

此联申请人留存

表1－1－13

付款期限 壹 个 月	中国工商银行 **本 票 2**	地名 本票号码
	出票日期 年 月 日 （大写）	第 号

收款人：			
凭票即付人民币 （大写）			
转账	现金		科目（借） 对方科目（贷）
备注：		出票行签章	付款日期 年 月 日 出纳 复核 经办

此联出票行结清本票时作借方凭证

4．18 日，向长沙古城百货公司（开户银行：长沙市工行新街分理处，账号：0363－0003－4660）购买办公用品一批，价款 8 650 元，开出转账支票支付，见表 1－1－14。

表 1－1－14

<table>
<tr>
<td>
中国工商银行
转账支票存根
支票号码 No.
附加信息

出票日期 年 月 日

收款人：
金额：
用途：

单位主管： 会计：
</td>
<td>
支票号码 No.
中国工商银行转账支票
出票日期（大写） 年 月 日 付款行名称：
收款人： 出票人账号：
本支票付款期限十天
人民币（大写）： 亿 千 百 十 万 千 百 十 元 角 分
用途：
上列款项请从
我账户内支付
出票人签章 复核 记账
</td>
</tr>
</table>

5．20 日，用信汇方式汇出款项 12 万元，用于向包头市钢铁集团（地址：包头市中原路 68 号，开户银行：包头市工行小巷分理处，账号：0567－3300－4666）采购原材料，见表 1－1－15。

表 1－1－15

中国工商银行信汇凭证（回单） **3**

委托日期 年 月 日

<table>
<tr><td rowspan="3">汇款人</td><td>全 称</td><td colspan="3"></td><td rowspan="3">收款人</td><td>全 称</td><td colspan="3"></td><td rowspan="6">此联汇出行给付款人的回单</td></tr>
<tr><td>账 号
或住址</td><td colspan="3"></td><td>账 号
或住址</td><td colspan="3"></td></tr>
<tr><td>汇 出
地 点</td><td></td><td>汇出行
全 称</td><td></td><td>汇 入
地 点</td><td></td><td>汇入行
全 称</td><td></td></tr>
<tr><td>金额</td><td>人民币
（大写）</td><td colspan="8">百 十 万 千 百 十 元 角 分</td></tr>
<tr><td colspan="5" rowspan="2">款项已汇入收款人账户

汇入行签章</td><td colspan="2">支付密码</td><td colspan="3"></td></tr>
<tr><td colspan="5">附加信息及用途

复核 记账</td></tr>
</table>

6. 25 日，销售给长沙市白沙集团（地址：长沙市三岔路 116 号，开户银行：长沙市工行三岔路分理处，账号：0363－0005－5555）产品一批，价款 91 600 元（合同号 9781），产品已送货上门，对方验收入库，凭发票委托银行办理收款（邮划），见表 1－1－16。

表 1－1－16

托收凭证（受理回单）　　**1**

委托日期　　年　　月　　日

<table>
<tr><td colspan="2">业务类型</td><td colspan="2">委托收款（ □邮划 □ 电划）</td><td colspan="11">托收承付（□邮划 □电划）</td></tr>
<tr><td rowspan="3">付款人</td><td>全　称</td><td></td><td rowspan="3">收款人</td><td>全　称</td><td colspan="10"></td></tr>
<tr><td>账　号</td><td></td><td>账　号</td><td colspan="10"></td></tr>
<tr><td>开户银行</td><td></td><td>开户银行</td><td colspan="10"></td></tr>
<tr><td rowspan="2">托收金额</td><td rowspan="2" colspan="4">人民币（大写）</td><td>千</td><td>百</td><td>十</td><td>万</td><td>千</td><td>百</td><td>十</td><td>元</td><td>角</td><td>分</td></tr>
<tr><td></td><td></td><td></td><td></td><td></td><td></td><td></td><td></td><td></td><td></td></tr>
<tr><td colspan="2">款项内容</td><td></td><td>托收凭据名　称</td><td></td><td colspan="3">托收承付</td><td colspan="3">附寄单证张数</td><td colspan="4"></td></tr>
<tr><td colspan="2">商品发运情况</td><td colspan="2"></td><td>合同名称号　码</td><td colspan="10"></td></tr>
<tr><td colspan="3">备注：
复核　　记账</td><td colspan="2">款项收妥日期
年　　月　　日</td><td colspan="10">收款单位开户银行盖章
年　　月　　日</td></tr>
</table>

7. 28 日，按合同销售给成都市大旺食品公司（开户银行：成都市工行长江分理处，账号：0666－0007－8777）产品一批（货已发），价款 93 600 元，办理铁路托运代垫运输费 900 元，将合同（合同号 3146）、发票、运单送交银行办理托收承付收款手续（电划），见表1－1－17。

表 1－1－17

托收凭证（受理回单）　　**1**

委托日期　　年　　月　　日

<table>
<tr><td colspan="2">业务类型</td><td colspan="2">委托收款（ □邮划 □ 电划）</td><td colspan="11">托收承付（□邮划 □电划）</td></tr>
<tr><td rowspan="3">付款人</td><td>全　称</td><td></td><td rowspan="3">收款人</td><td>全　称</td><td colspan="10"></td></tr>
<tr><td>账　号</td><td></td><td>账　号</td><td colspan="10"></td></tr>
<tr><td>开户银行</td><td></td><td>开户银行</td><td colspan="10"></td></tr>
<tr><td rowspan="2">托收金额</td><td rowspan="2" colspan="4">人民币（大写）</td><td>千</td><td>百</td><td>十</td><td>万</td><td>千</td><td>百</td><td>十</td><td>元</td><td>角</td><td>分</td></tr>
<tr><td></td><td></td><td></td><td></td><td></td><td></td><td></td><td></td><td></td><td></td></tr>
<tr><td colspan="2">款项内容</td><td></td><td>托收凭据名　称</td><td></td><td colspan="3">托收承付</td><td colspan="3">附寄单证张数</td><td colspan="4"></td></tr>
<tr><td colspan="2">商品发运情况</td><td colspan="2"></td><td>合同名称号　码</td><td colspan="10"></td></tr>
<tr><td colspan="3">备注：
复核　　记账</td><td colspan="2">款项收妥日期
年　　月　　日</td><td colspan="10">收款单位开户银行盖章
年　　月　　日</td></tr>
</table>

8．29日，向本市远华集团（开户银行：长沙市工行新街分理处，账号：0363－3213－5890）销售产品一批，价税合计46 800元，收到转账支票一张，见表1－1－18、表1－1－19。

表1－1－18

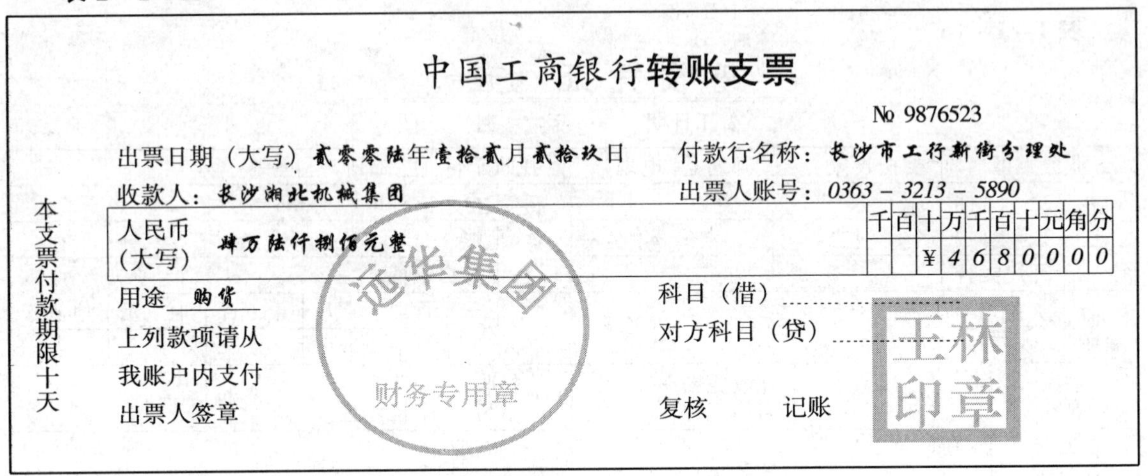

中国工商银行转账支票

№ 9876523

本支票付款期限十天

出票日期（大写）贰零零陆年壹拾贰月贰拾玖日　　付款行名称：长沙市工行新街分理处

收款人：长沙湘北机械集团　　出票人账号：0363－3213－5890

人民币（大写）	肆万陆仟捌佰元整	千	百	十	万	千	百	十	元	角	分
				¥	4	6	8	0	0	0	0

用途 购货　　科目（借）

上列款项请从　　对方科目（贷）

我账户内支付

出票人签章　　复核　　记账

远华集团 财务专用章　　王林印章

表1－1－19

银行进账单 3

（回单或收账通知）

年　月　日

收款人	全　称										
	账　号										
	开户银行										
人民币	千	百	十	万	千	百	十	元	角	分	
付款人	全　称										
	账　号										
	开户银行										
款项来源											
收款人开户行盖章											

银行进账单（贷方凭证）2

年　月　日

收款人	全　称			
	开户银行		账号	
款项来源				

合计金额	人民币（大写）：	千	百	十	万	千	百	十	元	角	分

付款人名称或账号	金额								付款人名称或账号	金额								对方科目：
	百	十	万	千	百	十	元	角	分	百	十	万	千	百	十	元	角	分
																		复核　记账

（三）实训资料三

广州天丝纺织品有限责任公司，开户银行：中国工商银行人民路支行，账号：0012－2610－2856。2006年12月份有现金、银行存款业务如下：

1．11月末现金余额850元，银行存款余额226 000元。

2. 12月份发生有关现金、银行存款收、付款业务，见表1－1－20。

表1－1－20

现金、银行存款收、付款业务

2006年12月

序号	日期	经济业务内容	原始凭证名称数量
1	3	开出现金支票提取2 000元备用。	现金支票存根一张，号码为8805
2	3	向上海第一棉纺织厂电汇85 000元，预付购料款。	汇款回单一张，对方开户银行为工行上海市分行，账号是001245682798
3	4	向红星工厂出租包装物45个，每个收取押金100元，共计现金4 500元，开具现金收据。	现金收据一张
4	5	以现金支付司机张涌报销的汽油费500元。	发票一张
5	5	收到银行转来的收款通知，深圳大华商贸公司承付货款8 400元。	收账通知联一张
6	6	李明借支差旅费1 000元，以现金支付。	差旅费借支单一张
7	10	赵杰调离采购员岗位，交回定额备用金1 500元。	现金收据一张
8	11	李明出差回厂报销差旅费650元，退回多余现金350元。	差旅费报销单一张 现金收据一张
9	12	根据工资结算单上的实发工资，开具现金支票8806＃，金额为86 000元，备发工资。	支票存根一张，号码为8806
10	12	支付本月工资86 000元。	工资表一份
11	13	以现金支付餐费900元。	餐费、现金支出凭证各一张
12	14	向银行送存现金2 800元。	缴款单回单一张
13	15	向上海明珠贸易公司销售毛巾500条，价税合计46 800元，收到银行汇票。	发票、银行收账通知各一张，银行汇票号码为7698
14	16	销售产品，收到现金800元。	发票、现金收据各一张
15	17	收到银行转来的计算利息清单，收到利息1 200元。	计息清单一张
16	20	电信公司划转电话费1 000元。	发票、银行付款通知单各一张
17	21	收到银行转来的付款通知单，支付本月水电费3 300元。	银行付款通知单一张
18	24	采购员张华采购办公用品一批650元，报销，以现金补足其定额备用金。	发票、现金支出凭证各一张
19	25	销售产品，价税合计23 400元，收到银行本票。	发票、银行收账通知各一张
20	28	购入材料3万元，增值税5 100元，开具转账支票，另以现金支付运杂费500元。	转账支票存根号码为9806
21	28	银行转来收账通知，收到株洲冶炼厂前欠货款45 000元。	收账通知单一张
22	29	电汇款10万元，归还山东顺风纺织品公司货款，手续费50元。	发票、银行付款通知、手续费各一张
23	31	销售产品一批，价税合计58 500元，收到转账支票，已办理进账手续。	转账支票一张号码为9725，发货票一张号码为4306
24	31	盘点现金，短款100元，由出纳文莉负责。	现金盘点表一张

3．12月份银行对账单（见表1－1－21），编制银行存款余额调节表（见表1－1－22）。

表1－1－21

中国工商银行人民路支行对账单

月利息率：2%　　　　账号：0012－2610－2856

2006年 月	日	凭证号码	摘要	借方	贷方	借或贷	余额	记账	复核
11	30		承前页			贷	226 000		
12	3	8805	备用金	2 000		贷	224 000		
12	3		电汇	85 000		贷	139 000		
12	5		托收		8 400	贷	147 400		
12	12	8806	工资	86 000		贷	61 400		
12	14		现金		2 800	贷	62 400		
12	15	7689	收到银行汇票		46 800	贷	111 000		
12	17		计息		1 200	贷	112 200		
12	20		电话费	1 000		贷	111 200		
12	21		水电费	3 300		贷	107 900		
12	25		收银行本票		23 400	贷	131 300		
12	28		托收		45 000	贷	176 300		
12	28	4308	转支		5 000	贷	181 300		
12	29		汇款	100 050		贷	81 250		
12	31		承付	6 000		贷	75 250		
12	31		托收		2 400	贷	77 650		

表1－1－22

银行存款余额调节表

企业账面余额		银行对账单余额	
加：企业未收账款		加：银行未收款	
减：企业未付账款		减：银行未付款	
调整后余额		调整后余额	

会计主管：　　　　复核：　　　　出纳：

附：未达账清单

企业未达账项 月	日	摘要	未收	未付	银行未达账项 月	日	摘要	未收	未付
		合计					合计		

实训二　材料会计岗位实训

一、实训目的

1. 了解材料会计岗位的职责。
2. 掌握材料收发业务原始凭证的填制与审核及收、发料汇总表的编制。
3. 掌握材料各种情况下收发业务的处理。
4. 掌握材料、物资采购明细账的设置和登记方法。
5. 掌握材料总账的登记和与材料明细账的核对方法。
6. 掌握材料清查盘点的程序和方法。
7. 会应用财务软件进行材料核算。

二、实训要求

1. 原材料收发采用实际成本核算。

(1) 根据材料采购原始凭证，逐笔编制记账凭证，进行原材料的购入核算。

(2) 月末根据原材料发出凭证汇总编制“发出材料汇总表”，再据此编制记账凭证，集中进行原材料发出的核算（月末一次加权平均法）。

注意：计算各项发出存货的实际成本时，为防止小数点误差（小数四舍五入，保留两位），应先计算出期末各项存货的实际成本（期末存货数量×加权平均单价），再倒挤出发出存货的实际成本（月初存货的实际成本+本月收入存货的成本-期末存货的成本）。

2. 包装物、低值易耗品收发采用实际成本核算，并采用一次摊销法。

(1) 根据包装物采购原始凭证，逐笔编制记账凭证，进行包装物购入核算。

(2) 月末根据平时包装物发出凭证汇总编制“包装物领用汇总表”，采用加权平均法计算结转包装物发出成本，一次计入有关成本费用。

3. 根据部分发生的经济业务，填制自制原始凭证和记账凭证。

4. 登记原材料、包装物、低值易耗品明细账及物资采购明细账。

5. 编制科目汇总表。

6. 根据科目汇总表登记原材料、包装物、低值易耗品、物资采购总账。

7. 实训用纸：记账凭证20张，数量金额式明细账11张（若双面，则需6张），物资采购明细账2张（双面1张），总账4张（双面2张）。

三、实训资料

1. 广州牛牛乳业有限公司有关存货账户余额见表1-2-1。

表 1－2－1

存货账户余额表

2006 年 11 月 30 日

总账	明细账格式		借或贷	余额		备注
				总账	明细账	
物资采购			借	32 000		
	原材料	C	借		12 000	单位成本 4 元/千克 3 000 千克（白糖）
	包装物	C	借		20 000	单位成本 1.9 元/个 数量 1 万个（纸箱） 其中运费 1 000 元
原材料			借	55 190		
	鲜奶	B	借		50 000	单位成本 5 元/千克 数量 1 万千克
	奶粉	B	借		2 200	单位成本 22 元/千克 数量 100 千克
	白糖	B	借		1 950	单位成本 3.9 元/千克 数量 500 千克
	香精	B	借		1 040	单位成本 52 元/千克 数量 20 千克
包装物				22 000		
	纸箱	B	借		1 800	单位成本 1.80 元/个 数量 1 000 个
	250 毫升内包装	B	借		7 600	单位成本 380 元/箱 数量 20 箱
	500 毫升内包装	B	借		12 600	单位成本 420 元/箱 数量 30 箱
低值易耗品			借	4 960		
	高强石墨垫	B	借		960	单位成本 80 元/个 数量 12 个
	250 瓦射灯	B	借		1 000	单位成本 100 元/个 数量 10 个
	卫生管	B	借		2 100	单位成本 70 元/米 数量 30 米
	管理用具	B	借		900	单位成本 18 元/件 数量 50 件

说明：B 表示数量金额明细账；C 表示多栏式明细账。

2. 根据以下经济业务，做出相应账务处理：

(1) 12月1日，上月向东莞华丽纸业公司购入纸箱1万个入库，原每个1.90元，价款19 000元，增值税3 230元，运费1 000元是扣税后金额，见表1-2-2。

表1-2-2

收　料　单

年　　月　　日　　　　　　　　字第　　号

来料单位		发票		号	年	月	日收到							
编号	材料名称	规格	送验数量	实收数量	单位	单价	金额							
							十	万	千	百	十	元	角	分
备注		验收人				合计 ¥								

会计　　出纳　　复核　　记账　　制单

③会计

(2) 12月1日，基本生产车间生产产品领用高强石墨垫8个，250瓦射灯6个，卫生管20米，辅助生产车间领用管理用具30件，行政管理部门领用管理用具15件（领用存货时，在有关存货明细账上登记发出数量，不登记金额，月末计算出加权平均单价后，再登记金额。以下类似业务处理方法相同），见表1-2-3。

表1-2-3（1/3）

____字第____________号

领料部门____________

生产通知单号别________

领　料　单

年　　月　　日

No.0007114

制品名称：				制造数量：			领料用途：							
编号	品名	规格	单位	请领数量	实发数量	单价	金额							备注
							十	万	千	百	十	元	角	分	
附件：				张	合计										

主管　　会计　　记账　　发料　　领料　　制单

第二联：交会计部门

表 1－2－3（2/3）

____字第____________号

领　料　单

领料部门____________

生产通知单号别__________

年　　月　　日

No.0007115

制品名称：				制造数量：					领料用途：						
编号	品　名	规格	单位	请领数量	实发数量	单价	金额								备注
							十	万	千	百	十	元	角	分	
附件：				张	合　计										

第二联：交会计部门

主管　　会计　　记账　　发料　　领料　　制单

表 1－2－3（3/3）

____字第____________号

领　料　单

领料部门____________

生产通知单号别__________

年　　月　　日

No.0007116

制品名称：				制造数量：					领料用途：						
编号	品　名	规格	单位	请领数量	实发数量	单价	金额								备注
							十	万	千	百	十	元	角	分	
附件：				张	合　计										

第二联：交会计部门

主管　　会计　　记账　　发料　　领料　　制单

（3）12 月 2 日，向广州金泉股份有限公司购鲜奶 15 000 千克，每千克 4.80 元，货款 72 000元，增值税 12 240 元，合计 84 240 元，鲜奶入库（支票付款），见表 1－2－4。

表 1－2－4（1/4）

收　料　单

年　　月　　日　　　　字第　　号

来料单位		发票　　号			年　　月　　日收到										
编号	材料名称	规格	送验数量	实收数量	单位	单价	金额								
							十	万	千	百	十	元	角	分	
备注		验收人			合计￥										

③会计

会计　　出纳　　复核　　记账　　制单

表 1－2－4（2/4）

广东增值税专用发票

№ 0259681

发　票　联

开票日期：2006 年 12 月 2 日

购货单位	名　　称：广州市牛牛乳业有限公司 纳税人识别号：440122312560688 地 址 电 话：广州市中山路 18 号 开户行及账号：4077300005699	密码区	3< >20－3＋8＋7< ＋5－2＋487< 4> ＋6059/3499626－/－＋/8> 1<12/5<1＋＋/28220＊49/0 6>5<24－ >>3＊05/ >>92	加密版本号： 14 3240023220 07881134

货物或应税劳务名称	规格型号	单位	数量	单价	金额	税率	税额
鲜奶		千克	15 000	4.80	72 000.00	17%	12 240.00
合　计					72 000.00		12 240.00
价税合计（大写）	捌万肆仟贰佰肆拾元整			（小写）￥84 240.00			

销货单位	名　　称：广州金泉股份有限公司 纳税人识别号：440102708258082 地 址 电 话：广州市金泉路 187 号 开户行及账号：建行广州市金泉办事处	备注	广州金泉股份有限公司 440102708258082 发票专用章

收款人：吴山　　复核：许清　　开票人：刘艳　　销货单位：（章）

第二联：发票联　购货方记账凭证

表 1－2－4（3/4）

广东增值税专用发票

№ 0259681

抵　扣　联

开票日期：2006 年 12 月 2 日

购货单位	名　　称：广州市牛牛乳业有限公司 纳税人识别号：440122312560688 地 址 电 话：广州市中山路 18 号 开户行及账号：4077300005699	密码区	3< >20－3＋8＋7< ＋5－2＋487< 4> ＋6059/3499626－/－＋/8> 1<12/5<1＋＋/28220＊49/0 6>5<24－ >>3＊05/ >>92	加密版本号： 14 3240023220 07881134

货物或应税劳务名称	规格型号	单位	数量	单价	金额	税率	税额
鲜奶		千克	15 000	4.80	72 000.00	17%	12 240.00
合　计					72 000.00		12 240.00
价税合计（大写）	捌万肆仟贰佰肆拾元整			（小写）￥84 240.00			

销货单位	名　　称：广州金泉股份有限公司 纳税人识别号：440102708258082 地 址 电 话：广州市金泉路 187 号 开户行及账号：建行广州市金泉办事处	备注	广州金泉股份有限公司 440102708258082 发票专用章

收款人：吴山　　复核：许清　　开票人：刘艳　　销货单位：（章）

第一联：抵扣联　购货方扣税凭证

表 1-2-4（4/4）

中国工商银行 转账支票存根 支票号码 No. 附加信息 ______ ______ 出票日期 年 月 日 收款人： 金额： 用途： 单位主管： 会计：	支票号码 No. **中国工商银行转账支票** 出票日期（大写） 年 月 日 付款行名称： 收款人： 出票人账号： 本支票付款期限十天 人民币（大写）： 亿 千 百 十 万 千 百 十 元 角 分 用途：______ 上列款项请从 我账户内支付 出票人签章 复核 记账

(4) 12月3日，向深圳红光公司购奶粉350千克，每千克20元，价款7 000元，增值税1 190元，小计8 190元；购白糖600千克，每千克4元，价款2 400元，增值税408元，小计2 808元；购香精50千克，每千克50元，价款2 500元，增值税425元。款汇出，材料未入库（结算手续费80元），见表1-2-5。

表 1-2-5（1/4） **广东增值税专用发票** № 2578697

抵 扣 联 开票日期：2006年12月3日

购货单位	名称：广州市牛牛乳业有限公司 纳税人识别号：440122312560688 地址电话：广州市中山路18号 开户行及账号：4077300005699			密码区	3<>20-3+8+7<+5-2+487< 4>+6059/3477626-/-+/8> 1<12/5<1++/28220*49/0 6>5<24->>3*05/>>92	加密版本号： 23 3240023220 07881134		
货物或应税劳务名称	规格型号	单位	数量	单价	金额	税率	税额	
奶粉		千克	350	20.00	7 000.00	17%	1 190.00	
白糖		千克	600	4.00	2 400.00	17%	408.00	
香精		千克	50	50.00	2 500.00	17%	425.00	
合计					11 900.00	17%	2 023.00	
价税合计（大写）	壹万叁仟玖佰贰拾叁元整				（小写）￥13 923.00			
销货单位	名称：深圳红光公司 纳税人识别号：440252215774221 地址电话：深圳深南路210号 开户行及账号：00115-3310-0007			备注	深圳红光公司 440252215774221 发票专用章			

第一联：抵扣联 购货方扣税凭证

收款人：罗小华 复核：钱金 开票人：全君 销货单位：（章）

表 1-2-5（2/4）

全国统一发票监制章 广东

广东增值税专用发票

№ 2578697

发　票　联

开票日期：2006 年 12 月 3 日

购货单位	名　　称：广州市牛牛乳业有限公司 纳税人识别号：440122312560688 地 址 电 话：广州市中山路 18 号 开户行及账号：4077300005699	密码区	3＜＞20－3＋8＋7＜＋5－2＋487＜ 4＞＋6059/3477626－/－＋/8＞ 1＜12/5＜1＋＋/28220＊49/0 6＞5＜24－＞＞3＊05/＞＞92	加密版本号： 23 3240023220 07881134

货物或应税劳务名称	规格型号	单位	数量	单价	金额	税率	税额
奶粉		千克	350	20.00	7 000.00	17%	1 190.00
白糖		千克	600	4.00	2 400.00	17%	408.00
香精		千克	50	50.00	2 500.00	17%	425.00
合　计					11 900.00	17%	2 023.00
价税合计（大写）	壹万叁仟玖佰贰拾叁元整				（小写）￥13 923.00		

销货单位	名　　称：深圳红光公司 纳税人识别号：440252215774221 地 址 电 话：深圳深南路 210 号 开户行及账号：00115—3310—0007	备注	深圳红光公司 440252215774221 发票专用章

收款人：罗小华　　复核：钱金　　开票人：全君　　销货单位：（章）

第二联：发票联　购货方记账凭证

表 1-2-5（3/4）

中国工商银行信汇凭证（回单）　　3

委托日期 2006 年 12 月 3 日

汇款人	全　称	广州市牛牛乳业有限公司			收款人	全　称	深圳红光公司		
	账号或住址	4077300005699				账号或住址	00115—3310—0007		
	汇出地点	广州市	汇出行全称	市工行中山办		汇入地点	深圳市	汇入行全称	市工行南山办

金额	人民币（大写）	壹万叁仟玖佰贰拾叁元整	百	十	万	千	百	十	元	角	分
				￥	1	3	9	2	3	0	0

款项已收入收款人账户 中国工商银行广州分行 中山支行 2006.12.3 汇入行签章	支付密码	
	附加信息及用途 复核　　记账	

此联汇出行给付款人的回单

表 1－2－5（4/4）

工商银行广州分行

付款通知书

网点号：9002　　交易代码：240424　　日期：2006.12.03

单位名称：广州市牛牛乳业有限公司			
账号：4077300005699			
摘要：汇款金额：13 923.00 邮电费：5.00 手续费：75.00	中国工商银行广州分行 中山支行 2006.12.3		
		金额合计：	¥80.00
金额合计：（大写）	人民币捌拾元整		

第二联　回单

注：此付款通知书加盖我行业务公章方有效。

流水号：000151　　经办：3894

（5）12 月 3 日，向东莞华丽纸业公司购入 250 毫升内包装 50 箱，每箱 400 元，价款 2 万元，增值税 3 400 元，小计 23 400 元；购入 500 毫升内包装 90 箱，每箱 430 元，价款 38 700 元，增值税 6 579 元，小计 45 279 元。用银行汇票付款，包装物尚未入库（余额 1 321 元退回），见表 1－2－6。

表 1－2－6（1/3）

付款期限
壹 个 月

中国工商银行　多余款

银行汇票　收账通知　4

No.0112912

出票日期　　第　号

(大写) 贰零零陆年壹拾贰月零叁日	代理付款行：工行中山支行　行号：										
收款人：东莞华丽纸业公司	账号：4601－1234－0156										
出票金额 人民币（大写） 柒万元整	中国工商银行广州分行 中山支行 2006.12.23 (31)										
		千	百	十	万	千	百	十	元	角	分
实际结算金额 人民币（大写） 陆万捌仟陆佰柒拾玖元整				¥	6	8	6	7	9	0	0

此联出票行结清多余款后交申请人

申请人：＿＿＿＿＿＿　账号或住址：4077300005699

出票行：＿＿＿行号：＿＿＿

备　注：＿＿＿＿＿＿

出票行盖章

2006 年 12 月 3 日

多余金额									
千	百	十	万	千	百	十	元	角	分
			¥	1	3	2	1	0	0

左列退回多余金额已收入你账户内。

财务主管　复核　经办人

表 1-2-6（2/3）

广东增值税专用发票

№ 03567782

发　票　联

开票日期：2006 年 12 月 3 日

购货单位	名　　称：广州市牛牛乳业有限公司 纳税人识别号：440122312560688 地 址 电 话：广州市中山路 18 号 开户行及账号：4077300005699	密码区	3<>20-3+8+7<+5-2+487< 4>+6059/3455411-/-+/8> 1<12/5<1++/28220*49/0 6>5<24->>3*05/>>92	加密版本号： 56 3240023990 07881134

货物或应税劳务名称	规格型号	单位	数量	单价	金额	税率	税额
內包装	250ml	箱	50	40.00	20 000.00	17%	3 400.00
內包装	500ml	箱	90	430.00	38 700.00	17%	6 579.00
合　计					58 700.00		9 979.00
价税合计（大写）	陆万捌仟陆佰柒拾玖元整			（小写）¥ 68 679.00			

销货单位	名　　称：东莞华丽纸业公司 纳税人识别号：440501284511145 地 址 电 话：东莞市民主路 25 号 开户行及账号：建行东莞市民主路办	备注	东莞华丽纸业公司 440501284511145 发票专用章

收款人：王宏　　复核：徐就　　开票人：林枫　　销货单位：（章）

第二联：发票联　购货方记账凭证

表 1-2-6（3/3）

广东增值税专用发票

№ 03567782

抵　扣　联

开票日期：2006 年 12 月 3 日

购货单位	名　　称：广州市牛牛乳业有限公司 纳税人识别号：440122312560688 地 址 电 话：广州市中山路 18 号 开户行及账号：4077300005699	密码区	3<>20-3+8+7<+5-2+487< 4>+6059/3455411-/-+/8> 1<12/5<1++/28220*49/0 6>5<24->>3*05/>>92	加密版本号： 56 3240023990 078811

货物或应税劳务名称	规格型号	单位	数量	单价	金额	税率	税额
內包装	250ml	箱	50	400.00	20 000.00	17%	3 400.00
內包装	500ml	箱	90	430.00	38 700.00	17%	6 579.00
合　计					58 700.00		9 979.00
价税合计（大写）	陆万捌仟陆佰柒拾玖元整			（小写）¥ 68 679.00			

销货单位	名　　称：东莞华丽纸业公司 纳税人识别号：440501284511145 地 址 电 话：东莞市民主路 25 号 开户行及账号：建行东莞市民主路办	备注	东莞华丽纸业公司 440501284511145 发票专用章

收款人：王宏　　复核：徐就　　开票人：林枫　　销货单位：（章）

第一联：抵扣联　购货方扣税凭证

(6) 12月4日，内包装入库（12月3日购入），见表1-2-7。

表1-2-7

收　料　单

年　月　日　　　　字第　号

来料单位　　发票　　号　　年　月　日收到

编号	材料名称	规格	送验数量	实收数量	单位	单价	金额							
							十	万	千	百	十	元	角	分
备注		验收人				合计¥								

③会计

会计　　出纳　　复核　　记账　　制单

(7) 12月5日，上月向深圳红光公司购入的白糖3 000千克入库，每千克4元，见表1-2-8。

表1-2-8

收　料　单

年　月　日　　　　字第　号

来料单位　　发票　　号　　年　月　日收到

编号	材料名称	规格	送验数量	实收数量	单位	单价	金额							
							十	万	千	百	十	元	角	分
备注		验收人				合计¥								

③会计

会计　　出纳　　复核　　记账　　制单

(8) 12月5日，乳酸车间领用鲜奶22 000千克，白糖1 000千克，250毫升内包装65箱（用于250毫升酸奶生产），500毫升内包装100箱（用于500毫升酸奶生产），纸箱1万个（用于250毫升酸奶生产4 500个，用于500毫升酸奶生产5 500个），见表1-2-9。

表 1-2-9（1/2）

____字第____________号

领料部门____________

生产通知单号别____________

领　料　单

年　　月　　日

No.0007117

制品名称：				制造数量：							领料用途：				
编号	品　名	规格	单位	请领数量	实发数量	单价	金　额								备注
							十	万	千	百	十	元	角	分	
附件：				张	合　计										

第二联：交会计部门

主管　　会计　　记账　　发料　　领料　　制单

表 1-2-9（2/2）

____字第____________号

领料部门____________

生产通知单号别____________

领　料　单

年　　月　　日

No.0007118

制品名称：				制造数量：							领料用途：				
编号	品　名	规格	单位	请领数量	实发数量	单价	金　额								备注
							十	万	千	百	十	元	角	分	
附件：				张	合　计										

第二联：交会计部门

主管　　会计　　记账　　发料　　领料　　制单

（9）12月10日，向广州金泉股份有限公司购鲜奶11 000千克，每千克4.90元，价款53 900元，增值税9 163元，合计63 063元，鲜奶入库（支票），见表1-2-10。

表 1-2-10（1/4）

广东增值税专用发票

全国统一发票监制章 国家税务总局监制

抵　扣　联

№ 03252213

开票日期：2006年12月10日

购货单位	名称：广州市牛牛乳业有限公司 纳税人识别号：440122312560688 地址电话：广州市中山路18号 开户行及账号：4077300005699				密码区	3 < > 20 − 3 + 8 + 7 < + 5 − 2 + 123 < 加密版本号： 4 > + 6059/34776192 − / − + /8 > 78 1 < 12/5 < 1 + + /28220 * 49/0 3240023134		
货物或应税劳务名称	规格型号	单位	数量	单价	金额	税率	税额	
鲜奶		千克	11 000	4.90	53 900.00	17%	9 163.00	
合　计					53 900.00		9 163.00	
价税合计（大写）	陆万叁仟零陆拾叁元整				（小写）¥63 063.00			
销货单位	名称：广州金泉股份有限公司 纳税人识别号：440102708258082 地址电话：广州市金泉路187号 开户行及账号：建行广州市金泉办事处				备注	广州金泉股份有限公司 440102708258082 发票专用章		

第一联：抵扣联 购货方扣税凭证

收款人：吴山　　复核：许清　　开票人：刘艳　　销货单位：（章）

表 1-2-10（2/4）

广东增值税专用发票

No 03252213

发 票 联

开票日期：2006 年 12 月 10 日

购货单位	名称：广州市牛牛乳业有限公司 纳税人识别号：440122312560688 地址电话：广州市中山路 18 号 开户行及账号：4077300005699			密码区	3 < >20-3+8+7 < +5-2+123 < 4 > +6059/34776192-/-+/8 > 1 < 12/5 < 1++/28220 * 49/0		加密版本号： 78 3240023134
货物或应税劳务名称	规格型号	单位	数量	单价	金额	税率	税额
鲜奶		千克	11 000	4.90	53 900.00	17%	9 163.00
合计					53 900.00		9 163.00
价税合计（大写）	陆万叁仟零陆拾叁元整				（小写）¥ 63 063.00		
销货单位	名称：广州金泉股份有限公司 纳税人识别号：440102708258082 地址电话：广州市金泉路 187 号 开户行及账号：建行广州市金泉办事处			备注	广州金泉股份有限公司 440102708258082 发票专用章		

收款人：吴山　　复核：许清　　开票人：刘艳　　销货单位：（章）

第二联：发票联　购货方记账凭证

表 1-2-10（3/4）

中国工商银行 转账支票存根 支票号码 No. 附加信息 出票日期　年　月　日 收款人： 金额： 用途： 单位主管：　会计：	支票号码 No. **中国工商银行转账支票** 出票日期（大写）　年　月　日　付款行名称： 收款人：　出票人账号： 本支票付款期限十天 人民币（大写）：　亿 千 百 十 万 千 百 十 元 角 分 用途： 上列款项请从 我账户内支付 出票人签章　　复核　记账

表 1-2-10（4/4）

收 料 单

年 月 日 字第 号

来料单位 发票 号 年 月 日收到														
编号	材料名称	规格	送验数量	实收数量	单位	单价	金额							
							十	万	千	百	十	元	角	分
备注		验收人				合计 ¥								

③会计

会计 出纳 复核 记账 制单

（10）12 月 10 日，于 12 月 3 日（第四笔业务）向深圳红光公司购入的奶粉、白糖、香精入库，见表 1-2-11。

表 1-2-11

收 料 单

年 月 日 字第 号

来料单位 发票 号 年 月 日收到														
编号	材料名称	规格	送验数量	实收数量	单位	单价	金额							
							十	万	千	百	十	元	角	分
备注		验收人				合计 ¥								

③会计

会计 出纳 复核 记账 制单

（11）12 月 11 日，乳酸车间领用鲜奶 13 000 千克，奶粉 120 千克，香精 45 千克，见表 1-2-12。

表 1－2－12

____字第____________号

领料部门____________

生产通知单号别________

领 料 单

年 月 日

No.0007119

制品名称：				制造数量：			领料用途：								
编号	品名	规格	单位	请领数量	实发数量	单价	金额								备注
							十	万	千	百	十	元	角	分	
附件：				张	合计										

第二联：交会计部门

主管　　会计　　记账　　发料　　领料　　制单

（12）12 月 15 日，向广州金泉股份有限公司购鲜奶 13 000 千克，每千克 5 元，价款 65 000元，增值税 11 050 元，合计 76 050 元，鲜奶入库，款未付，见表 1－2－13。

表 1－2－13（1/3）

收 料 单

年 月 日　　　　字第 号

来料单位　　发票　　号　　年　　月　　日收到														
编号	材料名称	规格	送验数量	实收数量	单位	单价	金额							
							十	万	千	百	十	元	角	分
备注		验收人				合计￥								

③会计

会计　　出纳　　复核　　记账　　制单

表 1－2－13（2/3）

广东增值税专用发票

抵　扣　联

№ 03256186

开票日期：2006 年 12 月 15 日

购货单位	名　　　称：广州市牛牛乳业有限公司 纳税人识别号：440122312560688 地　址　电　话：广州市中山路 18 号 开户行及账号：4077300005699	密码区	3< >20－3＋8＋7< ＋5－2＋487< 4> ＋6059/3477626－/－＋/8> 1<12/5<1＋＋/28220＊49/0 6>5<24－>>3＊05/>>92	加密版本号： 81 3240023216 07881134

货物或应税劳务名称	规格型号	单位	数量	单价	金额	税率	税额
鲜奶		千克	13 000	5.00	65 000.00	17%	11 050.00
合　计					65 000.00		11 050.00
价税合计（大写）	柒万陆仟零伍拾元整		（小写）¥ 76 050.00				

销货单位	名　　　称：广州金泉股份有限公司 纳税人识别号：440102708258082 地　址　电　话：广州市金泉路 187 号 开户行及账号：建行广州市金泉办事处	备注	广州金泉股份有限公司 440102708258082 发票专用章

收款人：关山　　复核：许清　　开票人：刘艳　　销货单位：（章）

第一联：抵扣联　购货方扣税凭证

表 1－2－13（3/3）

广东增值税专用发票

发　票　联

№ 03256186

开票日期：2006 年 12 月 15 日

购货单位	名　　　称：广州市牛牛乳业有限公司 纳税人识别号：440122312560688 地　址　电　话：广州市中山路 18 号 开户行及账号：4077300005699	密码区	3< >20－3＋8＋7< ＋5－2＋487< 4> ＋6059/3477626－/－＋/8> 1<12/5<1＋＋/28220＊49/0 4－>>3＊05/>>92 07881134	加密版本号： 81 3240023216

货物或应税劳务名称	规格型号	单位	数量	单价	金额	税率	税额
鲜奶		千克	13 000	5.00	65 000.00	17%	11 050.00
合　计					65 000.00		11 050.00
价税合计（大写）	柒万陆仟零伍拾元整		（小写）¥ 76 050.00				

销货单位	名　　　称：广州金泉股份有限公司 纳税人识别号：440102708258082 地　址　电　话：广州市金泉路 187 号 开户行及账号：建行广州市金泉办事处	备注	广州金泉股份有限公司 440102708258082 发票专用章

收款人：关山　　复核：许清　　开票人：刘艳　　销货单位：（章）

第二联：发票联　购货方记账凭证

(13) 12月16日，乳酸车间领用鲜奶13 500千克，白糖2 500千克，见表1－2－14。

表1－2－14

____字第______________号

领　料　单

领料部门______________　　　　年　　月　　日　　　　No.0007127

生产通知单号别__________

制品名称：				制造数量：			领料用途：								
编号	品　名	规格	单位	请领数量	实发数量	单价	金　额								备注
							十	万	千	百	十	元	角	分	
附件：				张	合　计										

主管　　　会计　　　记账　　　发料　　　领料　　　制单

第二联　交会计部门

(14) 12月23日，向广州金泉股份有限公司购鲜奶24 000千克，每千克5.10元，价款122 400元，增值税20 808元，合计143 208元（承兑商业承兑汇票，期限两个月），鲜奶入库，见表1－2－15。

表1－2－15（1/4）

收　料　单

年　　月　　日　　　　字第　　号

来料单位　　发票　　号　　年　　月　　日收到														
编号	材料名称	规格	送验数量	实收数量	单位	单价	金　额							
							十	万	千	百	十	元	角	分
备注		验收人				合计￥								

会计　　　出纳　　　复核　　　记账　　　制单

③会计

表 1－2－15（2/4）

广东增值税专用发票

№ 03251886

抵　扣　联

开票日期：2006 年 12 月 23 日

购货单位		密码区	
名　　称：广州市牛牛乳业有限公司 纳税人识别号：440122312560688 地 址 电 话：广州市中山路 18 号 开户行及账号：4077300005699		3<>20－3＋8＋7<＋5－2＋487< 4>＋6059/3477626－/－＋/8> 1<12/5<1＋＋/28220＊49/0 6>5<24－>>3＊05/>>92	加密版本号： 29 3240023221 07881134

货物或应税劳务名称	规格型号	单位	数量	单价	金额	税率	税额
鲜奶		千克	24 000	5.10	122 400.00	17%	20 808.00
合　计					122 400.00		20 808.00
价税合计（大写）	壹拾肆万叁仟贰佰零捌元整				（小写）￥143 208.00		

销货单位	备注
名　　称：广州金泉股份有限公司 纳税人识别号：440102708258082 地 址 电 话：广州市金泉路 187 号 开户行及账号：建行广州市金泉办事处	广州金泉股份有限公司 440102708258082 发票专用章

收款人：吴山　　复核：许清　　开票人：刘艳　　销货单位：（章）

第一联：抵扣联　购货方扣税凭证

表 1－2－15（3/4）

广东增值税专用发票

№ 03251886

发　票　联

开票日期：2006 年 12 月 23 日

购货单位		密码区	
名　　称：广州市牛牛乳业有限公司 纳税人识别号：440122312560688 地 址 电 话：广州市中山路 18 号 开户行及账号：4077300005699		3<>20－3＋8＋7<＋5－2＋487< 4>＋6059/3477626－/－＋/8> 1<12/5<1＋＋/28220＊49/0 6>5<24－>>3＊05/>>92	加密版本号： 29 3240023221 07881134

货物或应税劳务名称	规格型号	单位	数量	单价	金额	税率	税额
鲜奶		千克	24 000	5.10	122 400.00	17%	20 808.00
合　计					122 400.00		20 808.00
价税合计（大写）	壹拾肆万叁仟贰佰零捌元整				（小写）￥143 208.00		

销货单位	备注
名　　称：广州金泉股份有限公司 纳税人识别号：440102708258082 地 址 电 话：广州市金泉路 187 号 开户行及账号：建行广州市金泉办事处	广州金泉股份有限公司 440102708258082 发票专用章

收款人：吴山　　复核：许清　　开票人：刘艳　　销货单位：（章）

第二联：发票联　购货方记账凭证

表 1-2-15（4/4）

商业承兑汇票 （卡片） 1

出票日期 贰零零陆年 壹拾贰月贰拾叁日 第0109号
（大写）

付款人	全称	广州市牛牛乳业有限公司	收款人	全称	广州金泉股份有限公司
	账号	4077300005699		账号	532458—75894
	开户银行	工行		开户银行	建行

出票金额	人民币（大写）壹拾肆万叁仟贰佰零捌元整		千	百	十	万	千	百	十	元	角	分
				¥	1	4	3	2	0	8	0	0
汇票到期日（大写）	贰零零柒年零贰月贰拾叁日	付款人开户行	账号									
			地址									
交易合同号：03870		备注：										
中国工商银行广州分行 中山支行 2006.12.23 出票人签章												

此联承兑人留存

（15）12月24日，乳酸车间领用鲜奶2万千克，奶粉280千克，白糖500千克，见表1-2-16。

表 1-2-16

____字第____________号

领 料 单

领料部门____________

年 月 日

No.0007120

生产通知单号别__________

制品名称：			制造数量：				领料用途：								
编号	品名	规格	单位	请领数量	实发数量	单价	金额								备注
							十	万	千	百	十	元	角	分	
附件：				张	合计										

第二联：交会计部门

主管 会计 记账 发料 领料 制单

(16) 12月31日，对有关存货进行清查，见表1－2－17。

表1－2－17

材料盘点盈亏报告表

类别：原材料等存货　　　　2006年12月31日　　　　仓库1

材料编号	材料名称和规格	计量单位	数量		单位成本	盈余		亏短		盈亏原因	审批意见
			账存	实存		数量	金额	数量	金额		
	鲜奶	千克	4 500	4 400				100		自然损耗	按自然损耗计入管理费用
	奶粉	千克	50	48				2		自然损耗	按自然损耗计入管理费用
	白糖	千克	100	105		5				自然溢余	按自然溢余冲减管理费用
	金额合计										

制表：黄河　　　　审核：李力

提示：先完成原材料、包装物、低值易耗品明细账（求出月末加权平均单位成本），才能完成材料盘点盈亏报告表及下一业务题的领料凭证汇总表。

(17) 12月31日，编制耗用材料汇总（除内包装及纸箱外，对共同耗用的原材料按工时分配：500毫升酸奶工时为1万小时，250毫升酸奶工时为6 000小时），见表1－2－18。

表1－2－18

领料凭证汇总表

领料部门	领取材料名称	用途	数量	单价（元）	金额（元）
基本生产车间	鲜奶	生产酸奶	68 500千克		
	奶粉	生产酸奶	490千克		
	白糖	生产酸奶	4 000千克		
	香精	生产酸奶	45千克		
	高强石墨垫	生产酸奶	8个		
	250瓦射灯	生产酸奶	6个		
	卫生管	生产酸奶	20米		
	250毫升内包装	生产250毫升酸奶	65箱		
	500毫升内包装	生产500毫升奶酸	100箱		
	纸箱	生产250毫升酸奶	4 500个		
		生产500毫升酸奶	5 500个		
小　计					
辅助生产车间	管理用具	物料消耗	30件		
行政管理部门	管理用具	物料消耗	15件		
合　计					

制表：黄河　　　　审核：李力

四、电算化会计实训

（一）实训目的

根据给出的期初资料和材料收、发等业务的原始凭证，运用“总账”系统，对企业有关材料的业务进行核算。

（二）实训资料

1. 会计操作人员及其权限见表 1－2－19。

表 1－2－19

编号	姓名	所属部门	所属角色	权　　限
01	李力	财务部	账套主管	账套主管的全部权限
05	黄河	财务部	材料管理	材料管理的权限和填制凭证权

2. 企业基础信息资料如下：

（1）账套号：002

账套名称：nncl

账套路径：默认

启用会计期：2006 年 12 月

单位名称：广州牛牛乳业有限公司

单位简称：牛牛乳业

单位地址：广州市中山路 18 号

税号：440122312560688

本币代码：RMB

本币名称：人民币

企业类型：工业

行业性质：新会计制度科目

账套主管：李力

本企业按行业性质预置科目；存货、客户、供应商不分类；无外币核算。

（2）科目编码级次 4－2－2；部门编码级次 2；数据精度定义按默认值。

（3）系统启用资料见表 1－2－20。

表 1－2－20

启用系统名称	启用会计期间	启用日期
总账	2006 年 12 月	2006 年 12 月 1 日

3. 总账系统设置资料如下：

（1）部门档案资料见表 1－2－21。

表 1－2－21

部门编码	部门名称
01	基本生产车间
02	辅助生产车间
03	厂部办公室
04	销售部
05	财务部

（2）供应商档案资料见表 1－2－22。

表 1－2－22

供应商编码	供应商名称	供应商简称	所属分类码
01	东莞华丽纸业公司	华丽纸业	无
02	广州金泉股份有限公司	金泉股份	无
03	深圳红光公司	红光公司	无

（3）结算方式资料见表 1－2－23。

表 1－2－23

结算方式代码	结算方式名称
1	现金
2	转账
201	转账支票
202	信汇

（4）会计科目设置按系统预置科目，根据需要增加或修改下列科目，如表 1－2－24 所示。

表 1－2－24

科目编码	科目名称	账页格式	备　注
1002	银行存款	金额式	银行账
120101	原材料	金额式	
12010101	鲜奶	数量金额式	数量核算　单位：千克
12010102	奶粉	数量金额式	数量核算　单位：千克
12010103	白糖	数量金额式	数量核算　单位：千克
12010104	香精	数量金额式	数量核算　单位：千克
120102	包装物	金额式	
12010201	纸箱	数量金额式	数量核算　单位：个
12010202	250 毫升内包装	数量金额式	数量核算　单位：箱
12010203	500 毫升内包装	数量金额式	数量核算　单位：箱
121101	鲜奶	数量金额式	数量核算　单位：千克
121102	奶粉	数量金额式	数量核算　单位：千克
121103	白糖	数量金额式	数量核算　单位：千克
121104	香精	数量金额式	数量核算　单位：千克
122101	纸箱	数量金额式	数量核算　单位：个
122102	250 毫升内包装	数量金额式	数量核算　单位：箱

续表

科目编码	科目名称	账页格式	备　注
122103	500毫升内包装	数量金额式	数量核算　单位：箱
123101	高强石墨垫	数量金额式	数量核算　单位：个
123102	250瓦射灯	数量金额式	数量核算　单位：个
123103	卫生管	数量金额式	数量核算　单位：米
123104	管理用具	数量金额式	数量核算　单位：件
2121	应付账款	金额式	供应商往来辅助核算
41010101	250毫升酸奶	金额式	
41010102	500毫升酸奶	金额式	
550301	金融机构手续费	金额式	

（5）期初余额设置见表1－2－25。

表1－2－25

科目编码	科目名称	单位	数量	方向	期初余额
1002	银行存款			借	60 000
1009	其他货币资金			借	70 000
100903	银行汇票			借	70 000
1201	物资采购			借	32 000
120101	原材料			借	12 000
12010101	鲜奶				
12010102	奶粉				
12010103	白糖	千克	3 000	借	12 000
12010104	香精				
120102	包装物			借	20 000
12010201	纸箱	个	10 000	借	20 000
12010202	250毫升内包装				
12010203	500毫升内包装				
1211	原材料			借	55 190
121101	鲜奶	千克	10 000	借	50 000
121102	奶粉	千克	100	借	2 200
121103	白糖	千克	500	借	1 950

续表

科目编码	科目名称	单位	数量	方向	期初余额
121104	香精	千克	20	借	1 040
1221	包装物				22 000
122101	纸箱	个	1 000	借	1 800
122102	250 毫升内包装	箱	20	借	7 600
122103	500 毫升内包装	箱	30	借	12 600
1231	低值易耗品				4 960
123101	高强石墨垫	个	12	借	960
123102	250 瓦射灯	个	10	借	1 000
123103	卫生管	米	30	借	2 100
123104	管理用具	件	50	借	900
1501	固定资产			借	420 000
1502	累计折旧			贷	30 000
3101	实收资本			贷	634 150

(6) 凭证类别设置见表 1-2-26。

表 1-2-26

类别字	类别名称	限制类型	限制科目
记	记账凭证	无限制	无

4. 材料的日常业务核算：资料参照手工部分“三、实训资料”中“2. 根据以下经济业务，做出相应账务处理”的具体经济业务，核算方法同手工部分的要求。

(三) 实训要求

1. 设置操作员及其权限。

2. 设置该公司账套。

3. 启用“总账”系统，对总账系统进行初始设置。

4. 根据给出的具体业务，对本月发生的材料采购、入库、领料等业务填制记账凭证，进行审核，并记账。

5. 查询物资采购、原材料、包装物和低值易耗品的总账。

6. 查询物资采购、原材料、包装物和低值易耗品所属的各明细账。

(四) 说明

1. 本实训资料适用于用友 ERP-U8 软件，如使用其他财务软件，可根据情况进行调整。

2. 实训资料只给出和本实验相关的内容，其余内容略。

实训三　债权、债务会计岗位实训

一、实训目的

1. 了解债权、债务会计岗位的职责。
2. 了解企业结算制度及债权、债务的确认。
3. 掌握债权、债务核算的账务处理。
4. 掌握坏账计提、确认、转销的账务处理。

二、实训要求

1. 根据资料设置有关债权、债务总账和明细账，登记月初余额。
2. 根据经济业务，逐笔登记有关原始凭证和编制记账凭证。
3. 根据记账凭证登记有关债权、债务明细账，并进行月结。
4. 月末根据科目汇总表登记有关债权、债务总账。
5. 将明细账与总账余额进行核对。
6. 实训用纸：总账 7 张（双面 4 张），三栏式明细账 14 张（双面 7 张），记账凭证汇总表 1 张，记账凭证 20 张。

三、实训资料

1. 贵阳大华机械股份有限公司，该公司地址：贵阳市中南路 35 号；税务登记号：605034879123657；开户银行：中国工商银行贵阳分行中南路办事处，账号：7179－8911－4532。

2. 该厂的坏账损失采用备抵法核算，按企业以往的经验估计，坏账准备金按年末应收账款余额的 10%提取。

3. 2006 年 12 月该公司有关债权、债务总账、明细账的月初余额见表 1－3－1。

表 1－3－1

债权、债务总账、明细账月初余额

总账账户	二级账户	明细账户	借方余额	贷方余额
应收账款		沈阳市农机公司	2 000	
		广州光华股份有限公司	176 000	
		贵阳市钢铁集团	3 000	
		上海长江股份有限公司	216 000	
其他应收款		高山	3 000	

续表

总账账户	二级账户	明细账户	借方余额	贷方余额
坏账准备				1 800
应收票据	商业承兑汇票	西安市新兴发农机公司	27 300	
	银行承兑汇票	太原市钢铁集团	20 000	
应付账款		贵阳市物资公司		21 500
		贵阳市设备有限公司		117 000
预收账款		北京万福有限责任公司		50 000
其他应付款		张明		1 570

4. 2006年12月，该公司有关债权、债务的经济业务如下：

（1）2日，采购科郑平出差，借支差旅费2 000元，现金付讫，见表1-3-2。

表1-3-2（1/2）

借 据

部门：采购科　　　　2006年12月2日　　　　第1号

今借到

人民币（大写）贰仟元整　　　　¥2 000.00 此据

借款用途说明 出差

主管人批准 陆建国	财务负责人意见 同意 王强	部门负责人意见 同意 周雄	借款人 郑平

会计：周平　　复核：王强　　出纳：罗丹　　经手：

③会计记账

表1-3-2（2/2）

现 金 支 出 凭 单

第1号

对方科目	
编　号	

附件 1 张　　　　2006年12月2日

用　款

事　项：郑平借支差旅费

人民币（大写）：贰仟元整　　　　¥2 000.00

现金付讫

收款人 郑平	主管人员 王强	会计人员 周平	出纳员付讫 罗丹
（签章）	（签章）	（签章）	（签章）

（2）3日，销售产品磨粉机100台给山东济南东山机械股份公司（该公司地址：济南市东山路180号；税务登记号：306012871123691；开户银行：中国工商银行贵阳分行中南路办事处，账号：2310－2913－1295），每台3 500元，价款35万元，增值税59 500元，合计409 500元；开出转账支票代垫运费2 000元；向银行办妥托收承付手续（电划）；见表1－3－3。

表1－3－3（1/4）

广东增值税专用发票

№ 02887641

此联不作报销，扣税凭证使用

开票日期：　　　　年　　月　　日

购货单位	名　　称： 纳税人识别号： 地 址 电 话： 开户行及账号：				密码区	（略）		
货物或应税劳务名称	规格型号	单位	数量	单价	金额	税率	税额	
合　计								
价税合计（大写）				（小写）¥				
销货单位	名　　称： 纳税人识别号： 地 址 电 话： 开户行及账号：				备注			

第三联：记账联　销货方记账凭证

收款人：　　　　复核：　　　　开票人：　　　　销货单位（章）

表1－3－3（2/4）

托收凭证（受理回单）　1

委托日期　　　年　　月　　日

业务类型	委托收款（□邮划　□电划）		托收承付（□邮划　□电划）										
付款人	全　称		收款人	全　称									
	账　号			账　号									
	开户银行			开户银行									
托收金额	人民币（大写）			千	百	十	万	千	百	十	元	角	分
款项内容	货款	托收凭据名称	托收承付	附寄单证张数	3张								
商品发运情况	已发运	合同名称号码		9087									
备注： 复核　记账		款项收妥日期 年　月　日		收款单位开户银行盖章 年　月　日									

表 1－3－3（3/4）

贵阳市货物托运业专用发票
发 票 联

地税 01 乙　　№ 2216134

委托单位
委 托 人　贵阳市金轮运输有限责任公司　　　到站济南　　　运单号 5612

货物名称	件数	重量	包装	代垫费用								托运费用							
磨粉机	100			项目	万	千	百	十	元	角	分	项目	万	千	百	十	元	角	分
				铁路								服务费							
				公路		2	0	0	0	0	0	仓储保管费							
				空运								包装费							
				水运								搬倒理货费							
记事：												退运手续费							
				保险费															
				合 计	¥	2	0	0	0	0	0	合 计							
总计大写	贰仟元整																		

贵阳市物资托运公司 财务专用章

第二联 发票联

收款单位盖章：　　　经办人：高明　　　2006 年 12 月 3 日

表 1－3－3（4/4）

中国工商银行
转账支票存根

支票号码　No.

附加信息

出票日期　年　月　日

收款人：
金额：
用途：

单位主管：　会计：

支票号码 No.

中国工商银行转账支票

出票日期（大写）　年　月　日　　付款行名称：
收款人：　　　　　　　　　　　　出票人账号：

本支票付款期限十天

人民币（大写）：	亿	千	百	十	万	千	百	十	元	角	分

用途：

上列款项请从
我账户内支付
出票人签章

复核　　记账

（3）4日，收到贵阳市物资公司前欠货款21 500元（支票），见表1－3－4。

表1－3－4（1/2）

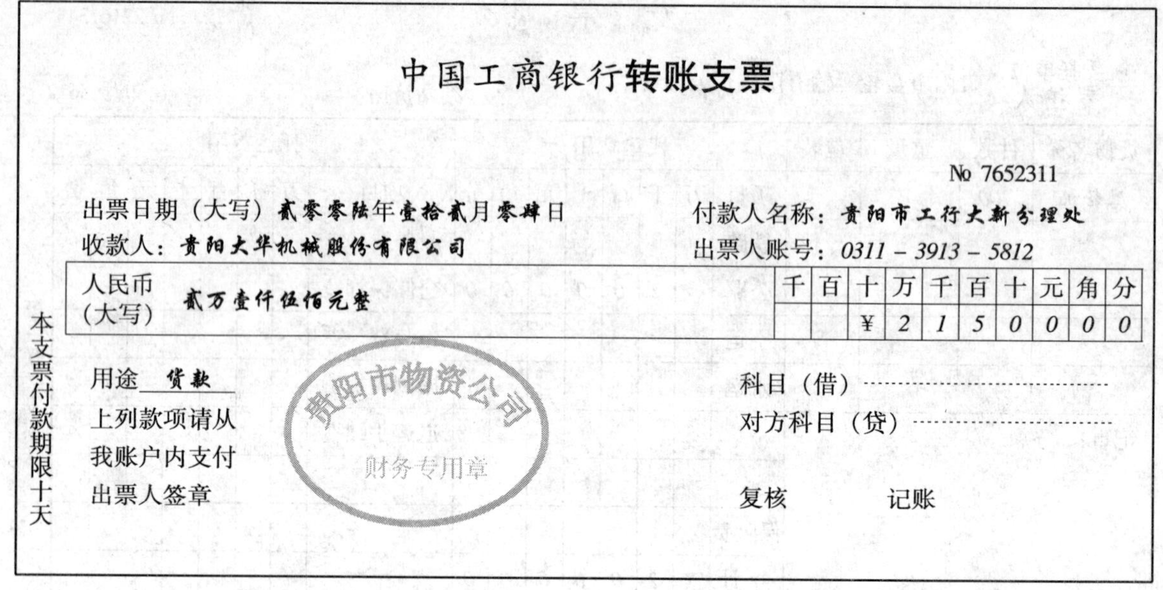

中国工商银行转账支票

№ 7652311

出票日期（大写）贰零零陆年壹拾贰月零肆日　　付款人名称：贵阳市工行大新分理处

收款人：贵阳大华机械股份有限公司　　出票人账号：0311－3913－5812

人民币（大写）	贰万壹仟伍佰元整	千	百	十	万	千	百	十	元	角	分
				¥	2	1	5	0	0	0	0

本支票付款期限十天

用途　货款

上列款项请从

我账户内支付

出票人签章

贵阳市物资公司 财务专用章

科目（借）

对方科目（贷）

复核　　记账

表1－3－4（2/2）

银行进账单 3

（回单或收账通知）

年　月　日

收款人	全称										
	账号										
	开户银行										
人民币		千	百	十	万	千	百	十	元	角	分
付款人	全称										
	账号										
	开户银行										
款项来源											
收款人开户行盖章											

银行进账单（贷方凭证）2

年　月　日

收款人	全称										
	开户银行		账号								
款项来源											
合计金额	人民币（大写）：	千	百	十	万	千	百	十	元	角	分

付款人名称或账号	金额								付款人名称或账号	金额								对方科目：
	百	十	万	千	百	十	元	角	分		百	十	万	千	百	十	元	角	分	
																				复核　记账

（4）7日，高山出差回来，报销差旅费2 920元（原借3 000元，交回现金80元），见表1－3－5。

表 1-3-5（1/2）

单位名称

旅差费报销单

填报日期：2006 年 12 月 7 日

姓名	高山	出差地点	北京	出差日期	自 2006 年 11 月 30 日 至 2006 年 12 月 5 日
事由	公差				

日期			起讫地点		车船费		在途补助			住勤补助			杂(宿)费	备注
年	月	日	起	讫	类别	金额	行程时间	标准	金额	日数	标准	金额		
2006	11	30	贵阳	北京		1 200.00	小时			5	40	200.00	320.00	
	12	5	北京	贵阳		1 200.00	小时							
							小时							
							小时							

以上单据共 10 张　总计金额人民币（大写）零万贰仟玖佰贰拾零元零角零分	经盖领人章	高山
预支旅费人民币￥3 000 元，缴回现金人民币￥80 元		

主管王强　　审核周平　　出纳罗丹　　填报人　高山

表 1-3-5（2/2）

现金收入凭单

第 1 号

对方科目编号	

附件　张　　2006 年 12 月 7 日

用款事项：交回多余差旅费

现金收讫

人民币（大写）：捌拾元整　　￥80.00

收款人高山 （签章）	主管人员 王强 （签章）	会计人员 周平 （签章）	出纳员付讫 罗丹 （签章）

（5）预付外购钢材款，见表 1-3-6。

表 1－3－6

中国工商银行信汇凭证（回单）　　3

委托日期　2006 年 12 月 7 日

汇款人	全　称	贵阳大华机械股份有限公司			收款人	全　称	天津大华公司							
	账　号或住址	7179—8911—4532				账　号或住址	0021—2820—1910							
	汇　出地　点	贵阳市	汇出行全　称	市工行中南路办		汇　入地　点	天津市		汇入行全　称	市工商行				
金额	人民币（大写）	柒仟元整				百	十	万	千	百	十	元	角	分
								¥	7	0	0	0	0	0
款项已汇入收款人账户 中国工商银行贵阳分行 中南路办 2006.12.07 汇入行签章					支付密码									
					附加信息及用途： 预付货款 复核　记账									

此联汇出行给付款人的回单

(6) 10 日，向大同市物资公司（该公司地址：大同市平阳路 21 号；税务登记号：701034243912311；开户银行：中国工商银行大同分行平阳路办事处，账号：2119—8231—7132）销售产品 50 台，每台 3 500 元，价款 175 000 元，增值税 29 750 元，合计 204 750 元；开出转账支票代垫运费 1 300 元；收到两个月期限的商业承兑汇票；见表 1－3－7。

表 1－3－7（1/4）

广东增值税专用发票　　№ 02887642

此联不作报销，扣税凭证使用

开票日期：　　　　年　　月　　日

购货单位	名　　称： 纳税人识别号： 地 址 电 话： 开户行及账号：				密码区	（略）	
货物或应税劳务名称	规格型号	单位	数量	单价	金额	税率	税额
合　计							
价税合计（大写）	（小写）¥						
销货单位	名　　称： 纳税人识别号： 地 址 电 话： 开户行及账号：				备注		

收款人：　　复核：　　开票人：　　销货单位（章）

第三联：记账联销货方　记账凭证

表 1－3－7（2/4）

贵阳市货物托运业专用发票

发票联

地税 01 乙　№ 3216112

委托单位
委 托 人　贵阳市金轮运输有限责任公司　　到站　大同市　　运单号 6112

货物名称	件数	重量	包装	代垫费用								托运费用							
磨粉机	50			项目	万	千	百	十	元	角	分	项目	万	千	百	十	元	角	分
				铁路								服务费							
				公路		1	3	0	0	0	0	仓储保管费							
				空运								包装费							
				水运								搬倒理货费							
记事：												退运手续费							
				保险费															
				合计	¥	1	3	0	0	0	0	合计							
总计大写	壹仟叁佰元整																		

（印章：贵阳市金轮运输有限责任公司　440809572492141　发票专用章）

第二联　发票联

收款单位盖章：　　经办人：高明　　2006 年 12 月 10 日

表 1－3－7（3/4）

中国工商银行 转账支票存根 支票号码　No. 附加信息 出票日期　年　月　日 收款人： 金额： 用途： 单位主管：　会计：	支票号码 No. **中国工商银行转账支票** 出票日期（大写）　年　月　日　付款行名称： 收款人：　出票人账号： 本支票付款期限十天 人民币（大写）：　亿 千 百 十 万 千 百 十 元 角 分 用途： 上列款项请从 我账户内支付 出票人签章　　复核　记账

表 1－3－7（4/4）

商业承兑汇票 （存根） 3

出票日期 贰零零陆年 壹拾贰月壹拾日 汇票号码：1279
（大写）

付款人	全　　称	大同市物资公司	收款人	全　　称	贵阳大华机械股份有限公司
	账　　号	2119—8231—7132		账　　号	7179—8911—4532
	开户银行	工行平阳路办事处		开户银行	工行中南路办

出票金额	人民币（大写）	贰拾万陆仟零伍拾元整	千	百	十	万	千	百	十	元	角	分
				¥	2	0	6	0	5	0	0	0

汇票到期日（大写）	贰零零柒年 零贰月壹拾日	付款人开户行	账号	
			地址	
交易合同号：031115		备注： 中国工商银行大同分行 平阳路办 2006.12.10 （32）		
出票人签章				

（7）应收太原钢铁集团的商业承兑汇票到期，收到款项 2 万元，见表 1－3－8。

表 1－3－8

托收凭证（汇款依据或收款通知） 4

委托日期 2006 年 12 月 9 日 付款期限 2006 年 12 月 11 日

业务类型	委托收款（□邮划 □电划）	托收承付（□邮划 □电划）			
付款人	全　　称	太原钢铁公司	收款人	全　　称	贵阳大华机械股份有限公司
	账　　号	0231—2121—1325		账　　号	7179—8911—4532
	开户银行	太原市工行红日路办		开户银行	工行中南路办

托收金额	人民币（大写）贰万元整	千	百	十	万	千	百	十	元	角	分
				¥	2	0	0	0	0	0	0

款项内容	贷款	托收凭据名称	银行承兑汇票	托收承付	附寄单证张数	1 张
商品发运情况				合同名称号码		
备注： 复核　　记账		上列款项已划回收入你方账户内。 收款人开户银行签章 年　月　日			中国工商银行太原分行 红日路办 2006.12.09 （21）	

（8）收到西安市新兴发农机公司到期的商业承兑汇票款，见表 1－3－9。

表 1－3－9

托收凭证（汇款依据或收款通知） **4**

委托日期 2006 年 12 月 11 日　　　付款期限　2006 年 12 月 14 日

<table>
<tr><td colspan="2">业务类型</td><td colspan="3">委托收款（□邮划　□电划）</td><td colspan="13">托收承付（□邮划　□电划）</td></tr>
<tr><td rowspan="3">付款人</td><td>全　　称</td><td colspan="3">西安市新兴发农机公司</td><td rowspan="3">收款人</td><td>全　　称</td><td colspan="11">贵阳大华机械股份有限公司</td></tr>
<tr><td>账　　号</td><td colspan="3">0191－9121－1334</td><td>账　　号</td><td colspan="11">7179－8911－4532</td></tr>
<tr><td>开户银行</td><td colspan="3">西安市工行民主路办</td><td>开户银行</td><td colspan="11">工行中南路办</td></tr>
<tr><td rowspan="2">托收金额</td><td colspan="6" rowspan="2">人民币
（大写）贰万柒仟叁佰元整</td><td>千</td><td>百</td><td>十</td><td>万</td><td>千</td><td>百</td><td>十</td><td>元</td><td>角</td><td>分</td></tr>
<tr><td></td><td></td><td>¥</td><td>2</td><td>7</td><td>3</td><td>0</td><td>0</td><td>0</td><td>0</td></tr>
<tr><td colspan="2">款项内容</td><td>货款</td><td>托收凭据名　称</td><td>商业承兑汇票</td><td colspan="2">托收承付</td><td colspan="2">附寄单证张数</td><td colspan="9">1 张</td></tr>
<tr><td colspan="2">商品发运情况</td><td colspan="3"></td><td colspan="2">合同名称号码</td><td colspan="11" rowspan="2">中国工商银行西安分行
民主路办
2006.12.11
（21）</td></tr>
<tr><td colspan="3">备注：
复核　　　记账</td><td colspan="4">上列款项已划回收入你方账户内。
收款人开户银行签章
年　　月　　日</td></tr>
</table>

（9）14 日，向北京万福有限责任公司（该公司地址：北京市海淀区中山路 71 号；税务登记号：101034653915376；开户银行：北京市工行海淀支行，账号 1109－4131－4632）销售产品 20 台，每台 3 500 元，价款 7 万元，增值税 11 900 元，合计 81 900 元；开出转账支票代垫运费 1 100 元，原预收 5 万元，剩余货款未收；见表 1－3－10。

表 1－3－10（1/3）

№ 02887643

广东增值税专用发票

此联不作报销，扣税凭证使用

开票日期：　　　　　　　　　　　　年　　　月　　　日

<table>
<tr><td rowspan="4">购货单位</td><td colspan="3">名　　　称：</td><td rowspan="4">密码区</td><td colspan="4" rowspan="4">（略）</td><td rowspan="8">第三联：记账联　销货方记账凭证</td></tr>
<tr><td colspan="3">纳税人识别号：</td></tr>
<tr><td colspan="3">地　址　电　话：</td></tr>
<tr><td colspan="3">开户行及账号：</td></tr>
<tr><td colspan="2">货物或应税劳务名称

合　计</td><td>规格型号</td><td>单位</td><td>数量</td><td>单价</td><td>金额</td><td>税率</td><td>税额</td></tr>
<tr><td colspan="2">价税合计（大写）</td><td colspan="7">（小写）¥</td></tr>
<tr><td rowspan="4">销货单位</td><td colspan="3">名　　　称：
纳税人识别号：
地　址　电　话：
开户行及账号：</td><td>备注</td><td colspan="4"></td></tr>
</table>

收款人：　　　　　　复核：　　　　　　　开票人：　　　　　　销货单位（章）

表 1-3-10（2/3）

贵阳市货物托运业专用发票

发票联

地税 01 乙　　№ 3216232

委托单位
委 托 人　贵阳市金轮运输有限责任公司　　到站　北京市　　运单号 6190

货物名称	件数	重量	包装	代垫费用								托运费用							
磨粉机	20			项目	万	千	百	十	元	角	分	项目	万	千	百	十	元	角	分
				铁路								服务费							
				公路		1	1	0	0	0	0	仓储保管费							
				空运								包装费							
				水运								搬倒理货费							
记事：贵阳市金轮运输有限责任公司 440809572492141 发票专用章												退运手续费							
				保险费															
				合计	¥	1	1	0	0	0	0	合计							
总计大写	壹仟壹佰元整																		

第二联　发票联

收款单位盖章：　　经办人：高明　　2006 年 12 月 14 日

表 1-3-10（3/3）

中国工商银行
转账支票存根

支票号码　No.

附加信息

出票日期　年　月　日

收款人：
金额：
用途：

单位主管：　会计：

支票号码 No.

中国工商银行转账支票

出票日期（大写）　年　月　日　付款行名称：
收款人：　出票人账号：

本支票付款期限十天

人民币（大写）：	亿	千	百	十	万	千	百	十	元	角	分

用途：
上列款项请从
我账户内支付
出票人签章　　复核　　记账

（10）19 日，收到北京万福有限责任公司剩余货款 33 000 元，见表 1－3－11。

表 1－3－11

中国工商银行信汇凭证（收账通知） **4**

委托日期 2006 年 12 月 17 日

汇款人	全 称	北京万福有限责任公司			收款人	全 称	贵阳大华机械股份有限公司		
	账 号或住址	1109－4131－4632				账 号或住址	7179－8911－4532		
	汇 出地 点	北京市	汇出行全 称	工行海淀支行		汇 入地 点	贵阳市	汇入行全 称	工行中南路办

金额	人民币（大写）	叁万叁仟元整	百	十	万	千	百	十	元	角	分
				¥	3	3	0	0	0	0	0

款项已汇入收款人账户

中国工商银行北京分行 海淀支行 2006.12.17 （31）

汇入行签章

支付密码

附加信息及用途：

复核 记账

此联给收款人的收账通知

（11）张明领取上月未领的工资 1 570 元，见表 1－3－12。

表 1－3－12（1/2）

现 金 支 出 凭 单

第 2 号

对方科目	
编 号	

附件 1 张 2006 年 12 月 19 日

用 款

事 项：张明领上月未领工资

现金付讫

人民币（大写）：壹仟伍佰柒拾元整 ¥ 1 570.00

收款人 张明	主管人员 王强	会计人员 周平	出纳员付 讫 罗丹
（签章）	（签章）	（签章）	（签章）

表 1－3－12（2/2）

今 领 到

贵阳大华机械股份有限公司财务科：

上月未领工资人民币壹仟伍佰柒拾元整。

领款人：张明

2006 年 12 月 19 日

（12）出租包装物，收到押金 2 000 元，见表 1－3－13。

表 1－3－13（1/2）

工商银行 **进账单**（收账通知） **3**

2006 年 12 月 20 日　　　　第 519 号

<table>
<tr><td rowspan="3">出票人</td><td>全　称</td><td>贵阳市农机公司</td><td rowspan="3">收款人</td><td>全　称</td><td colspan="10">贵阳大华机械股份有限公司</td></tr>
<tr><td>账　号</td><td>6101－4231－7812</td><td>账　号</td><td colspan="10">7179－8911－4532</td></tr>
<tr><td>开户银行</td><td>工行中南路办</td><td>开户银行</td><td colspan="10">工行中南路办</td></tr>
<tr><td colspan="2" rowspan="2">人民币
（大写）</td><td colspan="3" rowspan="2">贰仟元整</td><td>千</td><td>百</td><td>十</td><td>万</td><td>千</td><td>百</td><td>十</td><td>元</td><td>角</td><td>分</td></tr>
<tr><td></td><td></td><td></td><td>¥</td><td>2</td><td>0</td><td>0</td><td>0</td><td>0</td><td>0</td></tr>
<tr><td colspan="2">票据种类</td><td>支票</td><td>票据张数</td><td>1</td><td colspan="10" rowspan="4">中国工商银行贵阳分行
中南路办
收款人开户行盖章
（21）</td></tr>
<tr><td colspan="2">票据号码</td><td colspan="3">48811</td></tr>
<tr><td colspan="5"></td></tr>
<tr><td colspan="5">复核　　记账</td></tr>
</table>

表 1－3－13（2/2）

收　据

第 1 号

对方科目编号	

附件 1 张　　　　2006 年 12 月 20 日

交款单位：贵阳市农机公司

事　项：包装物押金

人民币（大写）：贰仟元整　　现金收讫　　¥2000.00

收款人	主管人员 王强	会计人员 周平	出纳员付讫 罗丹
（签章）	（签章）	（签章）	（签章）

（13）19 日，购买钢材，承兑三个月期限的银行承兑汇票，见表 1－3－14。

表 1-3-14（1/5）

贵州省增值税专用发票

发票联

№ 02561282

开票日期：2006 年 12 月 21 日

购货单位	名　　称：贵阳大华机械股份有限公司 纳税人识别号：605034879123657 地 址 电 话：贵阳市大华路 35 号 开户行及账号：7179-8911-4532	密码区	略				
货物或应税劳务名称	规格型号	单位	数量	单价	金额	税率	税额
钢材		吨	5	2000	10000.00	17%	1700.00
合　计					10000.00		1700.00
价税合计（大写）	壹万壹仟柒佰元整				（小写）¥11700.00		
销货单位	名　　称：武汉钢铁集团 纳税人识别号：440601284511124 地 址 电 话：武汉市江汉路 13 号 开户行及账号：武汉市建行江汉路办	备注	武汉钢铁集团 440601284511124 发票专用章				

收款人：王军　　复核：刘欢　　开票人：李玲　　销货单位：（章）

第二联：发票联 购货方记账凭证

表 1-3-14（2/5）

贵州省增值税专用发票

抵扣联

№ 02561282

开票日期：2006 年 12 月 21 日

购货单位	名　　称：贵阳大华机械股份有限公司 纳税人识别号：605034879123657 地 址 电 话：贵阳市大华路 35 号 开户行及账号：7179-8911-4532	密码区	略				
货物或应税劳务名称	规格型号	单位	数量	单价	金额	税率	税额
钢材		吨	5	2000	10000.00	17%	1700.00
合　计					10000.00		1700.00
价税合计（大写）	壹万壹仟柒佰元整				（小写）¥11700.00		
销货单位	名　　称：武汉钢铁集团 纳税人识别号：440601284511124 地 址 电 话：武汉市江汉路 13 号 开户行及账号：武汉市建行江汉路办	备注	武汉钢铁集团 440601284511124 发票专用章				

收款人：王军　　复核：刘欢　　开票人：李玲　　销货单位：（章）

第一联：抵扣联 购货方扣税凭证

表 1-3-14（3/5）

银行承兑汇票　（存根）　2

出票日期（大写）　贰零零陆年　壹拾贰月贰拾壹日　　　　汇票号码：4620

<table>
<tr><td rowspan="3">付款人</td><td>全　称</td><td>贵阳大华机械股份有限公司</td><td rowspan="3">收款人</td><td>全　称</td><td colspan="10">武汉钢铁集团</td></tr>
<tr><td>账　号</td><td>7179-8911-4532</td><td>账　号</td><td colspan="10">0326-3478-9531</td></tr>
<tr><td>开户银行</td><td>工行中南路办</td><td>开户银行</td><td colspan="10">武汉市建行江汉路办</td></tr>
<tr><td colspan="2" rowspan="2">出票金额</td><td colspan="3" rowspan="2">人民币（大写）　壹万壹仟柒佰元整</td><td>千</td><td>百</td><td>十</td><td>万</td><td>千</td><td>百</td><td>十</td><td>元</td><td>角</td><td>分</td></tr>
<tr><td></td><td></td><td>¥</td><td>1</td><td>1</td><td>7</td><td>0</td><td>0</td><td>0</td><td>0</td></tr>
<tr><td colspan="2" rowspan="2">汇票到期日（大写）</td><td colspan="2" rowspan="2">贰零零柒年　零叁月　贰拾壹日</td><td rowspan="2">付款人开户行</td><td colspan="2">账号</td><td colspan="8"></td></tr>
<tr><td colspan="2">地址</td><td colspan="8"></td></tr>
<tr><td colspan="4">承兑协议编号：</td><td colspan="3" rowspan="2">本汇票已经承兑，到期由本行付款。

承兑行签章
承兑日期
年　月　日</td><td colspan="8" rowspan="2">

复核　　记账</td></tr>
<tr><td colspan="4">本汇票请你行承兑，到期无条件付款。
中国工商银行贵阳分行
中南路办
2006. 12. 21
（31）
出票人签章</td></tr>
</table>

表 1-3-14（4/5）

中国工商银行收费凭证

2006 年 12 月 21 日　　　　第 108 号

<table>
<tr><td>户名</td><td colspan="3">贵阳大华机械股份有限公司</td><td>开户银行</td><td colspan="7">贵阳市工行中南路办</td><td rowspan="6">第一联
回单</td></tr>
<tr><td>账号</td><td colspan="3">7179-8911-4532</td><td>收费种类</td><td colspan="7">银行承兑汇票手续费</td></tr>
<tr><td colspan="2" rowspan="4">1. 客户购买凭证时在“收费种类”栏填写工本费，在“凭证种类”栏填写所购凭证名称。
2. 客户在办理结算业务时，在“收费种类”栏分别填写手续费或邮电费，在“结算种类”栏填写办理的结算方式。</td><td rowspan="2">凭证（结算）种类</td><td rowspan="2">单价</td><td rowspan="2">数量</td><td colspan="7">金　额</td></tr>
<tr><td>万</td><td>千</td><td>百</td><td>十</td><td>元</td><td>角</td><td>分</td></tr>
<tr><td></td><td></td><td></td><td></td><td></td><td>1</td><td>0</td><td>0</td><td>0</td><td>0</td></tr>
<tr><td colspan="3">合计　人民币大写　壹佰元整</td><td></td><td>¥</td><td>1</td><td>0</td><td>0</td><td>0</td><td>0</td></tr>
</table>

中国工商银行贵阳分行 中南路办 2006. 12. 21（31）

复核：侯春　　　　记账：伍亮

表 1–3–14（5/5）

银行承兑协议　　1

编号：187

银行承兑汇票的内容：

出票人全称贵阳大华机械股份有限公司　收款人全称武汉钢铁集团

开户银行贵阳市工行中南路办　开户银行武汉市建行江汉路办

账　　号7179–8911–4532　账　　号0326–3478–9531

汇票号码4620　汇票金额（大写）壹万壹仟柒佰元整

出票日期 2006 年 12 月 21 日　到期日期 2007 年 3 月 21 日

以上汇票经银行承兑，出票人愿遵守《支付结算办法》的规定及以下条款：

一、出票人于汇票到期日前将应付票款足额承兑银行。

二、承兑手续费按票面金额千分之（　）计算，在银行承兑时一次付清。

三、出票人与持票人如发生任何交易纠纷，均由其双方自行处理，票款于到期前仍按第一条办理不误。

四、承兑汇票到期日，承兑银行凭票无条件支付票款。如到期日之前出票人不能足额交付票款时，承兑银行对不足支付部分的票款作出票申请人逾期贷款，并按照有关规定计收罚息。

五、承兑汇票款付清后，本协议自动失效。

承兑银行签章（武汉建行江汉办事处 专用章）　　出票人签章（贵阳大华机械股份有限公司 财务专用章）

订立承兑协议日期 2006 年 12 月 21 日

（14）21 日，收回已核销的坏账 3 000 元，见表 1–3–15。

表 1–3–15

中国工商银行信汇凭证（收账通知）　　4

委托日期　2006 年 12 月 19 日

汇款人	全称	长沙市食品有限责任公司破产清算组			收款人	全称	贵阳大华机械股份有限公司							
	账号或住址	2209–4113–4641				账号或住址	7179–8911–4532							
	汇出地点	长沙市	汇出行全称	工行岳阳楼支行		汇入地点	贵阳市		汇入行全称		工行中南路办			
金额	人民币（大写）	叁仟元整					百	十	万	千	百	十	元	角	分
									¥	3	0	0	0	0	0
款项已汇入收款人账户（中国工商银行长沙分行 岳阳楼支行 2006.12.19 (31)） 汇入行签章					支付密码									
					附加信息及用途：破产清偿债务 复核　记账									

此联给收款人的收账通知

（15）确认沈阳市农机公司原欠款 2 000 元为坏账，见表 1－3－16。

表 1－3－16

确认坏账报告

贵阳大华机械股份有限公司董事会：

沈阳市农机公司 2003 年 12 月 20 日欠我单位货款 2 000 元，因其经营不善濒临破产，经多方催收无效。现报请领导批准转作坏账损失处理。

财务科长：王强

2006 年 12 月 22 日

经 2006 年 12 月 22 日董事会批准，同意按坏账损失处理。

贵阳大华机械股份有限公司董事长：刘刚

2006 年 12 月 22 日

（16）贵阳市钢铁公司破产，原欠款 3 000 元，只还款 600 元，其余作为坏账处理，见表 1－3－17。

表 1－3－17（1/2）

贵阳市钢铁集团破产清算组破产还债通知书

贵阳大华机械股份有限公司：

根据贵阳市人民法院（2006）中法破字第 2 号的破产程序原欠你单位债务额 3 000 元，按偿还比例的 20%，用银行存款归还 600 元，其余款项无资受偿，请自行核销处理人民币 2 400 元。

贵阳市钢铁集团破产清算组

2006 年 12 月 23 日

表 1－3－17（2/2）

工商银行 进账单（收账通知） 3

2006 年 12 月 23 日　　　　第 210 号

出票人	全　称	贵阳市钢铁集团	收款人	全　称	贵阳大华机械股份有限公司
	账　号	7012－4529－1294		账　号	7179－8911－4532
	开户银行	工行光明路办		开户银行	工行中南路办

人民币（大写）	陆佰元整	千	百	十	万	千	百	十	元	角	分
						¥	6	0	0	0	0

票据种类	支票	票据张数	1
票据号码	21076		
复核　记账			

中国工商银行贵阳分行
光明路办
2006. 12. 23
（21）
收款人开户行盖章

(17) 26 日，广州光华股份有限公司原欠货款 176 000 元到期，现还款 10 万元，另 76 000元开出两个月期限的商业承兑汇票，见表 1－3－18。

表 1－3－18（1/2）

商业承兑汇票（存根） 3

出票日期（大写） 贰零零陆年壹拾贰月贰拾陆日　　　　汇票号码：8892

付款人	全　称	广州光华股份有限公司	收款人	全　称	贵阳大华机械股份有限公司
	账　号	0205－7489－2109		账　号	7179－8911－4532
	开户银行	工行环市路办		开户银行	工行中南路办

出票金额	人民币（大写） 柒万陆仟元整	千	百	十	万	千	百	十	元	角	分
				¥	7	6	0	0	0	0	0

汇票到期日（大写）	贰零零柒年　零贰月贰拾陆日	付款人开户行	账号	
			地址	
交易合同号：03901		备注：		
出票人签章				

中国工商银行广州分行
环市路办
2006. 12. 26
（31）

表 1-3-18（2/2）

中国工商银行信汇凭证（收账通知） 4

委托日期 2006 年 12 月 24 日

<table>
<tr><td rowspan="3">汇款人</td><td>全 称</td><td colspan="3">广州光华股份有限公司</td><td rowspan="3">收款人</td><td>全 称</td><td colspan="3">贵阳大华机械股份有限公司</td></tr>
<tr><td>账 号
或住址</td><td colspan="3">0205-7489-2109</td><td>账 号
或住址</td><td colspan="3">7179-8911-4532</td></tr>
<tr><td>汇 出
地 点</td><td>广州市</td><td>汇出行
全 称</td><td>工行环市路</td><td>汇 入
地 点</td><td>贵阳市</td><td>汇入行
全 称</td><td>工行
中南路办</td></tr>
<tr><td rowspan="2">金额</td><td rowspan="2">人民币
（大写）</td><td colspan="4" rowspan="2">壹拾万元整</td><td colspan="4">百 十 万 千 百 十 元 角 分</td></tr>
<tr><td colspan="4">¥ 1 0 0 0 0 0 0 0</td></tr>
<tr><td colspan="5" rowspan="2">款项已汇入收款人账户
中国工商银行广州分行
环市路办
2006. 12. 26
（31）
汇入行签章</td><td colspan="2">支付密码</td><td colspan="3"></td></tr>
<tr><td colspan="5">附加信息及用途：
清偿货款
复核 记账</td></tr>
</table>

此联给收款人的收账通知

（18）27 日，郑平出差回来，报销差旅费 2 500 元（原借 2 000 元，补给现金 500 元），见表 1-3-19。

表 1-3-19（1/2）

单位
名称：采购科

旅差费报销单

填报日期：2006 年 12 月 27 日

<table>
<tr><td colspan="2">姓 名</td><td colspan="2">郑平</td><td colspan="2">出差
地点</td><td colspan="4">广州</td><td colspan="2">出差
日期</td><td colspan="3">自 2006 年 12 月 2 日
至 2006 年 12 月 22 日</td></tr>
<tr><td>事由</td><td colspan="14">公差</td></tr>
<tr><td colspan="3">日期</td><td colspan="2">起讫地点</td><td colspan="2">车船费</td><td colspan="3">在途补助</td><td colspan="3">住勤补助</td><td rowspan="2">杂(宿)费</td><td rowspan="2">备注</td></tr>
<tr><td>年</td><td>月</td><td>日</td><td>起</td><td>讫</td><td>类别</td><td>金额</td><td>行程时间</td><td>标准</td><td>金额</td><td>日数</td><td>标准</td><td>金额</td></tr>
<tr><td>2006</td><td>11</td><td>30</td><td>贵阳</td><td>北京</td><td></td><td>500.00</td><td>小时</td><td></td><td></td><td>20</td><td>40</td><td>800.00</td><td>700.00</td><td></td></tr>
<tr><td></td><td>12</td><td>5</td><td>北京</td><td>贵阳</td><td></td><td>500.00</td><td>小时</td><td></td><td></td><td></td><td></td><td></td><td></td><td></td></tr>
<tr><td></td><td></td><td></td><td></td><td></td><td></td><td></td><td>小时</td><td></td><td></td><td></td><td></td><td></td><td></td><td></td></tr>
<tr><td></td><td></td><td></td><td></td><td></td><td></td><td></td><td>小时</td><td></td><td></td><td></td><td></td><td></td><td></td><td></td></tr>
<tr><td colspan="14">以上单据共 10 张 总计金额人民币（大写）零万贰仟伍佰零拾零元零角零分</td><td rowspan="2">经盖领人章 郑平</td></tr>
<tr><td colspan="14">预支旅费人民币 ¥ 2 000 元，补给人民币 ¥ 500 元</td></tr>
</table>

主管 王强　　审核 周平　　出纳 罗丹　　填报人 郑平

表 1-3-19（2/2）

现 金 支 出 凭 单

第 1 号

对方科目 编　　号	

附件　1　张　　　　2006 年 12 月 27 日

用　款

事　项：补给郏平差旅费

现金付讫

人民币（大写）：伍佰元整　　　　¥ 500.00

收款人 郏平	主管人员 王强	会计人员 周平	出纳员付讫 罗丹
（签章）	（签章）	（签章）	（签章）

（19）31 日，年末计提坏账准备，见表 1-3-20。

表 1-3-20

坏账准备计算表

2006 年 12 月 31 日

项目	金额	备注
期初应收款项余额	400 000	
期末应收款项余额		
期初坏账准备余额（贷方）		
本期发生坏账	1 800	
本期收回坏账		
计提比例		
期末坏账准备余额		
本期应提坏账准备	10%	

制表：周平　　　　审批：王强

实训四　工资会计岗位实训

一、实训目的

1. 了解工资会计岗位的职责。
2. 掌握工资的计算和工资结算表、工资分配表、应付福利费计算表的编制。
3. 掌握工资提取、发放、分配的账务处理。
4. 掌握应付福利费、工会经费、职工教育费的计提和使用的账务处理。
5. 能够对发放工资中的代扣款进行账务处理。
6. 掌握上缴代扣个人所得税、上缴社会保险费的核算。
7. 会应用会计电算工资核算模块。

二、实训要求

1. 根据实训资料一计算计时工资、计件工资和应付工资总额；计算养老保险、失业保险、个人所得税，并填制相关的原始凭证（工资按每月平均 21 天计算；夜班津贴每晚 10 元；病假扣款比例：不满 5 年 55%，满 5 年、不满 10 年 50%，满 10 年、不满 20 年 45%，满 20 年及以上 40%）。

2. 根据实训资料二分配应付工资，并计算应付福利费、工会经费、职工教育经费等，并填制记账凭证，进行账务处理（每月职工的养老保险、失业保险等社会保险属于职工个人自己负担的部分，从当月工资中扣减；职工社会保险费由广州市地方税务局从基本账户全额扣缴；职工个人所得税由企业代扣代缴）。

3. 根据记账凭证编制试算平衡表，并规范装订记账凭证，非记账凭证附件的原始凭证另行装订。

4. 实训用纸：记账凭证 20 张。

三、实训资料

（一）实训资料一

1. 广州天蓝服饰有限公司 2006 年 10 月份有关工资情况见表 1－4－1。

2. 根据工人计件产量计算个人工资，见表 1－4－2。

3. 根据加班天数、夜班天数计算加班工资和夜班津贴，见表 1－4－3。

4. 计算 10 月份应付工资（根据表 1－4－1、表 1－4－2、表 1－4－3 资料，填入工资结算表 1－4－4、表 1－4－5）。

表 1-4-1　　　　**10 月份考勤、产量汇总表**

部门或姓名	月标准工资（元）	日工资（元）	工龄（年）	考勤（天）								奖金（元）	产量（件）	
				事假	病假	婚假	产假	丧假	休息日加班	法定节日加班	夜班		服装 A	服装 B
基本生产车间管理人员														
1. 李丽	2 100	100	6					3		1	5	500		
2. 王伟	1 890	90	5	4					3		8	400		
基本生产车间生产工人														
1. 凌林	1 470	70	9		1				1	1	5	200	100	120
2. 江红	1 260	60	6	2		10			2		6	250	110	130
3. 王超	1 050	50	6						2		7	300	90	100
4. 刘文	1 050	50	6						1	1	8	280	95	90
5. 梁光	1 365	65	9	3					1		7	200	96	80
6. 杨林	945	45	1		1						10	100	105	85
7. 方灵	1 470	70	3				21							
8. 马青	966	46	2						1		10	400		
9. 韦胜	1 113	53	4						1	1	10	450		
10. 孙浩	1 008	48	4						1	1	10	420		
11. 黄利	903	43	1					3	1	1		250		
行政部门														
1. 张玲	2 520	120	6	2					1			500		
2. 黎羽	2 730	130	5	1						1		500		
3. 王光	1 092	52	3			10			1			250		
4. 曾萧	1 134	54	2									280		
合　计														

说明：凌林、江红、王超、刘文、梁光、杨林所在岗位实行按产量计算计件工资。

表 1-4-2

计件工资计算表

年　　月　　　　单位：元

姓名	服装 A（计件单价 10 元/件）		服装 B（计件单价 8 元/件）		计件工资（元）
	产量（件）	金额（元）	产量（件）	金额（元）	
合计					

表 1-4-3

加班工资、津贴计算表

年　　月　　　　单位：元

部门、姓名	日工资	休息加班工资（200%）		法定节日加班工资（400%）		夜班津贴（10 元/晚）	
		天数	金额	天数	金额	天数	金额
基本生产车间							
行政部门							
合计							

表 1－4－4

工资结算表

部门：基本生产车间　　　　年　　月　　　　单位：元

姓名编号	日工资率	月标准工资额	应扣工资				奖金	夜班津贴	加班工资		应付工资	代扣款项			实发工资	领款人签名
			事假		病假				休息日工资	法定节日工资		养老保险	失业保险	个人所得税		
			天数	金额	天数	金额										
1																1
2																2
3																3
4																4
5																5
6																6
7																7
8																8
9																9
10																10
11																11
12																12
13																13
合计																

表 1－4－5

工资结算表

部门：行政管理部门　　　　年　　月　　　　单位：元

姓名	日工资率	月标准工资额	应扣工资额				奖金	夜班津贴	加班工资		应付工资	代扣款项			实发工资	领款人签名
			事假		病假				休息日工资	法定节日工资		养老保险	失业保险	个人所得税		
			天数	金额	天数	金额										
1																1
2																2
3																3
4																4
5																5
6																6
合计																

5. 计算个人保险费自己负担部分扣款，见表 1－4－6。

表 1－4－6

个人自负社会保险费计算表

年　　月　　　　　　单位：元

姓名	月标准	养老保险（8%）	失业保险（1%）
基本生产车间			
1			
2			
3			
4			
5			
6			
7			
8			
9			
10			
11			
12			
13			
行政部门			
1			
2			
3			
4			
5			
合计			

6. 计算 10 月份代扣个人所得税，见表 1－4－7、表 1－4－8。

表 1－4－7

个人所得税税率表（工资、薪金所得适用）

级数	含税级距	税率（%）	速算扣除数
1	不超过 500 元的	5	0
2	超过 500 元至 2 000 元的部分	10	25
3	超过 2 000 元至 5 000 元的部分	15	125
4	超过 5 000 元至 2 万元的部分	20	375
5	超过 2 万元至 4 万元的部分	25	1 375
6	超过 4 万元至 6 万元的部分	30	3 375
7	超过 6 万元至 8 万元的部分	35	6 375
8	超过 8 万元至 10 万元的部分	40	10 375
9	超过 10 万元的部分	45	15 375

表 1-4-8

个人所得税计算表

单位：元

姓名	应付工资	扣除数额			应税工资	税率	速算扣除	应纳税款
		定额费用	养老保险	失业保险				
基本生产车间								
1		1 600						
2		1 600						
3		1 600						
4		1 600						
5		1 600						
6		1 600						
7		1 600						
8		1 600						
9		1 600						
10		1 600						
11		1 600						
12		1 600						
13								
行政部门								
1		1 600						
2		1 600						
3		1 600						
4		1 600						

7. 编制公司10月份工资结算表。根据表1-4-6、表1-4-8资料填入工资结算表（见表1-4-4、表1-4-5），计算出个人的实发工资。

8. 根据工资结算表编制公司10月份工资结算汇总表，见表1-4-9。

表 1-4-9

工资结算汇总表

年　月

单位：元

部门及车间		计时工资	计件工资	应扣工资				奖金	夜班津贴	加班工资		应付工资	代扣款项			实发工资
				事假		病假				休息日加班	法定节日加班		养老保险	失业保险	个人所得税	
				天数	金额	天数	金额									
生产车间	生产工人															
	管理人员															
行政管理部门																
合计																

（二）实训资料二

广州胜风电器有限公司 2006 年 10 月有关职工社会保险费、职工个人所得税等资料如下：

1. 10 月 9 日，广州胜风电器有限公司开出现金支票提取现金，发放 9 月份工资，见表 1－4－10。

表 1－4－10

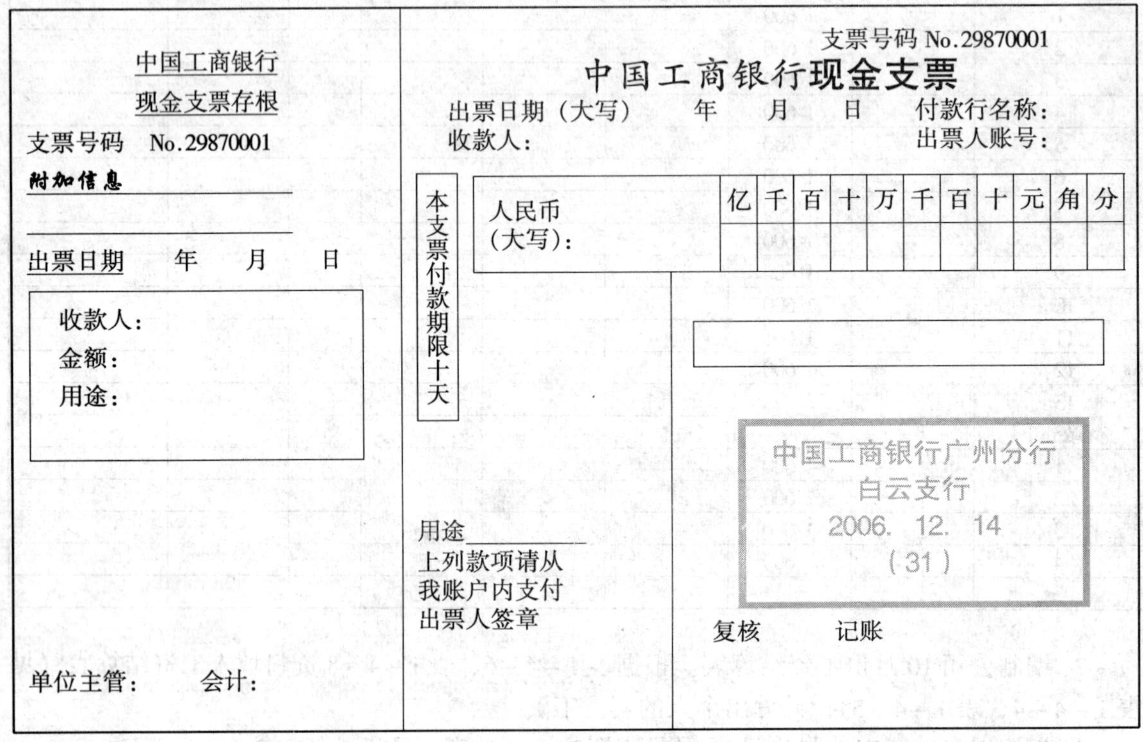

中国工商银行

现金支票存根

支票号码 No.29870001

附加信息

出票日期 年 月 日

收款人：

金额：

用途：

单位主管： 会计：

支票号码 No.29870001

中国工商银行现金支票

出票日期（大写） 年 月 日 付款行名称：

收款人： 出票人账号：

本支票付款期限十天

人民币（大写）：	亿	千	百	十	万	千	百	十	元	角	分

用途

上列款项请从

我账户内支付

出票人签章

中国工商银行广州分行

白云支行

2006. 12. 14

（31）

复核 记账

2. 10 月 10 日，结转扣回 9 月份社会保险及代扣代缴个人所得税，见表 1－4－11。

表 1－4－11

工 资 结 算 汇 总 表

2006 年 9 月 单位：元

车间、部门		计时工资	计件工资	应扣工资		综合奖金	工资性津贴		应付工资	代扣款项				实发工资
				事假	病假		夜班津贴	高温津贴		养老保险	失业保险	医疗保险	个人所得税	
基本生产车间	管理人员	8 000		100		2 000	150	350	10 400	820	104	50	660	8 766
	生产工人	30 000	31 000	300	200	4 500	100	2 500	67 600	5 400	676	338	2 400	58 786
小计		38 000	31 000	400	200	6 500	250	2 850	78 000	6 220	780	388	3 060	67 552

续表

车间、部门	计时工资	计件工资	应扣工资		综合奖金	工资性津贴		应付工资	代扣款项				实发工资
			事假	病假		夜班津贴	高温津贴		养老保险	失业保险	医疗保险	个人所得税	
机修车间	10 000		200	80	2 600		2 500	14 820	1 180	150	80	680	12 730
产品销售部门	15 000		80	100	3 800	1 400		20 020	1 600	200	100	700	17 420
行政管理部门	35 000		100	180	8 000	2 000		44 720	3 580	450	225	2 000	38 465
合计	98 000	31 000	780	560	20 900	3 650	5 350	157 560	12 580	1 580	793	6 440	136 167

制表：　　　　　　　　　　审核：

3．10月13日，收到缴交个人所得税税单，见表1－4－12。

表1－4－12　　广州电子资金转账系统定期借记　　凭证2

2006年10月14日　　凭证提交号10329

发起行行号		0010234	接收行行号		0030227
付款人	账号名称	3478 0002 7654 广州胜风电器有限公司	收款人	账号名称	2234 5678 9011 广州市地方税务局
金额 （大写）陆仟肆佰肆拾元整			金额 ¥6440.00		
事由　个人所得税征收 中国工商银行广州分行 白云支行 2006．12．14 （31）			上列款项业务经代扣，如有错误请与收款人接洽。 银行盖章 复核　　记账		

此联接收行交付款人作付款通知

4．10月15日上交社会保险费交养老金42 541.20元（个人按工资总额157 560元的4%计算，单位负担部分计入“管理费用——社会保障费”，个人负担部分冲减“其他应付款——养老金”6 302.40元；单位按工资总额157 560元的23%计算为36 238.80元），见表1－4－13。

表 1－4－13

中国工商银行 广州 （广州电子资金转账系统） 凭证号：451

凭证（回单）

汇入行交换行号：00120098　　2006年10月15日　　凭证提交号：Z20031022798

发报行行号行名	工商行白云支行		汇出行行号		收报行行号		汇入行行号	
付款人	名称	广州胜风电器有限公司	收款人	名称	广州市地方税务局越秀区征收分局社会保险费专户			
	账号	3478 0002 7654		账号	3602000909005886377			
金额（大写）	肆万贰仟伍佰肆拾壹元贰角整			金额 ￥42 541.20				
事由：	收2006年10月社会保险费							
备注：	42 541.20元（单位：36 238.80元 个人6 302.40元）			科目（贷）　对方科目（借）				

第二联 交客户

中国工商银行广州分行 白云支行 2006.12.15 （01）

5．10月18日，以现金支付工伤就医路费及医药费，见表1－4－14。

表 1－4－14（1/4）

现金支出凭单

第　　号

对方科目编号	

附件 3 张　　2006年10月18日

用款

事项：报销工伤就医费用

现金付讫

人民币（大写）：叁佰伍拾贰元整　　￥352.00

收款人 郭虹（签章）	主管人员 梁英（签章）	会计人员 孙萍（签章）	出纳员付讫 黎华（签章）

表 1-4-14（2/4）

广东省医疗机构门诊收费收据

系列号：外科门诊　　　　2006/10/18　9：38

姓名：林玲		结算方式：					
药品项目	金额	医疗项目		金额	医疗项目		金额
西　药	*230*	诊查费		*2*	治疗费		
中成药		急诊留观床位费			其中	输血费	
中草药		检查费		*100*		输氧费	
超标药		其中	CT				
自费药			MRL		手术费		
			高速 CT		其　他		
					特需服务		
		检验费			挂号费		
合计人民币（大写）：叁佰叁拾贰元整　　¥ *332.00*							
医保/公医记账金额：总计 *332.00*					个人缴费金额：*332.00*		

第一联　交缴款人

收费单位（盖章）：广东省人民医院　　　　审核员：EF21590034 收费员：52（01059121）

表 1-4-14（3/4）

广东省广州市出租汽车统一车票

GD.GUANGZHOU TAXI RECEIPT

发　票　联

440122053

E 交 2—　$_{ON}^{1}$ **0793**$_{TO}^{2}$ **4**$_{NN}^{9}$

监督电话：

广州市出租汽车公司

此发票手写无效

440104356789090

发票专用章

电话　89008277

车号粤　A-A3171

证号　111111

日期　2006 年 10 月 18 日

上车　08：53

下车　09：01

单价　2.60 元

里程　2.80km

候时　00：02：28

金额　10.00 元

卡号　--------

广州市人民印刷厂印制　电话：83383163

表 1-4-14（4/4）

广东省广州市出租汽车统一车票

GD.GUANGZHOU TAXI RECEIPT

发　票　联

越金轮 01—　**2914547**

监督电话：

广州市金轮公司

440104356789090

发票专用章

电话　83600000

车号粤　AEX316

证号　0008

日期　2006-10-18

上车　10：47

下车　10：55

单价　2.60 元

里程　2.74km

候时　00：02：20

金额　10.00 元

卡号　--------

广州市人民印刷厂印制　电话：73383163

6. 10月21日，以现金支付慰问工伤职工礼物，见表1－4－15。

表1－4－15（1/2）

现金支出凭单

第　　号

对方科目编号	

附件 1 张　　2006年10月21日

用款

事项：报销慰问工伤职工费用

现金付讫

人民币（大写）：贰佰元整　　¥ 200.00

收款人 郭虹（签章）	主管人员 梁英（签章）	会计人员 孙萍（签章）	出纳员付讫 黎华（签章）

表1－4－15（2/2）

广州市商业企业发票 No12183802

发　票　联

全国统一发票监制章 广东 国家税务总局监制

客户名称：＿＿＿＿公司　　2006年10月21日　　**广东国税**

编号	商品名称	规格	单位	数量	单价	金额							
						十	万	千	百	十	元	角	分
	食品							¥	2	0	0	0	0
小写金额合计								¥	2	0	0	0	0
大写金额	⊗佰⊗拾⊗万⊗仟贰佰零拾零元零角零分												

二 付款方收执

广州绿色食品有限公司 440104197009112 发票专用章

开票单位（盖章）　　开票：　　2006年10月21日

7. 10月31日，分配工资，见表1－4－16。

表 1-4-16（1/2）

工资结算汇总表

2006 年 10 月　　　　单位：元

车间、部门		计时工资	计件工资	应扣工资		综合奖金	工资性津贴		应付工资	代扣款项				实发工资
				事假	病假		夜班津贴	高温津贴		养老保险	失业保险	医疗保险	个人所得税	
基本生产车间	管理人员	8 000		100		2 000	150	350	10 400	820	104	50	660	8 766
	生产工人	30 000	31 000	300	200	4 500	100	2 500	67 600	5 400	676	338	2 400	58 786
小计		38 000	31 000	400	200	6 500	250	2 850	78 000	6 220	780	388	3 060	67 552
机修车间		10 000		200	80	2 600		2 500	14 820	1 180	150	80	680	12 730
产品销售部门		15 000		80	100	3 800	1 400		20 020	1 600	200	100	700	17 420
行政管理部门		35 000		100	180	8 000	2 000		44 720	3 580	450	225	2 000	38 465
合计		98 000	31 000	780	560	20 900	3 650	5 350	157 560	12 580	1 580	793	6 440	136 167

制表：　　　　审核：

表 1-4-16（2/2）

工资分配表

2006 年 10 月　　　　单位：元

车间部门 / 应借账户	生产车间	产品销售部门	管理部门	合计
生产成本				
——基本生产				
——辅助生产				
制造费用				
营业费用				
管理费用				
合计				

制表：　　　　审核：

8. 10月31日，计提应付福利费，见表1-4-17。

表1-4-17

应付福利费计算表

2006年10月　　　　单位：元

车间及部门		工资总额	计提比例	应付福利费
基本生产车间	生产工人			
	管理工作人员			
机修车间				
产品销售部门				
行政管理部门				
合　　计				

制表：　　　　审核：

9. 按应付工资的2%计提工会经费，见表1-4-18。

表1-4-18

工 会 经 费 计 提 表

2006年10月

应付工资总额	计提比例	工会经费
	2%	

制表：　　　　审核：

10. 按应付工资的1.5%计提职工教育经费，见表1-4-19。

表1-4-19

职工教育经费计提表

2006年10月

应付工资总额	计提比例	职工教育经费
	1.5%	

制表：　　　　审核：

11. 10月31日，报销“十一”国庆节工会活动费（现金支付），见表1-4-20。

表1-4-20（1/4）

现 金 支 出 凭 单

第　　号

对方科目 编　　号	

附件　1　张　　　　2006年10月21日

用　款
事　项：报销国庆活动费用

人民币
（大写）：贰仟捌佰元整　　现金付讫　　¥ 2800.00

收款人	主管	会计	出纳员
叶虹	人员 胡定	人员 范萍	付　讫 罗华
（签章）	（签章）	（签章）	（签章）

表 1-4-20（2/4）

广东省广州市服务业定额发票

发 票 联

查询电话：（020）12366-3　　地 税 监

440170123

查询号码：$5319_{ON}^{1}3783_{TR}^{3}2_{FV}^{5}$

顾客名称：

人民币金额 **壹 仟 元**

（印章：广州珠江酒店 4401005…450220 发票专用章）

收款人：　　收款单位（盖章）

（顾客报销凭证）　　20 年 月 日

使用范围：饮食业、娱乐业及其他服务业。

表 1-4-20（3/4）

广东省广州市服务业定额发票

发 票 联

查询电话：（020）12366-3　　地 税 监

440170123

查询号码：$5319_{ON}^{1}3783_{TR}^{3}2_{SX}^{6}$

顾客名称：

人民币金额 **壹 仟 元**

（印章：广州珠江酒店 4401005…4502… 发票专用章）

收款人：　　收款单位（盖章）

（顾客报销凭证）　　20 年 月 日

使用范围：饮食业、娱乐业及其他服务业。

表 1－4－20（4/4）

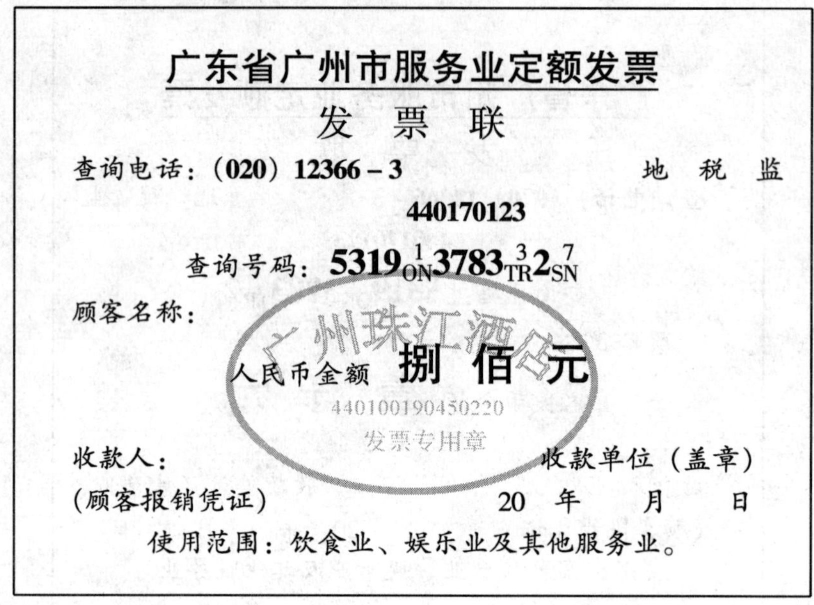

广东省广州市服务业定额发票

发 票 联

查询电话：(020) 12366－3　　地 税 监

440170123

查询号码：$5319_{ON}^{1}3783_{TR}^{3}2_{SN}^{7}$

顾客名称：

人民币金额 捌 佰 元

收款人：　　收款单位（盖章）

（顾客报销凭证）　　20 年 月 日

使用范围：饮食业、娱乐业及其他服务业。

12．12 月 8 日，支付职工培训费 1 000 元（支票），见表 1－4－21。

表 1－4－21（1/2）

广东省广州市服务发票

发 票 联

地 税 监

（295433－266761）

查询电话：（020）83992111

查询号码：43052866488

顾客名称：

2006 年 12 月 08 日填发

地　　址：

项 目	说 明		金额					
			千	百	十	元	角	分
培训费		超过仟元无效	*1*	*0*	*0*	*0*	*0*	*0*
合 计 人民币	（大写）壹仟零佰零拾零元零角零分	合 计	*1*	*0*	*0*	*0*	*0*	*0*

第二联 顾客报账

财务专用章（广东省财政学校）

填票 刘芳　　收款人 卫霞　　业户名称及地址 （盖章）

表 1-4-21（2/2）

中国工商银行 转账支票存根 支票号码　29870002 附加信息 出票日期　年　月　日 收款人： 金额： 用途： 单位主管：　会计：	支票号码 No.29870002 **中国工商银行转账支票** 出票日期（大写）　年　月　日　付款行名称： 收款人：　出票人账号： 本支票付款期限十天 人民币（大写）：　亿 千 百 万 千 百 万 千 百 十 元 角 分 用途： 上列款项请从 我账户内支付 出票人签章　复核　记账

四、电算化会计实训

（一）实训目的

根据给出的工资核算的初始资料，能够综合运用"总账"系统和"工资管理"系统，进行企业有关工资业务的核算和管理。

（二）实训资料

1. 会计操作人员及其权限见表 1-4-22。

表 1-4-22

编号	姓名	所属部门	所属角色	权限
001	王光	财务部	账套主管	账套主管的全部权限
004	曾萧	财务部	工资管理	工资管理和填制凭证权

2. 账套资料如下：

（1）账套号：004

账套名称：tlfs

账套路径：默认

启用会计期：2006 年 10 月

单位名称：广州天蓝服饰有限公司

单位简称：天蓝服饰

本币代码：RMB

本币名称：人民币

企业类型：工业

行业性质：新会计制度科目

账套主管：王光

本企业按行业性质预置科目；存货、客户、供应商不分类；无外币核算。

（2）科目编码级次 4－2－2；部门编码级次 2；数据精度定义按默认值。

（3）系统启用资料见表 1－4－23。

表 1－4－23

启用系统名称	启用会计期间	启用日期
总　账	2006 年 10 月	2006 年 10 月 1 日
工　资	2006 年 10 月	2006 年 10 月 1 日

3. 总账初始资料如下：

（1）会计科目。按行业性质预置科目，还需要增加的科目见表 1－4－24。

表 1－4－24

科目编码	科目名称	科目类型	账页格式	外币、数量、辅助核算
41010101	直接材料	成本	金额式	无
41010102	直接工资	成本	金额式	无
41010103	其他直接支出	成本	金额式	无
41010104	制造费用	成本	金额式	无
550201	工资及福利费	损益	金额式	无

（2）期初余额见表 1－4－25。

表 1－4－25

科目编码	科目名称	方向	期初余额
1002	银行存款	借	120 000
1501	固定资产	借	560 000
1502	累计折旧	贷	89 000
3101	实收资本	贷	591 000

（3）凭证类别设置见表 1－4－26。

表 1－4－26

类别字	类别名称	限制类型	限制科目
记	记账凭证	无限制	无

4. 工资账套资料如下：

（1）本账套设置多个工资类别；币别为人民币；从工资中代扣个人所得税；不扣零；人员编码3位。

（2）部门设置见表1－4－27。

表1－4－27

部门编码	部门名称
01	基本生产车间
02	厂部办公室
03	财务部

（3）工资类别设置见表1－4－28。

表1－4－28

类别编码	类别名称
001	计时工资
002	计件工资

（4）人员类别设置见表1－4－29。

表1－4－29

人员类别编码	人员类别名称
01	车间生产工人
02	车间管理人员
03	行政人员

5. 计时工资类别设置资料如下：

（1）计时工资人员档案见表1－4－30。

表1－4－30

职员编码	职员名称	部门名称	职员属性
001	李丽	基本生产车间	车间管理
002	王伟	基本生产车间	车间管理
009	方灵	基本生产车间	车间生产
010	马青	基本生产车间	车间生产
011	韦胜	基本生产车间	车间生产
012	孙浩	基本生产车间	车间生产
013	黄利	基本生产车间	车间生产
014	张玲	厂部办公室	行政人员

续表

职员编码	职员名称	部门名称	职员属性
015	黎羽	厂部办公室	行政人员
016	王光	财务部	行政人员
017	曾萧	财务部	行政人员

（2）计时工资项目见表 1－4－31。

表 1－4－31

工资项目名称	类型	长度	小数	增减项
姓　名	字符	8	0	其他
月标准工资	数字	10	2	增项
日工资	数字	8	2	其他
工　龄	数字	4	0	其他
事　假	数字	4	0	其他
病　假	数字	4	0	其他
婚　假	数字	4	0	其他
产　假	数字	4	0	其他
丧　假	数字	4	0	其他
应扣工资	数字	8	2	减项
休息日加班	数字	4	0	其他
法定日加班	数字	4	0	其他
夜　班	数字	4	0	其他
夜班工资	数字	8	2	增项
奖　金	数字	8	2	增项
加班工资	数字	8	2	增项
应发工资	数字	10	2	增项
养老保险	数字	8	2	减项
失业保险	数字	8	2	减项
医疗保险	数字	8	2	减项
代扣税	数字	10	2	减项
扣款合计	数字	10	2	减项
实发合计	数字	10	2	增项

公式设置：

加班工资＝休息日加班×日工资×2＋法定节日加班×日工资×4

夜班工资＝夜班×10

应扣工资 = iff（工龄 < 5，日工资 × 病假 × 0.55，日工资 × 病假 × 0.5） + 事假 × 日工资

应发工资 = 月标准工资 + 夜班工资 + 奖金 + 加班工资 – 应扣工资

养老保险 = iff（职工姓名 = “曾萧” or 职工姓名 = “黄利” or 职工姓名 = “杨林” or 职工姓名 = “马青”，2 500 × 0.08，2 920 × 0.08）

失业保险 = iff（职工姓名 = “曾萧” or 职工姓名 = “黄利” or 职工姓名 = “杨林” or 职工姓名 = “马青”，2 500 × 0.01，2 920 × 0.01）

医疗保险 = iff（职工姓名 = “曾萧” or 职工姓名 = “黄利” or 职工姓名 = “杨林” or 职工姓名 = “马青”，2 500 × 0.02，2 920 × 0.02）

扣款合计 = 养老保险 + 失业保险 + 医疗保险 + 代扣税

实发工资 = 应发工资 – 扣款合计

6. 计件工资类别设置资料如下：

(1) 计件工资人员档案见表 1 – 4 – 32。

表 1 – 4 – 32

职员编码	职员名称	部门名称	职员属性
003	凌林	基本生产车间	车间生产
004	江红	基本生产车间	车间生产
005	王超	基本生产车间	车间生产
006	刘文	基本生产车间	车间生产
007	梁光	基本生产车间	车间生产
008	杨林	基本生产车间	车间生产

(2) 计件工资项目见表 1 – 4 – 33。

表 1 – 4 – 33

工资项目名称	类型	长度	小数	增减项
职工姓名	字符	8	0	其他
服装 A 产量	数字	8	0	其他
服装 B 产量	数字	8	0	其他
计件工资	数字	10	2	增项
奖　金	数字	8	2	增项
应发合计	数字	10	2	增项
养老保险	数字	8	2	减项
失业保险	数字	8	2	减项
医疗保险	数字	8	2	减项
代扣税	数字	10	2	减项
扣款合计	数字	10	2	减项
实发合计	数字	10	2	增项

公式设置：

应发合计 = 计件工资 + 奖金

养老保险 = iff（职工姓名 = “曾萧” or 职工姓名 = “黄利” or 职工姓名 = “杨林” or 职工姓名 = “马青”，2 500 × 0.08，2 920 × 0.08）

失业保险 = iff（职工姓名 = “曾萧” or 职工姓名 = “黄利” or 职工姓名 = “杨林” or 职工姓名 = “马青”，2 500 × 0.01，2 920 × 0.01）

医疗保险 = iff（职工姓名 = “曾萧” or 职工姓名 = “黄利” or 职工姓名 = “杨林” or 职工姓名 = “马青”，2 500 × 0.02，2 920 × 0.02）

扣款合计 = 养老保险 + 失业保险 + 医疗保险 + 代扣税

实发合计 = 应发合计 - 扣款合计

（3）计件工资标准设置见表 1 - 4 - 34。

表 1 - 4 - 34

名称：产品结构　　**产品结构档案**

编　码	名　称
001	服装 A
002	服装 B

（4）计件工资方案设置见表 1 - 4 - 35。

表 1 - 4 - 35

部门：基本生产车间

方案编号	方案名称	产品结构	计件单价
001	方案一	服装 A	10 元/件
002	方案二	服装 B	8 元/件

（5）计件工资统计见表 1 - 4 - 36。

表 1 - 4 - 36

部门：基本生产车间

人员编码	人员姓名	日　期	数　量	
			服装 A	服装 B
003	凌林	2006.10.31	100	120
004	江红	2006.10.31	110	130
005	王超	2006.10.31	90	100
006	刘文	2006.10.31	95	90
007	梁光	2006.10.31	96	80
008	杨林	2006.10.31	105	85

7. 工资日常业务处理资料如下：

（1）本月变动数据资料参照手工部分实训资料一的 10 月份考勤、产量汇总表（见表 1 - 4 - 1）。

（2）工资分配资料如下：

计时工资分配见表 1－4－37。

表 1－4－37

部门名称	人员类别	工资项目	借方科目	贷方科目
基本生产车间	车间生产工人	应发工资	生产成本——基本生产成本——直接工资	应付工资
基本生产车间	车间管理人员	应发工资	制造费用	应付工资
厂部办公室、财务部	行政人员	应发工资	管理费用——工资及福利费	应付工资

计件工资分配见表 1－4－38。

表 1－4－38

部门名称	人员类别	工资项目	借方科目	贷方科目
基本生产车间	车间生产工人	应发合计	生产成本——基本生产成本——直接工资	应付工资

（3）计提福利费资料如下：

计时工资计提福利费，按“应发工资”的 14%计提，见表 1－4－39。

表 1－4－39

部门名称	人员类别	工资项目	借方科目	贷方科目
基本生产车间	车间生产工人	应发工资	生产成本——基本生产成本——其他直接支出	应付福利费
基本生产车间	车间管理人员	应发工资	制造费用	应付福利费
厂部办公室、财务部	行政人员	应发工资	管理费用——工资及福利费	应付福利费

计件工资计提福利费，按“应发合计”的 14%计提福利费，见表 1－4－40。

表 1－4－40

部门名称	人员类别	工资项目	借方科目	贷方科目
基本生产车间	车间生产工人	应发合计	生产成本——基本生产成本——其他直接支出	应付福利费

（三）实训要求

1. 设置操作员，并分配相应的权限。

2. 建立广州天蓝服饰有限公司账套。

3. 进行总账初始化，并设置相应基础资料。

4. 进行工资系统初始化，并设置相应基础信息。

5. 综合运用“总账”和“工资”系统，根据实训资料一所提供的日常业务资料进行核算。要求：录入本月计时工资和计件工资人员的工资数据，对该数据进行汇总，月末进行工资分配和计提福利费。在工资系统自动生成凭证，在“总账”系统审核记账。

6. 查询工资表和工资分析表（注意：本工资账套有两种核算类别，分别是计时工资核算类别和计件工资核算类别，要对两种工资类别分别核算）。

（四）说明

1. 本实训资料适用于用友 ERP－U8 软件，如使用其他财务软件，可根据情况进行调整。

2. 实训资料只给出和本实验相关的内容，其余内容略。

实训五　固定资产会计岗位实训

一、实训目的

1. 了解固定资产会计岗位的职责。
2. 了解固定资产明细账、总账的设置与登记方法。
3. 掌握固定资产增加、减少的核算及账务处理。
4. 掌握固定资产折旧的计算方法及账务处理。
5. 无形资产购入、投入、自创、出售、出租及摊销的账务处理。
6. 会应用财务软件对固定资产进行核算。

二、实训要求

1. 广州牛牛乳业有限公司主要生产乳酸饮料产品，有一个基本生产车间（乳酸车间），一个辅助生产车间（机修车间），还有厂部办公室、销售部等行政部门。其固定资产分为房屋及建筑物、机器设备、运输设备及其他设备四类，均采用平均年限法（综合）计算折旧。使用年限：房屋及建筑物20年，机器设备10年，运输设备10年，其他设备5年。固定资产净残值率为4%。

2. 根据发生的经济业务，填制有关原始凭证和记账凭证。

3. 登记有关固定资产卡片及固定资产明细账（明细账分为房屋及建筑物、机器设备、运输设备、其他设备四类）。

4. 编制科目汇总表，并根据科目汇总表登记固定资产总账。

5. 无形资产采用直线法摊销、长期待摊费用采用直线法摊销。逐笔登记无形资产总账。

6. 实训用纸：记账凭证35张，三栏式明细账4张，科目汇总表2张，总账2张。

三、实训资料

（一）实训资料一

2006年12月1日，广州牛牛乳业有限公司固定资产情况见表1－5－1。

表 1－5－1

固定资产原值及折旧情况表

代码	名称	类别	使用部门	使用情况	入账日期	增加方式	折旧方法	预计使用期间(工作总量)	原 值	累计折旧	预计净残值 4%	用于折旧计算的预计使用期间(工作总量)	月折旧额
16100101	乳酸车间	房屋及建筑物	乳酸车间	使用中	2004.12.1	购入	平均年限法	240	2 000 000	184 000	80 000	240	8 000
16100102	机修车间	房屋及建筑物	机修车间	使用中	2004.12.1	购入	平均年限法	240	200 000	18 400	8 000	240	800
16100103	销售部门	房屋及建筑物	销售部门	使用中	2004.12.1	购入	平均年限法	240	100 000	9 200	4 000	240	400
16100104	厂部办公楼	房屋及建筑物	厂部	使用中	2004.12.1	购入	平均年限法	240	300 000	27 600	12 000	240	1 200
16100201	机器	机器设备	乳酸车间	使用中	2004.12.1	购入	平均年限法	120	300 000	55 200	12 000	120	2 400
16100202	冷冻设备	机器设备	乳酸车间	使用中	2004.12.1	购入	平均年限法	60	20 000	7 360	800	60	320
16100203	设备	机器设备	乳酸车间	使用中	2004.12.1	购入	平均年限法	60	125 000	46 000	5 000	60	2 000
16100204	装盒机	机器设备	乳酸车间	使用中	2004.12.1	购入	平均年限法	60	250 000	92 000	10 000	60	4 000
16100205	设备	机器设备	机修车间	使用中	2004.12.1	购入	平均年限法	60	80 000	29 440	3 200	60	1 280
16100206	电焊机	机器设备	机修车间	使用中	2004.12.1	购入	平均年限法	36	3 000	1 840	120	36	80
16100301	小轿车	运输工具	厂部	使用中	2005.12.1	购入	平均年限法	120	250 000	46 000	10 000	120	2 000
16100401	储藏柜 A	其他设备	乳酸车间	使用中	2004.12.1	购入	平均年限法	60	25 000	9 200	1 000	60	400
16100402	储藏柜 B	其他设备	机修车间	使用中	2004.12.1	购入	平均年限法	60	5 000	1 840	200	60	80
16100403	电脑	其他设备	厂部	使用中	2004.12.1	购入	平均年限法	60	6 000	2 208	240	60	96
16100404	电脑	其他设备	厂部	使用中	2004.12.1	购入	平均年限法	60	6 000	2 208	240	60	96
16100405	打印机	其他设备	厂部	使用中	2004.12.1	购入	平均年限法	60	3 000	1 104	120	60	48
合计									3 673 000	533 600			23 200

2006年12月份发生下列与固定资产相关的经济业务：

1. 12月1日，购货车8万元，见表1－5－2。

表1－5－2（1/5）

机动车销售统一发票

0000211167

发票联

№：07422989

2006年12月1日

购货单位(人)		广州牛牛乳业有限公司		身份证号码/组织机构代码		441225731007431	
车辆类型		货车	厂牌型号	货车 1.6AT		产地	沈阳
合格证号		0152183D	进口证明书号			商检单号	
发动机号码		AWB025874		车架号码/车辆识别代码		LFVBA21J133031844	
数量	壹	单价	80 000.00元			合同单号	
名称			费		费		费
费用	金额						
价费合计金额		（大写）佰零拾捌万零仟零佰零拾零元零角零分			￥80 000.00元		
销货单位名称		广东省物资进出口公司	地址	广州市北较场横路12号		电话	83817685
纳税人识别号		440402190336399	开户银行	工行一支行		账号	00065534－081
备注	一车一票。		审核单位（盖章）				

第二联 发票联

财务专用章

销货单位(章)： 开票人：余静 收款人：谢娜

表1－5－2（2/5）

中国工商银行 转账支票存根 支票号码 N0. 附加信息 出票日期 年 月 日 收款人： 金额： 用途： 单位主管： 会计：	支票号码 N0. **中国工商银行转账支票** 出票日期(大写) 年 月 日 付款行名称： 收款人： 出票人账号： 本支票付款期限十天 人民币（大写）： 亿 千 百 十 万 千 百 十 元 角 分 用途： 上列款项请从 我账户内支付 出票人签章 复核 记账

表 1-5-2（3/5）

固定资产设备入库单

2006 年 12 月 1 日　　　　字第 1 号

编号	名称	规格	单位	应收数量	实收数量	单价	金额 十万	万	千	百	十	元	角	分	供应单位名称
52	货车		辆	1	1	80 000		8	0	0	0	0	0	0	广东省物资进出口公司
	合计						¥	8	0	0	0	0	0	0	

附单据　张

会计　　仓库主管　　保管：　　验收：周玉　　采购：柯文

表 1-5-2（4/5）

固定资产卡片（正面）

固定资产类别：　　　　卡片编号：

固定资产项目编号：

固定资产项目名称		型号规格或技术特点		建设单位或制造工厂名称	
原值		其中安装费		预计净残值	
建造日期	年　月	验收日期	年　月	开始使用日期	年　月
年折旧额		年折旧率		月折旧额	
拨入日期		拨入时已使用年限		尚能使用年限	拨入时已使用年限

使用或保管部门变动情况			原价变动记录					附属设备记录				
日期	凭证	使用或保管部门	日期	凭证	增加	减少		名称	规格	单位	数量	金额
年　月												

表 1－5－2（5/5）

固定资产卡片(反面)

<table>
<tr><td colspan="4">计提基本折旧</td><td colspan="4">大修理完工记录</td><td colspan="3">停用复用记录</td></tr>
<tr><td>年度</td><td>本期提取</td><td>累计提取</td><td>净值</td><td>日期</td><td>凭证</td><td>摘要</td><td>金额</td><td>停用日期</td><td>停用原因</td><td>复用日期</td></tr>
<tr><td></td><td></td><td></td><td></td><td></td><td></td><td></td><td></td><td></td><td></td><td></td></tr>
<tr><td>调出记录</td><td colspan="5">调出日期： 批准文号：
调往单位：
原　值：
安装费： 已使用年限：</td><td>报废清理记录</td><td colspan="4">清理原因： 清理日期：批准文号：
实际使用：
年　限：
清理费用： 变价收入：</td></tr>
<tr><td rowspan="3">备注</td><td colspan="7" rowspan="3"></td><td>建、销卡</td><td>日期</td><td>经办人</td></tr>
<tr><td>建卡</td><td>年
月</td><td></td></tr>
<tr><td>销卡</td><td></td><td></td></tr>
</table>

2. 12 月 1 日，因火灾烧毁销售部门房屋，原价 10 万元，已提折旧 9 600 元，将其转入清理，见表 1－5－3。

表 1－5－3

固定资产报废单

填报企业：　　　　2006 年 12 月 1 日　　　　固废字(6)

<table>
<tr><td rowspan="7">使用部门</td><td>设备编号</td><td>统一</td><td>本厂</td><td>复杂系数</td><td></td><td></td></tr>
<tr><td>设备名称</td><td colspan="2">房屋</td><td>始用日期</td><td colspan="2">2004.12.1</td></tr>
<tr><td>型号规格</td><td colspan="2"></td><td>原值</td><td colspan="2">100 000</td></tr>
<tr><td>设备隶级</td><td colspan="2"></td><td>全部使用年限</td><td colspan="2">20 年</td></tr>
<tr><td>设备类级</td><td colspan="2">类　级</td><td>已使用年限</td><td colspan="2">24 个月</td></tr>
<tr><td>制造厂(国别)</td><td colspan="2"></td><td>使用部门</td><td colspan="2">办公室</td></tr>
<tr><td>设备现状及报废原因</td><td colspan="5">火灾、提早报废
主管：黎明　设备员：王画</td></tr>
<tr><td rowspan="3">主管部门</td><td>设备管理员意见</td><td colspan="5">同意报废
设备管理员：张军</td></tr>
<tr><td>负责人意见</td><td colspan="5">同意报废
主管：黄利</td></tr>
<tr><td>报废后处理意见</td><td colspan="5"></td></tr>
<tr><td rowspan="2">财务部</td><td>折旧</td><td colspan="2">9 600 元</td><td>净值</td><td colspan="2">90 400 元</td></tr>
<tr><td>财务部意见</td><td colspan="5">同意报废
主管：李力　经办人：黄河</td></tr>
<tr><td colspan="2">企业负责人</td><td colspan="5">同意报废
主管：陈强</td></tr>
<tr><td colspan="2">上级机关审核</td><td colspan="3">广州管理员</td><td colspan="2">集团公司</td></tr>
</table>

第二联：财务部门

3．12月2日，经批准建造仓库一间，现将仓库建造工程出包给广州第一建筑公司，根据合同，预付给广州第一建筑公司工程款15万元，见表1－5－4。

表1－5－4（1/2）

收　　据　　N0.0014256

2006年12月2日

对方科目 编　　号	

事　　项：收到广州牛牛乳业有限公司仓库建造款

人民币（大写）：壹拾伍万元整　　¥150 000.00

交款人 罗华（签章）　　主管人员：胡铭（签章）　　会计人员：萧红萍（签章）　　经手人：刘岩（签章）

广州第一建筑公司 财务专用章

表1－5－4（2/2）

中国工商银行
转账支票存根
支票号码　N0.
附加信息

出票日期　　年　　月　　日

收款人：
金额：
用途：

单位主管：　　会计：

支票号码 N0.

中国工商银行转账支票

出票日期(大写)　　年　　月　　日　付款行名称：
收款人：　　出票人账号：

本支票付款期限十天

人民币 （大写）：	亿	千	百	十	万	千	百	十	元	角	分

用途：

上列款项请从
我账户内支付
出票人签章

复核　　记账

4．12月5日，报废一台电脑，见表1－5－5。

表 1-5-5

固定资产报废单

填报企业：　　　　2006 年 12 月 5 日　　　　固废字(5)

使用部门	设备编号	统一	本厂	复杂系数	电子
	设备名称	电脑		始用日期	2004.12.1
	型号规格	联想奔腾Ⅲ型		原值	6 000 元
	设备隶级			全部使用年限	5 年
	设备类级	类　　级		已使用年限	24 个月
	制造厂(国别)			使用部门	办公室
	设备现状及报废原因	主机故障、提前报废 主管：黎明　设备员：王画			
主管部门	设备管理员意见	设备管理员：张军			
	负责人意见	同意报废 主管：黄利			
	报废后处理意见				
财务部	折旧	2 304 元		净值	3 696 元
	财务部意见	同意报废 主管：李力　经办人：黄河			
企业负责人		同意报废 主管：陈强			
上级机关审核		广州管理员		集团公司	

第二联：财务部门

报废日期：2006.12.5

5. 12 月 5 日，报废电脑变价收入 200 元，结转报废电脑净损益，见表 1-5-6。

表 1-5-6（1/2）

广东商品销售发票　　国税　№ 2113530

发　票　联

客户：广州市明亮物资回收公司　　2006 年 12 月 5 日　　地址：广州市光明路 15 号

货号	品　名	规格	单位	数量	单价		十	万	千	百	十	元	角	分
	旧电脑		台	1		超过佰万元无效				2	0	0	0	0
									¥	2	0	0	0	0
合计金额（大写）	贰佰元整						¥ 200.00 元							
结算方式	现金	开户银行		备注										
		账号												

②收款人记账凭证

（印章：广州市明亮物资回收公司 财务专用章）

开票人：苏建　　收款人：罗华　　验收人：周玉　　售货单位：

表 1－5－6（2/2）

现金收入凭单　　　第　　号

附件 1　张　　2006 年 12 月 10 日

对方科目	
编　　号	

用　　款			
事　　项：电脑报废收入			
人民币（大写）：贰佰元整 ¥ 200.00	现金收讫		
交款人 陈生（签章）	主管人员：李力（签章）	会计人员：黄河（签章）	出纳员付讫：罗华（签章）

6. 12 月 10 日，开支票购入不需要安装的 AS 型乳酸制造设备，并以现金支付运费 550 元，见表 1－5－7。

表 1－5－7（1/8）

广东增值税专用发票　№ 4259380

发　票　联

开票日期：2006 年 12 月 10 日

购货单位	名　　称：广州市牛牛乳业有限公司 纳税人识别号：440122312560688 地 址 电 话：广州市中山路 18 号 开户行及账号：4077300005699	密码区	3 < > 20 － 3 + 8 + 7 < + 5 － 2 + 487 < 加密版本号： 4 > + 6059/3477626 － / － + /8 > 11 1 < 12/5 < 1 + + /28220 * 49/0 3240023440 6 > 5 < 24 － >> 3 * 05/ >> 92 07881134

货物或应税劳务名称	规格型号	单位	数量	单价	金额	税率	税额
AS 型乳酸制造设备		台	1	85 000	85 000.00	17%	14 450.00
合　　计					85 000.00		14 450.00
价税合计（大写）	玖万玖仟肆佰伍拾元整				（小写）¥ 99 450.00		

销货单位	名　　称：广州市东方机械有限公司 纳税人识别号：440102708258055 地 址 电 话：广州市东风路 187 号 开户行及账号：建行广州市东风办事处	备注	广州市东方机械有限公司 440102708258055 发票专用章

第二联：发票联　购货方记账凭证

收款人：王伟　　复核：许原　　开票人：李平　　销货单位：（章）

表 1-5-7（2/8）

广东增值税专用发票　　№ 4259380

抵　扣　联　　　开票日期：2006 年 12 月 10 日

<table>
<tr><td rowspan="4">购货单位</td><td colspan="3">名　　称：广州市牛牛乳业有限公司</td><td rowspan="4">密码区</td><td colspan="4">3<>20-3+8+7<+5-2+487<加密版本号：</td></tr>
<tr><td colspan="3">纳税人识别号：440122312560688</td><td colspan="4">4>+6059/3477626-/-+/8>　11</td></tr>
<tr><td colspan="3">地 址 电 话：广州市中山路 18 号</td><td colspan="4">1<12/5<1++/28220*49/0　3240023440</td></tr>
<tr><td colspan="3">开户行及账号：4077300005699</td><td colspan="4">6>5<24->>3*05/>>92　07881134</td></tr>
<tr><td colspan="2">货物或应税劳务名称</td><td>规格型号</td><td>单位</td><td>数量</td><td>单价</td><td>金额</td><td>税率</td><td>税额</td></tr>
<tr><td colspan="2">AS 型乳酸制造设备</td><td></td><td>台</td><td>1</td><td>85 000</td><td>85 000.00</td><td>17%</td><td>14 450.00</td></tr>
<tr><td colspan="2">合　　计</td><td></td><td></td><td></td><td></td><td>85 000.00</td><td></td><td>14 450.00</td></tr>
<tr><td colspan="2">价税合计(大写)</td><td colspan="7">玖万玖仟肆佰伍拾元整　　　（小写）¥ 99 450.00</td></tr>
<tr><td rowspan="4">销货单位</td><td colspan="3">名　　称：广州市东方机械有限公司</td><td rowspan="4">备注</td><td colspan="4" rowspan="4"></td></tr>
<tr><td colspan="3">纳税人识别号：440102708258055</td></tr>
<tr><td colspan="3">地 址 电 话：广州市东风路 187 号</td></tr>
<tr><td colspan="3">开户行及账号：建行广州市东风办事处</td></tr>
</table>

第一联：抵扣联　购货方扣税凭证

收款人：王伟　　复核：许原　　开票人：李平　　销货单位：(章)

表 1-5-7（3/8）

中国工商银行
转账支票存根
支票号码　NO.
附加信息

出票日期　　年　　月　　日

收款人：
金额：
用途：

单位主管：　　会计：

支票号码 NO.

中国工商银行转账支票

出票日期(大写)　　年　　月　　日　付款行名称：
收款人：　　　　　　　　　　　　　出票人账号：

本支票付款期限十天

人民币（大写）：	亿	千	百	十	万	千	百	十	元	角	分

用途：________
上列款项请从
我账户内支付
出票人签章

复核　　记账

表 1-5-7（4/8）

广州货物托运业专用发票

发　票　联

地税

01 乙

№ 1116134

委托单位
委 托 人　广州牛牛乳业有限公司　到站　运单号

货物名称	件数	重量	包装	代垫费用		托运费用	
				项目	万千百十元角分	项目	万千百十元角分
				铁路		服务费	
				公路	55000	仓储保管费	
				空运		包装费	
				水运		搬倒理货费	
记事：						退运手续费	
				保险费			
				合　计	¥55000	合　计	
总计大写	伍佰伍拾零元整						

第二联　发票联

昌顺货运公司　税号：112832831361042　发票专用章

收款单位盖章：　经办人：秦明　2006 年 12 月 10 日

表 1-5-7（5/8）

现 金 支 出 凭 单　　第　　号

对方科目编号	

附件 1 张　2006 年 12 月 10 日

用　　款

事　　项：支付运费

现金付讫

人民币（大写）：伍佰伍拾元整　¥ 550.00

交款人	主管	会计	出纳员
陈芳	人员：李力	人员：黄河	付　讫：罗华
（签章）	（签章）	（签章）	（签章）

表 1-5-7（6/8）

固定资产验收单

统一编号： 本厂编号：

<table>
<tr><td rowspan="14">计划管理部门</td><td>设备名称</td><td colspan="2">乳酸制造设备</td><td>电动机</td><td colspan="3">台</td></tr>
<tr><td>型号</td><td colspan="2">AS 型</td><td>总动率</td><td colspan="3"></td></tr>
<tr><td>规格</td><td colspan="2"></td><td>出厂编号</td><td></td><td>出厂日期</td><td>2006.8.14</td></tr>
<tr><td>制造厂</td><td colspan="2">广州市东方机械有限公司</td><td>自重量</td><td>kg</td><td>始用日期</td><td>2006.12.10</td></tr>
<tr><td>型尺寸</td><td colspan="2"></td><td>使用部门</td><td>乳酸车间</td><td>施工工号</td><td></td></tr>
<tr><td colspan="7">随 机 附 件</td></tr>
<tr><td>名称</td><td colspan="2">型号规格</td><td>数量</td><td>名称</td><td>型号规格</td><td>数量</td></tr>
<tr><td></td><td></td><td></td><td></td><td></td><td></td><td></td></tr>
<tr><td></td><td></td><td></td><td></td><td></td><td></td><td></td></tr>
<tr><td></td><td></td><td></td><td></td><td></td><td></td><td></td></tr>
<tr><td></td><td></td><td></td><td></td><td></td><td></td><td></td></tr>
<tr><td>说明书</td><td colspan="2"></td><td>装箱单</td><td></td><td>图纸</td><td></td></tr>
<tr><td>合格证</td><td colspan="2"></td><td>精度单</td><td></td><td>资料验收人</td><td></td></tr>
<tr><td colspan="7"></td></tr>
<tr><td rowspan="3">固定资产管理部门</td><td>设备隶属</td><td colspan="4"></td><td>复杂系数</td><td>机电</td></tr>
<tr><td>设备类别</td><td colspan="4"></td><td>使用年限</td><td>10 年</td></tr>
<tr><td>精度等级</td><td colspan="4">提高级、标准级、降低级</td><td>分类划级</td><td>类级</td></tr>
<tr><td rowspan="2">财务处</td><td>设备费</td><td colspan="4">99 450 元</td><td>安装及其他费</td><td>550 元</td></tr>
<tr><td>原值合计</td><td colspan="4">100 000 元</td><td>资产来源</td><td>购入</td></tr>
<tr><td>验收意见</td><td colspan="7">验收合格
固定资产管理部门验收人：李新</td></tr>
<tr><td>计划管理部门</td><td>主管经办人李建花</td><td>使用部门</td><td>主管经办人刘强</td><td>固定资产管理部门</td><td>主管经办人黄利</td><td>财务处</td><td>主管经办人李力</td></tr>
</table>

验收日期：2006.12.10

表1－5－7（7/8）

固定资产卡片（正面）

固定资产类别：　　　　　　　　　　　　　　　　　　　　　　　卡片编号：

固定资产项目编号：

<table>
<tr><td>固定资产项目名称</td><td colspan="2"></td><td colspan="2">型号规格或技术特点</td><td colspan="2"></td><td colspan="2">建设单位或制造工厂名称</td><td colspan="4"></td></tr>
<tr><td>原值</td><td colspan="2"></td><td>其中安装费</td><td colspan="2"></td><td>预计净残值</td><td colspan="2"></td><td colspan="2"></td><td colspan="2"></td></tr>
<tr><td>建造日期</td><td colspan="3">年　月</td><td colspan="2">验收日期</td><td colspan="2">年　月</td><td colspan="2">开始使用日期</td><td colspan="3">年　月</td></tr>
<tr><td>年折旧额</td><td colspan="2"></td><td>年折旧率</td><td colspan="2"></td><td>月折旧额</td><td colspan="2"></td><td colspan="2"></td><td colspan="2"></td></tr>
<tr><td>拨入日期</td><td colspan="2"></td><td>拨入时已使用年限</td><td colspan="2"></td><td>尚能使用年限</td><td colspan="2"></td><td colspan="2">拨入时已使用年限</td><td colspan="2"></td></tr>
<tr><td colspan="4">使用或保管部门变动情况</td><td colspan="4">原价变动记录</td><td colspan="5">附属设备记录</td></tr>
<tr><td>日期</td><td>凭证</td><td>使用或保管部门</td><td>日期</td><td>凭证</td><td>增加</td><td>减少</td><td></td><td>名称</td><td>规格</td><td>单位</td><td>数量</td><td>金额</td></tr>
<tr><td>年　月</td><td></td><td></td><td></td><td></td><td></td><td></td><td></td><td></td><td></td><td></td><td></td><td></td></tr>
</table>

表1－5－7（8/8）

固定资产卡片（反面）

<table>
<tr><td colspan="4">计提基本折旧</td><td colspan="4">大修理完工记录</td><td colspan="3">停用复用记录</td></tr>
<tr><td>年度</td><td>本期提取</td><td>累计提取</td><td>净值</td><td>日期</td><td>凭证</td><td>摘要</td><td>金额</td><td>停用日期</td><td>停用原因</td><td>复用日期</td></tr>
<tr><td></td><td></td><td></td><td></td><td></td><td></td><td></td><td></td><td></td><td></td><td></td></tr>
<tr><td>调出记录</td><td colspan="5">调出日期：　　批准文号：
调往单位：
原　值：
安装费：　　已使用年限：</td><td>报废清理记录</td><td colspan="4">清理原因：　清理日期：　　批准文号：
实际使用：
年　限：
清理费用：　变价收入：</td></tr>
<tr><td rowspan="3">备注</td><td colspan="7" rowspan="3"></td><td>建、销卡</td><td>日期</td><td>经办人</td></tr>
<tr><td>建卡</td><td>年
月</td><td></td></tr>
<tr><td>销卡</td><td></td><td></td></tr>
</table>

7. 12月8日，支付本月乳酸车间租入设备租金，见表1－5－8。

表1－5－8（1/2）

中国工商银行 转账支票存根	支票号码 NO.
支票号码　NO. 附加信息 出票日期　　年　　月　　日 收款人： 金额： 用途： 单位主管：　　　会计：	**中国工商银行转账支票** 出票日期(大写)　　年　　月　　日　付款行名称： 收款人：　　　　　　　　　　　　　出票人账号： 本支票付款期限十天 人民币（大写）：　亿 千 百 十 万 千 百 十 元 角 分 用途： 上列款项请从 我账户内支付 出票人签章 复核　　记账

表1－5－8（2/2）

广州服务业专用发票

发　票　联

广 06－0107555

字

开户银行：广州市建设银行第三支行

账　　号：8000—2638—9811

客户名称：广州牛牛乳业有限公司　　　　　　2006年12月18日

项目	单位	数量	单价	十万	万	千	百	十	元	角	分
出租设备						1	2	0	0	0	0
合计人民币（大写）壹仟贰佰元整					¥	1	2	0	0	0	0

超过佰万元无效

第二联　客户报账

广州市设备租赁公司 财务专用章

填票人 林芝玲　　　收款人 张香　　　开票收据单位(盖章)

8. 12月21日，支付厂部办公室轿车的修理费2 000元，见表1－5－9。

表 **1－5－9**（1/2）

中国工商银行 转账支票存根 支票号码 NO. 附加信息 出票日期　年　月　日 收款人： 金额： 用途： 单位主管：　　会计：	支票号码 NO. **中国工商银行转账支票** 出票日期(大写)　年　月　日　付款行名称： 收款人：　　出票人账号： 本支票付款期限十天 人民币（大写）：　亿 千 百 十 万 千 百 十 元 角 分 用途： 上列款项请从 我账户内支付 出票人签章 复核　记账

表 **1－5－9**（2/2）

广东省加工修理修配统一发票

发　票　联

144000138667

N0̲00667998

客户名称：广州牛牛乳业有限公司　　　　2006 年 12 月 18 日填发

项　目	单位	数量	单价		金额							
					十	万	千	百	十	元	角	分
汽车修理费				超过佰万元无效			2	0	0	0	0	0
合计人民币（大写）贰仟元整						¥	2	0	0	0	0	0

第二联　客户报账

填票人 钟顺　　　收款人 姜大卫　　　开票收据单位(盖章)

9．12 月 20 日，销售机修车间其他设备——储藏柜 B，原价 5 000 元，已提折旧 1 920 元，作价 3 280 元，见表 1－5－10。

表 1－5－10（1/3）

固定资产交接单

2006 年 12 月 20 日

固定资产名称	单位	数量	建造日期	购入日期	原始价值	已提折旧	使用年限	备　注
储藏柜 B	台	1		2004 年 12 月 1 日	5 000	1 920	10	协议价格 3 280 元

调出单位：广州牛牛乳酸有限公司　　调入单位：广州光明机械有限公司

表 1－5－10（2/3）

工商银行 进账单（收账通知） 3

2006 年 12 月 20 日　　第　1719　号

出票人	全称	广州光明机械有限公司	收款人	全称	广州牛牛乳酸有限公司
	账号	0052－1164－9998		账号	4077300005699
	开户银行	工商银行白云支行		开户银行	工商银行中山支行
人民币（大写）	叁仟贰佰捌拾元整		千百十万千百十元角分		¥ 3 2 8 0 0 0
票据种类	支票	票据张数	1		
票据号码	2 398 076		中国工商银行广州分行 中山支行 2006.12.20 收款人开户行盖章		
复核　记账					

此联是收款人开户银行交给收款人的收账通知

表 1－5－10（3/3）

广东省商品销售统一发票

144000531448

发　票　联

国税　№ 2243538

客户：广州光明机械有限公司　　2006 年 12 月 20 日　　地址：广州市中山路 25 号

货号	品　名	规格	单位	数量	单价	超过佰万元无效	金额（十万千百十元角分）
	储藏柜		台	1			3 2 8 0 0 0
							¥ 3 2 8 0 0 0
合计金额（大写）	叁仟贰佰捌拾元整						¥ 3 280.00 元
结算方式	支票	开户银行	工行中山支行	备注			
		账号	4077300005699				

广州市牛牛乳业有限公司 财务专用章

②收款人记账凭证

开票人：苏建　　收款人：罗华　　验收人：周玉　　售货单位：

10．12 月 23 日，收到广州香楼乳业公司投资全新不需安装 BS 型乳酸制造设备一台，协商价 10 万元，增值税 17 000 元，合计 117 000 元，见表 1－5－11。

表 1－5－11（1/5）

广东增值税专用发票　　№ 56789380

发　票　联

开票日期：2006 年 12 月 23 日

购货单位	名　　称：广州市牛牛乳业有限公司 纳税人识别号：440122312560688 地 址 电 话：广州市中山路 18 号 开户行及账号：4077300005699	密码区	3 < > 20 − 3 + 8 + 7 < + 5 − 2 + 487 < 加密版本号: 4 > + 6059/3477626 − / − + /8 >　33 1 < 12/5 < 1 + + /28220 * 49/0　3240023888 6 > 5 < 24 − >> 3 * 05/ >> 92　07881134

货物或应税劳务名称	规格型号	单位	数量	单价	金额	税率	税额
BS 型乳酸制造设备		台	1	100 000	100 000.00	17%	17 000.00
合　计					100 000.00		17 000.00
价税合计(大写)	壹拾壹万柒仟元整				(小写) ¥ 117 000.00		

销货单位	名　　称：广州香楼乳业有限公司 纳税人识别号：440102708221345 地 址 电 话：广州市环市路 287 号 开户行及账号：建行广州市环市路办事处	备注	

收款人：张晓　　复核：周爱容　　开票人：李华　　销货单位：(章)

第二联：发票联　购货方记账凭证

表 1－5－11（2/5）

广东增值税专用发票　　№ 56789380

抵　扣　联

开票日期：2006 年 12 月 23 日

购货单位	名　　称：广州市牛牛乳业有限公司 纳税人识别号：440122312560688 地 址 电 话：广州市中山路 18 号 开户行及账号：4077300005699	密码区	3 < > 20 − 3 + 8 + 7 < + 5 − 2 + 487 < 加密版本号: 4 > + 6059/3477626 − / − + /8 >　33 1 < 12/5 < 1 + + /28220 * 49/0　3240023888 6 > 5 < 24 − >> 3 * 05/ >> 92　07881134

货物或应税劳务名称	规格型号	单位	数量	单价	金额	税率	税额
BS 型乳酸制造设备		台	1	100 000	100 000.00	17%	17 000.00
合　计					100 000.00		17 000.00
价税合计(大写)	壹拾壹万柒仟元整				(小写) ¥ 117 000.00		

销货单位	名　　称：广州香楼乳业有限公司 纳税人识别号：440102708221345 地 址 电 话：广州市环市路 287 号 开户行及账号：建行广州市环市路办事处	备注	

收款人：张晓　　复核：周爱容　　开票人：李华　　销货单位：(章)

第一联：抵扣联　购货方扣税凭证

表 **1-5-11**（3/5）

固定资产验收单

统一编号：　　　　　　　　　　　　　　　　　　　　　　本厂编号：

计划管理部门	设备名称	乳酸制造设备	电动机	台		
	型号	BS型	总动率			
	规格		出厂编号		出厂日期	2006.11.14
	制造厂	珠海骏欣机械有限公司	自重量	kg	始用日期	2006.12.23
	型尺寸		使用部门	乳酸车间	施工工号	
	随机附件					
	名称	型号规格	数量	名称	型号规格	数量
	说明书		装箱单		图纸	
	合格证		精度单		资料验收人	
固定资产管理部门	设备隶属				复杂系数	机电
	设备类别				使用年限	*10* 年
	精度等级	提高级、标准级、降低级			分类划级	类级
财务处	设备费	*117 000* 元			安装及其他费	
	原值合计	*117 000* 元			资产来源	投资转入
验收意见	验收合格 固定资产管理部门验收人：李新					

计划管理部门	主管经办人 李建花	使用部门	主管经办人 刘强	固定资产管理部门	主管经办人 黄利	财务处	主管经办人 李力

验收日期：2006.12.10

表 1－5－11（4/5）

固定资产卡片（正面）

固定资产类别：　　　　　　　　　　　　　　　　　　　　　　　　卡片编号：

固定资产项目编号：

固定资产项目名称		型号规格或技术特点		建设单位或制造工厂名称			
原值		其中安装费		预计净残值			
建造日期	年　月	验收日期	年　月	开始使用日期		年　月	
年折旧额		年折旧率		月折旧额			
拨入日期		拨入时已使用年限		尚能使用年限		拨入时已使用年限	

使用或保管部门变动情况			原价变动记录					附属设备记录				
日期	凭证	使用或保管部门	日期	凭证	增加	减少		名称	规格	单位	数量	金额
年　月												

表 1－5－11（5/5）

固定资产卡片（反面）

计提基本折旧				大修理完工记录				停用复用记录		
年度	本期提取	累计提取	净值	日期	凭证	摘要	金额	停用日期	停用原因	复用日期

调出记录	调出日期：　　批准文号： 调往单位： 原　值： 安装费：　　已使用年限：	报废清理记录	清理原因：　清理日期：　批准文号： 实际使用： 年　限： 清理费用：　　变价收入：

备注		建、销卡	日期	经办人
		建卡	年　月	
		销卡		

11．12 月 25 日，购入需安装 AX 型乳酸制造设备，验收入库，见表 1－5－12。

表 1－5－12（1/4）

广东增值税专用发票　№ 51234380

发　票　联

开票日期：2006 年 12 月 25 日

购货单位	名　　称：广州市牛牛乳业有限公司 纳税人识别号：440122312560688 地 址 电 话：广州市中山路 18 号 开户行及账号：4077300005699	密码区	3＜＞20－3＋8＋7＜＋5－2＋487＜　加密版本号： 4＞＋6059/3477626－/－＋/8＞　33 1＜12/5＜1＋＋/28220＊49/0　3240023888 6＞5＜24－＞＞3＊05/＞＞92　07881134

货物或应税劳务名称	规格型号	单位	数量	单价	金额	税率	税额
cx 型乳酸制造设备		台	1	90 000	90 000.00	17%	15 300.00
合　计					90 000.00		15 300.00
价税合计(大写)	壹拾万零伍仟叁佰元整				(小写) ¥ 105 300.00		

销货单位	名　　称：广州大新机械有限公司 纳税人识别号：440102709881378 地 址 电 话：广州市天河路 207 号 开户行及账号：工行广州市天河路办事处	备注	

收款人：黄灵　　复核：钱爱华　　开票人：李方　　销货单位：(章)

第二联：发票联　购货方记账凭证

表 1－5－12（2/4）

广东增值税专用发票　№ 51234380

抵　扣　联

开票日期：2006 年 12 月 25 日

购货单位	名　　称：广州市牛牛乳业有限公司 纳税人识别号：440122312560688 地 址 电 话：广州市中山路 18 号 开户行及账号：4077300005699	密码区	3＜＞20－3＋8＋7＜＋5－2＋487＜　加密版本号： 4＞＋6059/3477626－/－＋/8＞　33 1＜12/5＜1＋＋/28220＊49/0　3240023888 6＞5＜24－＞＞3＊05/＞＞92　07881134

货物或应税劳务名称	规格型号	单位	数量	单价	金额	税率	税额
cx 型乳酸制造设备		台	1	90 000	90 000.00	17%	15 300.00
合　计					90 000.00		15 300.00
价税合计(大写)	壹拾万零伍仟叁佰元整				(小写) ¥ 105 300.00		

销货单位	名　　称：广州大新机械有限公司 纳税人识别号：440102709881378 地 址 电 话：广州市天河路 207 号 开户行及账号：工行广州市天河路办事处	备注	

收款人：黄灵　　复核：钱爱华　　开票人：李方　　销货单位：(章)

第一联：抵扣联　购货方扣税凭证

表 1－5－12（3/4）

中国工商银行 转账支票存根 支票号码　NO. 附加信息 出票日期　　年　　月　　日 收款人： 金额： 用途： 单位主管：　　会计：	支票号码 NO. **中国工商银行转账支票** 出票日期(大写)　　年　　月　　日　付款行名称： 收款人：　　出票人账号： 本支票付款期限十天 人民币（大写）：　亿 千 百 十 万 千 百 十 元 角 分 用途： 上列款项请从 我账户内支付 出票人签章 复核　　记账

表 1－5－12（4/4）

固定资产设备入库单

2006 年 12 月 25 日　　字第 1 号

编号	名称	规格	单位	应收数量	实收数量	单价	金额 十	万	千	百	十	元	角	分	供应单位名称
52	CX 设备		台	1	1	105 300	1	0	5	3	0	0	0	0	广州大新机械有限公司
	合计						1	0	5	3	0	0	0	0	

附单据 1 张

会计：　　仓库主管：　　保管：　　验收：周玉　　采购：柯文

12. 12 月 26 日，交付机修车间安装，见表 1－5－13。

表 1－5－13

固定资产设备出库单

接收单位：　　2006 年 12 月 25 日　　字第 1 号

编号	名称	规格	单位	发出数量	单价	金额 十	万	千	百	十	元	角	分	供应单位名称
52	CX 设备		台	1	105 300	1	0	5	3	0	0	0	0	广州大新机械有限公司
	合计					1	0	5	3	0	0	0	0	

附单据 1 张

会计：　　仓库主管：　　保管：　　发货：周龙

13. 12月27日，机修车间工人安装设备发生人工工资500元，计提福利费70元，见表1－5－14。

表1－5－14

工资费用分配表

年　月　日　　　　单位：元

应借账户	工资	福利费	合计
生产成本——辅助生产成本	500	70	
合　计	500	70	570

财务主管：李力　　　　审核：　　　　制表：

14. 12月27日，上项设备安装完毕，交付乳酸车间使用，见表1－5－15。

表1－5－15（1/3）

固定资产验收单

统一编号：　　　　本厂编号：

<table>
<tr><td rowspan="13">计划管理部门</td><td>设备名称</td><td colspan="2">乳酸制造设备</td><td>电动机</td><td colspan="3">台</td></tr>
<tr><td>型号</td><td colspan="2">CX型</td><td>总动率</td><td colspan="3"></td></tr>
<tr><td>规格</td><td colspan="2"></td><td>出厂编号</td><td></td><td>出厂日期</td><td>2006.12.14</td></tr>
<tr><td>制造厂</td><td colspan="2">广州市大新机械有限公司</td><td>自重量</td><td>kg</td><td>始用日期</td><td>2006.12.27</td></tr>
<tr><td>型尺寸</td><td colspan="2"></td><td>使用部门</td><td>乳酸车间</td><td>施工工号</td><td></td></tr>
<tr><td colspan="7">随　机　附　件</td></tr>
<tr><td>名称</td><td colspan="2">型号规格</td><td>数量</td><td>名称</td><td>型号规格</td><td>数量</td></tr>
<tr><td></td><td></td><td></td><td></td><td></td><td></td><td></td></tr>
<tr><td></td><td></td><td></td><td></td><td></td><td></td><td></td></tr>
<tr><td></td><td></td><td></td><td></td><td></td><td></td><td></td></tr>
<tr><td></td><td></td><td></td><td></td><td></td><td></td><td></td></tr>
<tr><td>说明书</td><td colspan="2"></td><td>装箱单</td><td></td><td>图纸</td><td></td></tr>
<tr><td>合格证</td><td colspan="2"></td><td>精度单</td><td></td><td>资料验收人</td><td></td></tr>
<tr><td rowspan="3">固定资产管理部门</td><td>设备隶属</td><td colspan="4"></td><td>复杂系数</td><td>机电</td></tr>
<tr><td>设备类别</td><td colspan="4"></td><td>使用年限</td><td>10年</td></tr>
<tr><td>精度等级</td><td colspan="4">提高级、标准级、降低级</td><td>分类划级</td><td>类级</td></tr>
<tr><td rowspan="2">财务处</td><td>设备费</td><td colspan="4">105 300元</td><td>安装及其他费</td><td>570元</td></tr>
<tr><td>原值合计</td><td colspan="4">105 300元</td><td>资产来源</td><td>购入</td></tr>
<tr><td>验收意见</td><td colspan="7">验收合格
固定资产管理部门验收人：李新</td></tr>
<tr><td>计划管理部门</td><td>主管经办人李建花</td><td>使用部门</td><td>主管经办人刘强</td><td>固定资产管理部门</td><td>主管经办人黄利</td><td>财务处</td><td>主管经办人李力</td></tr>
</table>

验收日期：2006.12.27

表 1－5－15（2/3）

固定资产卡片（正面）

固定资产类别：

卡片编号：

固定资产项目编号：

固定资产项目名称		型号规格或技术特点		建设单位或制造工厂名称	
原值		其中安装费		预计净残值	
建造日期	年 月	验收日期	年 月	开始使用日期	年 月

年折旧额		年折旧率		月折旧额			
拨入日期		拨入时已使用年限		尚能使用年限		拨入时已使用年限	

使用或保管部门变动情况			原价变动记录					附属设备记录				
日期	凭证	使用或保管部门	日期	凭证	增加	减少		名称	规格	单位	数量	金额
年月												

表 1－5－15（3/3）

固定资产卡片（反面）

计提基本折旧				大修理完工记录				停用复用记录		
年度	本期提取	累计提取	净值	日期	凭证	摘要	金额	停用日期	停用原因	复用日期
调出记录	调出日期：　批准文号： 调往单位： 原　值： 安装费：　已使用年限：					报废清理记录	清理原因：　清理日期：　批准文号： 实际使用： 年　限： 清理费用：　变价收入：			
备注								建、销卡	日期	经办人
								建卡	年 月	
								销卡		

15．12月27日，火灾烧毁的房屋获得保险赔款8万元，同时结转清理固定资产净损益，见表1－5－16。

表1－5－16

工商银行 **进账单**（收账通知） **3**

2006年12月28日　　　　第 2369 号

<table>
<tr><td rowspan="3">出票人</td><td>全称</td><td>广州平安保险公司</td><td rowspan="3">收款人</td><td>全称</td><td colspan="10">广州牛牛乳酸有限公司</td></tr>
<tr><td>账号</td><td>0048－1164－2298</td><td>账号</td><td colspan="10">4077300005699</td></tr>
<tr><td>开户银行</td><td>工商银行白云支行</td><td>开户银行</td><td colspan="10">工商银行中山支行</td></tr>
<tr><td rowspan="2">人民币（大写）</td><td colspan="4" rowspan="2">捌万元整</td><td>千</td><td>百</td><td>十</td><td>万</td><td>千</td><td>百</td><td>十</td><td>元</td><td>角</td><td>分</td></tr>
<tr><td></td><td></td><td>¥</td><td>8</td><td>0</td><td>0</td><td>0</td><td>0</td><td>0</td><td>0</td></tr>
<tr><td>票据种类</td><td>支票</td><td>票据张数</td><td colspan="2">1</td><td colspan="10" rowspan="4">收款人开户行盖章</td></tr>
<tr><td>票据号码</td><td colspan="4">57868076</td></tr>
<tr><td colspan="5">保险赔款</td></tr>
<tr><td colspan="2">复核</td><td colspan="3">记账</td></tr>
</table>

此联是收款人开户银行交给收款人的收账通知

中国工商银行广州分行 中山支行 2006.

16．12月28日，仓库建造工程完工，达到预定可使用状态，估计可使用年限20年，补付工程款10万元，见表1－5－17。

表1－5－17（1/6）

工程竣工验收决算报告

2006年12月28日　　　　编号：001

<table>
<tr><td>项目名称</td><td>工程批准号</td><td>工程预算数</td><td>工程决算数</td><td>其中：设备费</td><td>材料费用</td><td>工资费用</td><td>其他直接费用</td><td>施工管理费</td></tr>
<tr><td>仓库建造工程</td><td></td><td>250 000</td><td>250 000</td><td>50 000</td><td>150 000</td><td>30 000</td><td>14 000</td><td>6 000</td></tr>
<tr><td></td><td></td><td></td><td></td><td></td><td></td><td></td><td></td><td></td></tr>
<tr><td></td><td></td><td></td><td></td><td></td><td></td><td></td><td></td><td></td></tr>
<tr><td colspan="5">新增固定资产</td><td colspan="2" rowspan="3">施工单位(盖章)
负责人：胡戈</td><td colspan="2" rowspan="3">实物主管部门(盖章)
负责人：谭波</td></tr>
<tr><td>固定资产名称</td><td>型号</td><td>单价</td><td></td><td></td></tr>
<tr><td></td><td></td><td></td><td></td><td></td></tr>
<tr><td></td><td></td><td></td><td></td><td></td><td colspan="2" rowspan="4">使用单位(盖章)
负责人：陈强</td><td colspan="2" rowspan="4">财会部门(盖章)
负责人：李力</td></tr>
<tr><td></td><td></td><td></td><td></td><td></td></tr>
<tr><td></td><td></td><td></td><td></td><td></td></tr>
<tr><td></td><td></td><td></td><td></td><td></td></tr>
</table>

广州建筑二公司 财务专用章

广州牛牛乳业有限公司 财务专用章

表 1－5－17（2/6）

固定资产验收单

统一编号：　　　　　　　　　　　　　　　　　　　　　　　　　　　　本厂编号：

<table>
<tr><td rowspan="13">计划管理部门</td><td>设备名称</td><td colspan="2"></td><td>电动机</td><td colspan="3"></td></tr>
<tr><td>型号</td><td colspan="2"></td><td>总动率</td><td colspan="3"></td></tr>
<tr><td>规格</td><td colspan="2"></td><td>出厂编号</td><td></td><td>出厂日期</td><td></td></tr>
<tr><td>制造厂</td><td colspan="2">广州市第一建筑公司</td><td>自重量</td><td></td><td>始用日期</td><td>2006.12.28</td></tr>
<tr><td>型尺寸</td><td colspan="2"></td><td>使用部门</td><td>乳酸车间</td><td>施工工号</td><td></td></tr>
<tr><td colspan="7">随　机　附　件</td></tr>
<tr><td>名称</td><td colspan="2">型号规格</td><td>数量</td><td>名称</td><td>型号规格</td><td>数量</td></tr>
<tr><td></td><td></td><td></td><td></td><td></td><td></td><td></td></tr>
<tr><td></td><td></td><td></td><td></td><td></td><td></td><td></td></tr>
<tr><td></td><td></td><td></td><td></td><td></td><td></td><td></td></tr>
<tr><td></td><td></td><td></td><td></td><td></td><td></td><td></td></tr>
<tr><td>说明书</td><td colspan="2"></td><td>装箱单</td><td></td><td>图纸</td><td></td></tr>
<tr><td>合格证</td><td colspan="2"></td><td>精度单</td><td></td><td>资料验收人</td><td></td></tr>
<tr><td rowspan="3">固定资产管理部门</td><td>设备隶属</td><td colspan="4"></td><td>复杂系数</td><td>房屋</td></tr>
<tr><td>设备类别</td><td colspan="4"></td><td>使用年限</td><td>20 年</td></tr>
<tr><td>精度等级</td><td colspan="4">提高级、标准级、降低级</td><td>分类划级</td><td>类级</td></tr>
<tr><td rowspan="2">财务处</td><td>设备费</td><td colspan="4">250 000 元</td><td>安装及其他费</td><td></td></tr>
<tr><td>原值合计</td><td colspan="4">250 000 元</td><td>资产来源</td><td>建造</td></tr>
<tr><td>验收意见</td><td colspan="7">验收合格
固定资产管理部门验收人：李新</td></tr>
<tr><td>计划管理部门</td><td>主管经办人：李建花</td><td>使用部门</td><td>主管经办人：刘强</td><td>固定资产管理部门</td><td>主管经办人：黄利</td><td>财务处</td><td>主管经办人：李力</td></tr>
</table>

验收日期：2006.12.28

表 1－5－17（3/6）

固定资产卡片(正面)

固定资产类别： 卡片编号：

固定资产项目编号：

<table>
<tr><td>固定资产
项目名称</td><td colspan="3"></td><td colspan="2">型号规格
或技术特点</td><td colspan="2"></td><td colspan="3">建设单位或
制造工厂名称</td><td colspan="2"></td></tr>
<tr><td>原值</td><td colspan="2"></td><td>其中
安装费</td><td colspan="2"></td><td colspan="2">预计
净残值</td><td colspan="2"></td><td colspan="2"></td><td></td></tr>
<tr><td>建造日期</td><td colspan="3">年　月</td><td colspan="2">验收日期</td><td colspan="2">年　月</td><td colspan="3">开始使
用日期</td><td colspan="2">年　月</td></tr>
<tr><td>年折旧额</td><td colspan="2"></td><td>年折旧率</td><td colspan="2"></td><td colspan="2">月折旧额</td><td colspan="2"></td><td colspan="2"></td><td></td></tr>
<tr><td>拨入日期</td><td colspan="2"></td><td>拨入时已
使用年限</td><td colspan="2"></td><td colspan="2">尚能使
用年限</td><td colspan="2"></td><td colspan="2">拨入时已
使用年限</td><td></td></tr>
<tr><td colspan="4">使用或保管部门变动情况</td><td colspan="4">原价变动记录</td><td colspan="5">附属设备记录</td></tr>
<tr><td>日期</td><td>凭证</td><td>使用或
保管部门</td><td>日期</td><td>凭证</td><td>增加</td><td>减少</td><td></td><td>名称</td><td>规格</td><td>单位</td><td>数量</td><td>金额</td></tr>
<tr><td>年月</td><td></td><td></td><td></td><td></td><td></td><td></td><td></td><td></td><td></td><td></td><td></td><td></td></tr>
</table>

表 1－5－17（4/6）

固定资产卡片(反面)

<table>
<tr><td colspan="4">计提基本折旧</td><td colspan="4">大修理完工记录</td><td colspan="3">停用复用记录</td></tr>
<tr><td>年度</td><td>本期提取</td><td>累计提取</td><td>净值</td><td>日期</td><td>凭证</td><td>摘要</td><td>金额</td><td>停用日期</td><td>停用原因</td><td>复用日期</td></tr>
<tr><td></td><td></td><td></td><td></td><td></td><td></td><td></td><td></td><td></td><td></td><td></td></tr>
<tr><td>调出
记录</td><td colspan="5">调出日期：　　批准文号：
调往单位：
原　值：
安装费：　　已使用年限：</td><td>报废清
理记录</td><td colspan="4">清理原因：　清理日期：　批准文号：
实际使用：
年　限：
清理费用：　变价收入：</td></tr>
<tr><td rowspan="3">备
注</td><td rowspan="3" colspan="7"></td><td>建、销卡</td><td>日期</td><td>经办人</td></tr>
<tr><td>建卡</td><td>年
月</td><td></td></tr>
<tr><td>销卡</td><td></td><td></td></tr>
</table>

表 1-5-17（5/6）

广东省广州市建筑业统一发票

发 票 联

122000138557

NO 000337998

客户名称：广州牛牛乳业有限公司　　2006年12月28日填发

项目	单位	数量	单价		金额 十	万	千	百	十	元	角	分
仓库建造				超过佰万元无效	2	5	0	0	0	0	0	0
合计人民币（大写）贰拾伍万元整					2	5	0	0	0	0	0	0

第二联 客户报账

（印章：广州市建筑二公司 财务专用章）

填票人：孙悦　　收款人：郝映　　开票收据单位(盖章)

表 1-5-17（6/6）

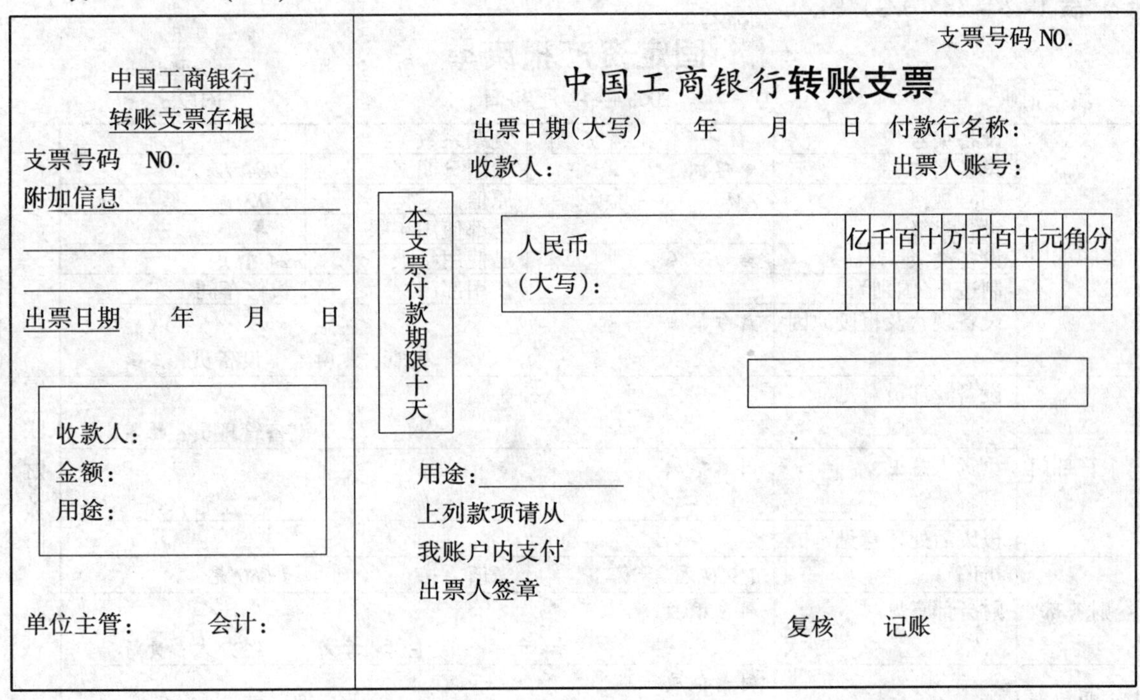

中国工商银行
转账支票存根
支票号码 NO.
附加信息
出票日期　年　月　日
收款人：
金额：
用途：
单位主管：　会计：

支票号码 NO.

中国工商银行转账支票

出票日期(大写)　年　月　日　付款行名称：
收款人：　出票人账号：

本支票付款期限十天

人民币（大写）：	亿	千	百	十	万	千	百	十	元	角	分

用途：
上列款项请从
我账户内支付
出票人签章

复核　记账

17．12月30日盘亏一台电焊机，原价3 000元，已提折旧1 920元，经批准核销处理，见表1-5-18。

表 1－5－18（1/3）

固定资产盘盈盘亏报告表

编号：12　　　　　　2006 年 12 月 30 日　　　　　　单位：元

固定资产编号	固定资产名称	规格型号	计量单位	账面		实点		盘盈			盘亏			原因
				数量	原值	数量	原值	数量	原值	估计折旧	数量	原值	已提折旧	
	电焊机		台	1		0					1	3 000	1 920	待查
处理意见	使用部门：机修车间						清查部门：办公室				审批部门：办公室			

单位负责人：陈强　　使用或管理负责人：刘强　　财会负责人：李力　　清查负责人：袁鸣

表 1－5－18（2/3）

审批处理意见书

经厂部办公会议决定，现同意将盘亏的电焊机即日起按照会计制度的有关规定作为营业外支出予以处理，特此通知。

广州牛牛乳业有限公司（盖章）

2006.12.30

（印章：广州牛牛乳业有限公司 公章）

表 1－5－18（3/3）

固定资产报废单

填报企业：　　　　　　2006 年 12 月 30 日　　　　　　固废字（7）

使用部门	设备编号	统一　　本厂	复杂系数	
	设备名称	电焊机	始用日期	2004.12.1
	型号规格	AM	原值	3 000
	设备隶级		全部使用年限	3 年
	设备类级	类　　级	已使用年限	24 个月
	制造厂（国别）		使用部门	机修车间
	设备现状及报废原因	盘亏报废 主管：黎明　　设备员：王画		
主管部门	设备管理员意见	设备管理员：张军		
	负责人意见	同意报废 主管：黄利		
	报废后处理意见			
财务部	折旧	1 920 元	净值	1 080 元
	财务部意见	同意报废 主管：李力　　经办人：黄河		
企业负责人		同意报废 主管：陈强		
上级机关审核		广州管理员	集团公司	

第二联：财务部门

报废日期：2006.12.30

18. 12 月 31 日，计提本月固定资产折旧，见表 1－5－19。

表 1－5－19

固定资产折旧计算表

2006 年 12 月 31 日　　　　单位：元

固定资产使用部门	月初应计折旧的固定资产原值	月综合折旧率 <‰>	月折旧额
基本生产车间	略	略	17 120
辅助生产车间			2 240
行政管理部门			344
销售部门			400
合计			23 200

复核：李力　　　　制单：黄河

（二）实训资料二

2006 年 12 月，广州牛牛乳业有限公司有关无形资产、长期待摊费用业务如下：

1. 12 月 2 日购入商标权 B，见表 1－5－20。

表 1－5－20（1/2）

广东省商品销售统一发票

133000231338

发　票　联

国税　№ 4443521

客户：广州牛牛乳业有限公司　　2006 年 12 月 2 日　　地址：广州市中山路 18 号

货号	品　名	规格	单位	数量	单价	超过佰万元无效	金额 十	万	千	百	十	元	角	分
	商标权 B							8	0	0	0	0	0	0
								¥	8	0	0	0	0	0	0
合计金额（大写）	捌万元整						¥ 80 000.00 元							
结算方式	支票	开户银行	工行中山支行			备注								
		账号	4077300005699											

②收款人记账凭证

（印章：广州市商标管理局 财务专用章）

开票人：李建　　收款人：罗云　　验收人：周明　　售货单位：

表 1-5-20（2/2）

中国工商银行 转账支票存根 支票号码 NO. 附加信息 出票日期 年 月 日 收款人： 金额： 用途： 单位主管： 会计：	支票号码 NO. **中国工商银行转账支票** 出票日期(大写) 年 月 日 付款行名称： 收款人： 出票人账号： 本支票付款期限十天 人民币（大写）： 亿 千 百 十 万 千 百 十 元 角 分 用途： 上列款项请从 我账户内支付 出票人签章 复核 记账

2. 12 月 3 日，广州香楼乳业有限公司将酸奶制作专利权作为投资，加入广州牛牛乳业有限公司，见表 1-5-21。

表 1-5-21（1/2）

无形资产拨入单

转入或购入单位：广州牛牛乳业有限公司
转出或出售单位：广东香楼乳业有限公司　2006 年 12 月 3 日　单位：元

名　称	单位	数量	单　价	金　额	备　注
酸奶制作专利权	项	1	150 000.00	150 000.00	合同规定有效期至 2016 年 12 月 3 日止
合计				150 000.00	

单位主管：陈强　　制单：黄河

表 1-5-21（2/2）

投资合同书（简）

接受投资单位：广州牛牛乳业有限公司（甲方）

投资单位：广东香楼乳业有限公司（乙方）

甲方与乙方为投资事宜协议如下：

1. 乙方对甲方以酸奶制作专利权作为投资，双方协议价为人民币壹拾伍万元整，签定合同之日交付使用。

2. 投资期限为 10 年（法律规定有效期限为 15 年），投资期内不得随意抽回投资。

3. 乙方持有甲方注册资本 300 万元的 5%并按比例参与利润的分配。

甲方签章：广州牛牛乳业有限公司 财务专用章　　乙方签章：广东香楼乳业有限公司 财务专用章

法定代表人签名：陈强　　法定代表人签名：郭方

合同签定时间 2006 年 12 月 3 日　　2006 年 12 月 3 日

3．12 月 5 日，技术部研制新型乳酸饮料领用材料，见表 1-5-22。

表 1-5-22（1/2）

____字第____________号

领料部门____________

生产通知单号别__________

领　料　单

2006 年 12 月 5 日

No.0007117

制品名称：新型乳酸饮料				制造数量：			领料用途：研究新产品								
编号	品　名	规格	单位	请领数量	实发数量	单价	金额								备注
							十	万	千	百	十	元	角	分	
	鲜奶		千克		100	5.00				5	0	0	0	0	
附件：				张	合　计				¥	5	0	0	0	0	

第二联：交会计部门

主管　　会计　　记账　　发料　　领料　　制单

表 1-5-22（2/2）

____字第____________号

领料部门____________

生产通知单号别__________

领　料　单

2006 年 12 月 5 日

No.0007118

制品名称：新型乳酸饮料				制造数量：			领料用途：研究新产品								
编号	品　名	规格	单位	请领数量	实发数量	单价	金额								备注
							十	万	千	百	十	元	角	分	
	香精		千克		100	52				5	2	0	0	0	
附件：				张	合　计				¥	5	2	0	0	0	

第二联：交会计部门

主管　　会计　　记账　　发料　　领料　　制单

4．12月10日，乳酸饮料配方研制成功，支付申请乳酸饮料配方专利律师咨询费和注册费，见表1－5－23。

表1－5－23（1/4）

中国工商银行 转账支票存根 支票号码　N0. 附加信息 出票日期　　年　　月　　日 收款人： 金额： 用途： 单位主管：　　会计：	本支票付款期限十天	支票号码 N0. **中国工商银行转账支票** 出票日期(大写)　　年　　月　　日　付款行名称： 收款人：　　　　　　　　出票人账号： 人民币（大写）：　亿 千 百 十 万 千 百 十 元 角 分 用途： 上列款项请从 我账户内支付 出票人签章 　　　　　　　　复核　　记账

表1－5－23（2/4）

广东省广州市地方税收控专用发票
发　票　联

地税监
440110363

查询电话：(020)87712366　　　　查询号码：19134334420
顾客名称：广州牛牛乳业有限公司　　　　校对号码：19134334420
开票日期：2006.12.10　　税控器号：2376　　　　税控防伪码：101112320

经营项目	收费说明	金额
律师咨询费	申请乳酸饮料制造配方专利	¥ *12 000.00*
合计人民币(大写)壹万贰仟元整		
收款单位：广州方圆律师事务所	备注	
税务登记号：*440104197060812403*		
地址及电话：*(020)87662221*		

（印章：广州方圆律师事务所　财务专用章）

第二联：发票联

开票人：卫民　　　　收款人：李联杰　　　　收款单位(盖章)：

说明：1．本发票适用于使用发票税控管理器的业户；

2．“校对号码”必须与“查询号码”前四位和后七位号码相一致；必须打印“税控防伪码”，否则属无效发票。

表 **1-5-23**（3/4）

广东省行政事业性收费统一票据

2006 年 12 月 7 日　　　　AD04678906

缴款单位（人）广州牛牛乳业有限公司

执收单位代码	项目编码	项目名称	计费单位	计费数量	收费标准	金额(元)
	乳酸饮料制造配方专利	专利注册费	件	1		4 000.00
合计人民币（大写）	肆仟元整				¥4 000.00	
缴款通知书编号		收款方式		备注		

第二联　收据

（印章：广州市专利审批处 财务专用章）

收款单位(盖章)　　开票人：许雪微　　收款人：章丽

表 **1-5-23**（4/4）

中国工商银行

转账支票存根

支票号码　N0.

附加信息

出票日期　　年　　月　　日

收款人：

金额：

用途：

单位主管：　　会计：

支票号码 N0.

中国工商银行转账支票

出票日期(大写)　　年　　月　　日　付款行名称：

收款人：　　出票人账号：

本支票付款期限十天

人民币（大写）：	亿	千	百	十	万	千	百	十	元	角	分

用途：

上列款项请从

我账户内支付

出票人签章

复核　　记账

5．12 月 18 日，出售保健饮料配方专利权，见表 1-5-24。

表 1－5－24（1/3）

广东省商品销售统一发票

144000231338

发 票 联

国税 № 5553528

客户：深圳光明乳酸有限公司　　2006 年 12 月 18 日　　地址：深圳市红岭路 218 号

货号	品 名	规格	单位	数量	单价	超过佰万元无效	十	万	千	百	十	元	角	分
	保健饮料配方专利权							9	8	0	0	0	0	0
							¥	9	8	0	0	0	0	0
合计金额（大写）	玖万捌仟元整						¥98 000.00 元							
结算方式	电汇	开户银行	工行中山支行		备注									
		账号	4077300005699											

②收款人记账凭证

财务专用章（广州牛牛乳业有限公司）

开票人：李建　　收款人：罗云　　验收人：周明　　售货单位：

表 1－5－24（2/3）

工商银行 进账单（收账通知）　3

2006 年 12 月 18 日　　第 234 号

出票人	全称	深圳光明乳酸有限公司	收款人	全称	广州牛牛乳业有限公司
	账号	021—2938707		账号	4077300005699
	开户银行	工行南山支行		开户银行	工行中山支行

人民币（大写）	玖万捌仟元整	千	百	十	万	千	百	十	元	角	分
				¥	9	8	0	0	0	0	0

票据种类	电汇	票据张数	1	
票据号码	234679			
	复核	记账		收款人开户行盖章

表 1－5－24（3/3）

无形资产调拨单

受让单位：深圳光明乳酸有限公司

转让单位：广州牛牛乳业有限公司　　2006 年 12 月 18 日　　编号：

名称	单位	数量	原有价值	已摊销额	账面净值	双方协商价值	备注
保健饮料配方专利权	项	1	100 000.00	20 000.00	80 000.00	98 000.00	
合计						98 000.00	

审核：李力　　制单：黄河

6．12 月 18 日，计算转让无形资产所有权应交的税金，见表 1－5－25。

表 1-5-25

无形资产转让税金计算单

2006 年 12 月 18 日

税费名称	计征金额(1)	税率费(2)	应纳税费(3)=(1)×(2)	备注
营业税		5%		
城市维护建设税		7%		
教育费附加		3%		
合计				

审核：李力　　　　制单：黄河

7. 12 月 23 日，收到转让乳酸饮料配方使用权收入，见表 1-5-26。

表 1-5-26（1/2）

广东省商品销售统一发票

155000231221

发　票　联

国税　№ 6663521

客户：广州燕塘乳酸有限公司　　2006 年 12 月 23 日　　地址：广州市燕岭路 112 号

货号	品名	规格	单位	数量	单价	超过佰万元无效	十	万	千	百	十	元	角	分
	乳酸饮料配方专利							1	8	0	0	0	0	0
							¥	1	8	0	0	0	0	0
合计金额（大写）	壹万捌仟元整					¥ 18 000.00 元								
结算方式	支票	开户银行	工行中山支行			备注								
		账号	4077300005699											

②收款人记账凭证

广州牛牛乳业有限公司　财务专用章

开票人：李建　　收款人：罗云　　验收人：周明　　售货单位：

表 1-5-26（2/2）

工商银行 进账单（收账通知）　3

2006 年 12 月 23 日　　第 287 号

出票人	全称	广州燕塘乳酸有限公司	收款人	全称	广州牛牛乳业有限公司
	账号	4077300005699		账号	0001-66688881
	开户银行	工行中山支行		开户银行	工行燕塘支行
人民币（大写）	壹万捌仟元整			千 百 十 万 千 百 十 元 角 分	¥ 1 8 0 0 0 0 0
票据种类	支票	票据张数	1		
票据号码	3497				
复核　记账				收款人开户行盖章	

8. 计算转让无形资产使用权应交的税金，见表 1-5-27。

表 1－5－27

无形资产转让税金计算单

2006 年 12 月 23 日　　　　单位：元

税费名称	计征金额(1)	税率费(2)	应纳税费(3)=(1)×(2)	备注
营业税		5%		
城市维护建设税		7%		
教育费附加		3%		
合　计				

审核：李力　　　　制单：黄河

9．12 月 24 日，支付租入销售部办公室装修费 5 万元，见表 1－5－28。

表 1－5－28 (1/2)

中国工商银行
转账支票存根
支票号码　NO.
附加信息

出票日期　　年　　月　　日

收款人：
金额：
用途：

单位主管：　　会计：

支票号码 NO.

中国工商银行转账支票

出票日期(大写)　　年　　月　　日　付款行名称：
收款人：　　出票人账号：

本支票付款期限十天

人民币（大写）：	亿	千	百	十	万	千	百	十	元	角	分

用途：
上列款项请从
我账户内支付
出票人签章

复核　　记账

表 1－5－28 (2/2)

广东省广州市建筑业统一发票

发　票　联

188000138445
No00327118

客户名称：广州牛牛乳业有限公司　　2006 年 12 月 18 日填发

项　目	单位	数量	单价	超过佰万元无效	十	万	千	百	十	元	角	分
办公室装修						5	0	0	0	0	0	0
合计人民币 (大写) 伍万元整					¥	5	0	0	0	0	0	0

第二联　客户报账

广州白云家装公司　财务专用章

填票人：李双　　收款人：鲁雨　　开票收据单位(盖章)

10．12 月 31 日，摊销租入销售部办公楼装修费(按租赁期两年摊销)，见表 1－5－29。

表 1－5－29

长期待摊费用摊销计算表

2006 年 12 月 31 日　　单位：元

名称	账面价值	摊销期	月摊销额	摊余价值	备注
办公楼装修费	50 000	2 年	2 083.83	47 916.17	
合　计	50 000		2 083.83	47 916.17	

审核：李力　　制单：黄河

11．12 月 31 日，摊销无形资产，见表 1－5－30。

表 1－5－30

无形资产摊销计算表

2006 年 12 月 31 日

名称	账面价值	摊销期	月摊销额	摊余价值	备注
商标权 A	16 166.59	10 年	166.67	15 999.92	自用
商标权 B	80 000	10 年	666.67	79 333.33	自用
乳酸饮料配方	16 000	10 年	133.33	15 866.67	自用
合计	112 166.59		966.67	111 199.92	
备注	无形资产摊销采用直线法				

审核：李力　　制单：黄河

四、电算化会计实训

（一）实训目的

根据给出的固定资产和无形资产初始资料及各项经济业务的原始凭证，能够综合运用“总账”系统和“固定资产”系统，进行企业有关固定资产和无形资产业务的核算和管理。

（二）实训资料

1．会计操作人员及其权限见表 1－5－31。

表 1－5－31

编号	姓名	所属部门	所属角色	权限
01	李力	财务部	账套主管	账套主管的全部权限
05	黄河	财务部	资产管理	资产管理的权限和凭证处理权

2．企业基础资料如下：

（1）账套号：005

账套名称：nn

账套路径：默认

启用会计期：2006 年 12 月

单位名称：广州牛牛乳业有限公司

单位简称：牛牛乳业

单位地址：广州市中山路18号

税号：440122312560688

本币代码：RMB

本币名称：人民币

企业类型：工业

行业性质：新会计制度科目

账套主管：李力

本企业按行业性质预置科目；存货、客户、供应商不分类；无外币核算。

（2）科目编码级次4－2－2；部门编码级次2；数据精度定义按默认值。

（3）系统启用资料见表1－5－32。

表1－5－32

启用系统名称	启用会计期间	启用日期
总　　账	2006年12月	2006年12月1日
固定资产	2006年12月	2006年12月1日

3．总账系统初始化资料如下：

（1）部门档案见表1－5－33。

表1－5－33

部门编码	部门名称
01	基本生产车间
02	辅助生产车间
03	厂部办公室
04	销售部
05	财务部

（2）科目设置按系统预置科目，根据需要增加科目见表1－5－34。

表1－5－34

科目编码	科目名称	科目类型	账页格式	外币、数量、辅助核算
121101	鲜奶	资产	数量金额	数量核算　计量单位：千克
121102	香精	资产	数量金额	数量核算　计量单位：千克
180101	保健饮料配方专利权	资产	金额式	无
180103	商标权A	资产	金额式	无
217601	应交教育费附加	负债	金额式	无
41010201	折旧费	成本	金额式	无
41010202	工资及福利费	成本	金额式	无
410501	折旧费	成本	金额式	无
410502	设备租金	成本	金额式	无
550201	折旧费	损益	金额式	无
550202	修理费	损益	金额式	无
550203	其他	损益	金额式	无

（3）期初余额见表 1－5－35。

表 1－5－35

科目编码	科目名称	方向	期初余额
1211	原材料	借	2 040
121101	鲜奶	借	1 000 数量 200
121102	香精	借	1 040 数量 20
1801	无形资产	借	96 166.59
180101	保健饮料配方专利权	借	80 000
180103	商标权 A	借	16 166.59
1501	固定资产	借	3 673 000
1502	累计折旧	贷	533 600
3101	实收资本	贷	3 237 606.59

（4）凭证类别设置见表 1－5－36。

表 1－5－36

类别字	类别名称	限制类型	限制科目
记	记账凭证	无限制	无

4. 固定资产初始化资料如下：

（1）启用月份：2006 年 12 月

（2）折旧信息如下：

主要折旧方法：平均年限法

折旧汇总分配周期：一个月

当已提折旧的月份等于可使用月份减 1 时，将剩余折旧全部提足（工作量法除外）。

（3）编码方式如下：

资产类别编码方式：2－1－1－2

总长度：6

固定资产编码方式：手工输入

（4）账务接口。与账务系统进行对账如下：

固定资产对账科目：1501，固定资产

累计折旧对账科目：1502，累计折旧

在对账不平的情况下，不允许固定资产月末结账。

5. 固定资产基础设置资料如下：

（1）部门对应折旧科目见表 1－5－37。

表 1－5－37

部门编码	部门名称	折旧科目
01	基本生产车间	410 501，折旧费
02	辅助生产车间	41 010 201，折旧费
03	厂部办公室	550 201，折旧费
04	销售部	550 201，折旧费
05	财务部	550 201，折旧费

（2）固定资产类别见表 1－5－38。

表 1－5－38

类别编码	类别名称	使用年限	净残值率	折旧方法
01	房屋及建筑物	20	4%	平均年限法
02	机器设备		4%	平均年限法
03	运输设备	10	4%	平均年限法
04	其他设备	5	4%	平均年限法

（3）期初固定资产卡片见表 1－5－39。

表 1－5－39

固 定 资 产 卡 片

卡片编号	00001			日期	2006.12.1
固定资产编号	16100101	固定资产名称			乳酸车间厂房
类别编号	01	类别名称			房屋及建筑物
规格型号		部门名称			基本生产车间
增加方式	直接购入	存放地点			
使用状况	在用	使用年限	20 年 0 月	折旧方法	平均年限法(一)
开始使用日期	2004－12－01	已计提月份	23	币种	人民币
原值	2 000 000.00	净残值率	4%	净残值	80 000.00
累计折旧	184 000	月折旧率	0.004	月折旧额	8 000.00
净值	1 816 000.00	对应折旧科目	410501,折旧费	项目	

说明：其他固定资产卡片资料见手工实训资料一固定资产累计原值及折旧情况表（见表 1－5－1）。

6. 固定资产日常业务处理，其资料参照手工实训资料一、二的具体经济业务。

（三）实训要求

1. 设置操作员，并分配相应的权限。

2. 建立广州牛牛乳业有限公司账套。

3. 进行总账初始化，并设置相应基础资料。

4. 进行固定资产系统初始化，并设置相应基础信息。

5. 综合运用“总账”和“固定资产”系统，根据所提供的日常业务资料进行核算。要求对于涉及到“固定资产”和“累计折旧”科目的凭证，在“固定资产”系统自动生成，其他凭证在“总账”系统填制，对全部凭证审核、记账。

6. 查询“固定资产”总账及明细账，查询“累计折旧”总账及明细账，查询“无形资产”的总账及明细账，查询“长期待摊费用”总账及明细账。

7. 查看折旧清单。

（四）说明

1. 本实训资料适用于用友 ERP—U8 软件，如使用其他财务软件，可根据情况进行调整。

2. 实训资料只给出和本实验相关的内容，其余内容略。

实训六　费用成本会计岗位实训

一、实训目的

1. 了解费用成本会计岗位的职责。

2. 了解企业生产特点、工艺流程和成本计算方法的确定。

3. 掌握“生产成本”、“制造费用”明细账的设置与登记，以及各项生产费用的归集方法。

4. 掌握材料费用、动力费用、工资费用、折旧费用、辅助生产费用、制造费用等其他费用的分配方法。

5. 掌握成本计算的品种法、分批法，并能够编制简单的成本计算表。

6. 掌握产品明细账的设置与登记方法及完工产品结转的账务处理。

7. 会应用财务软件对成本进行核算。

二、实训要求

1. 根据实训资料登记“生产成本——基本生产成本（铸件）”、“生产成本——基本生产成本（2008）”、“生产成本——基本生产成本（2009）”明细账，“自制半成品（A、B、C、D、E、F）”明细账、“库存商品（2008、2009）”明细账期初余额。

2. 计算编制二车间工资分配表、应付福利费分配表、电费分配表。

3. 根据经济业务编制记账凭证，并登记“生产成本——基本生产成本（铸件）”、“生产成本——基本生产成本（2008）”、“生产成本——基本生产成本（2009）”、“生产成本——辅助生产成本”、“制造费用——机修车间”、“制造费用——一车间”、“制造费用——二车间”、“管理费用”明细账。

4. 计算本月机修车间“制造费用”合计，将其转入“生产成本——辅助生产成本（制造费用）”项目。

5. 根据辅助生产明细账归集的费用，编制辅助生产费用分配表，进行分配账务处理。

6. 计算一车间“制造费用”明细账所归集的费用，转入“生产成本——一车间（制造费用）”项目。

7. 根据二车间“制造费用”明细账所归集的费用，编制二车间制造费用分配表并进行账务处理。

8. 计算编制一车间完工产品成本表，并作自半成品入库的账务处理。

9. 计算编制二车间完工产品成本分配表并进行账务处理。

10. 编制产品成本入库汇总表，作账务处理。

11. 实习用纸：多栏式费用明细账 8 张，产成品明细账 2 张，自制半成品明细账 6 张，记账凭证 28 张。

三、实训资料

1. 广州市乐平机械股份公司属于单件小批装配式复杂生产企业，设有两个基本生产车间（一车间铸造、二车间机加工装配），一个辅助生产车间（机修车间）以及各行政科室。产品根据各定货单位的要求组织生产，本期的主要产品是斗式提升机和带式输送机。根据生产任务通知单，确定为批号 2008 斗式提升机、2009 带式输运机。生产的组织分为铸造、机加工、装配。由于一车间（生产铸造）有独立的半成品（铸件），同一批铸件又可能用于生产几种不同产品，因此不应按批号划分，为此，将铸件作为一个独立的成本计算对象，设在一车间，按品种法独立进行计算。先计算出每千克合格铸件成本，然后再按 2008、2009 两种产品所耗的各种铸件重量比例分配费用，全部铸件视同自制半成品处理，完工后作为自制半成品入库，领用时分别计入二车间 2008、2009 产品生产成本。

机加工是对零部件加工提供产品装配之用，一般不需要单独计算零部件成本，因此，把加工装配确定为第二车间，按 2008、2009 两种产品的批别作为成本计算对象，产品成本计算采用分批法。

为了适应生产特点和成本管理的要求，该厂实行厂部一级核算。生产成本明细账分别按车间、产品开设。一车间以铸件作为成本计算对象，开设“生产成本——基本生产成本”明细账；二车间按两种不同产品开设“生产成本——基本生产成本”明细账。成本项目为：直接材料、直接人工、制造费用。

生产过程为：一车间将生铁等材料熔炼成铸件（半成品），第二车间将半成品和其他材料加工成产成品零部件，再加外购配件装配成产品。

辅助生产车间——机修车间为全厂提供修理劳务，发生的直接费用通过“生产成本——辅助生产成本”明细账归集；其间接费用，设置“制造费用——机修车间”明细账归集，月终先归集辅助生产车间的“制造费用”明细账的费用，转入“生产成本——辅助生产成本（制造费用）”项目，然后计算出辅助生产成本。再根据辅助生产车间为各单位提供修理劳务工时，采用直接分配法，将当月费用全部分配给基本生产各车间和管理部门。

生产车间为组织管理发生的费用分别设置一车间“制造费用”明细账与二车间“制造费用”明细账核算，发生的各项费用分别在各车间归集。月末，由于一车间只生产一种产品（铸件），所以一车间的制造费用直接转入一车间生产成本明细账，不需要分配。二车间发生的制造费用应在所生产的 2008、2009 两种产品之间按产品的生产工时比例分配（分配率保留三位小数，分配时尾差计入后一种产品），按分配数计入各种生产成本明细账。

厂部各职能科室为组织管理全厂生产所发生的费用在“管理费用”明细账归集，月末将当期发生的管理费用总额转入本年利润科目的借方，月末应无余额。

生产车间按前述各产品设置生产成本明细账。分别归集各产品的生产费用，由于铸造没有在产品，一车间归集的生产费用合计就是本期所产产品总成本，根据合格铸件报告表计算出各种部件的铸件总成本与单位成本，分别转入“自制半成品”明细账（出库时按加权平均单价计价，平均单价要求保留两位小数）。

二车间生产的斗式提升机，于11月份投产50台，12月份全部完工。带式输送机于10月份投产100台，本期完工50台，生产费用按上述两种产品归集，按照分批法原则，2008产品本期全部完工，所归集的生产费用合计就是该批产品的总成本，除以产量即为单位成本。2009产品本期完工50台的生产成本，按计划成本资料计算结转，2009产品明细账的生产费用合计减完工产品的计划成本，即为期末在产品成本。

成本核算程序如下：

(1) 根据各费用分配表登记各有关明细账。

(2) 结转辅助生产制造费用。

(3) 编制辅助生产费用分配表。

(4) 根据辅助生产费用分配表计入有关费用明细账。

(5) 结转并分配一车间制造费用。

(6) 编制二车间制造费用分配表。

(7) 将二车间制造费用计入生产成本明细账。

(8) 计算结转自制半成品。

(9) 计算2008、2009年完工产品成本。

2. 2006年12月份有关成本计算资料见表1-6-1至表1-6-5。

表1-6-1

12月初各基本生产明细账余额

单位：元

成本项目	斗式提升机	带式输送机
直接材料	11 328.20	153 844.80
直接人工	5 588.27	36 014.40
制造费用	26 715.64	59 263.95
合　计	43 632.11	249 123.15

表1-6-2

12月初自制半成品各明细账余额

单位：元

品　名	计量单位	数　量	单　价	金额(元)
A	件	100	73.116	7 311.60
B	件	200	9.215	1 843.00
C	件	100	10.84	1 084.00
D	件	200	27.18	5 436.00
E	件	100	4.613	416.30
F	件	100	3.321	332.10
合　计	件			16 423.00

表 1-6-3

12 月初库存商品明细账余额

单位：元

品　名	规　格	计量单位	数　量	单位成本	金　额
斗式提升机		台	30	3 380	101 400
带式输送机		台	30	2 910	87 300
合计					188 700

表 1-6-4

带式输送机计划成本资料

单位：元

成本项目	单位成本
直接材料	1 900
直接人工	440
制造费用	610
合计	2 950

表 1-6-5

广州市乐平机械股份公司 12 月份工时统计表

车　间	实际工作工时	备　　注
一车间	8 997	(1)二车间实际工作工时为 12 203 工时;其中 2008 斗式提升机为 8 542 工时,2009 带式输送机为 3 661 工时 (2)机修车间为各单位提供修理劳务一车间 500 工时,二车间 800 工时,企业管理部门 200 工时
二车间	12 203	
机修车间	1 500	
合　计	22 700	

说明：一车间 12 月份产量记录：投料总量 108 100 千克。其中，生铁 8 万千克，废钢 28 100千克，合格铸件重量 95 000 千克，废品毛坯 5 000 千克，损耗 8 100 千克。

3. 12 月份发生相关的成本费用经济业务见表 1-6-6 至表 1-6-22。

(1) 厂部办公室购买办公用品，见表 1-6-6。

表 1-6-6（1/2）

国税　广州市好又多（广源）百货商业广场有限公司销售发票　0600014730 云好销字 06-0287861

发　票　联

交易序号：0084

客户编号：　　收银员/机：2063/0891

客户名称：广州市乐平机械股份公司　　日期/时间：2006/12/02　13：00

品名规格	单位	数量	含税单价	含税总价	备注
复印纸				167.15	
合计人民币（大写）（超佰万元无效）	壹佰陆拾柒元壹角伍分			￥167.15	
制票：9002	记账：	复核：	收款：	发票专用章：	
商场地址及电话：广州市广源新村景泰直街83号		邮编：510405		Tel：86386479	

第二联　发票联

广州广源百货商业广场有限公司　财务专用章

表 1-6-6（2/2）

现金支出凭单

第　1　号

附件　1　张　　2006年12月2日　　对方科目编号

用款事项：购买办公用品（厂部办公室用）

人民币（大写）：壹佰陆拾柒元壹角伍分　　￥167.15

收款人（签章）李强　　主管人员（签章）　　会计人员（签章）　　出纳员付讫（签章）

（2）一车间购买办公用品，见表 1-6-7。

表 1-6-7（1/2）

国税　广州市好又多（广源）百货商业广场有限公司销售发票　0600024730 云好销字 06-0297861

发　票　联

交易序号：1084

客户编号：　　收银员/机：2063/0892

客户名称：广州市乐平机械股份公司　　日期/时间：2006/12/08　15：00

品名规格	单位	数量	含税单价	含税总价	备注
笔、纸				170.60	
合计人民币（大写）（超佰万元无效）	壹佰柒拾零元陆角			￥170.60	
制票：9002	记账：	复核：	收款：	发票专用章：	
商场地址及电话：广州市广源新村景泰直街83号		邮编：510405		Tel：86386479	

第二联　发票联

广州广源百货商业广场有限公司　财务专用章

表 1-6-7（2/2）　　**现 金 支 出 凭 单**　　第 2 号

附件 1 张　　2006 年 12 月 8 日

对方科目编　　号	

用款

事项：购买办公用品（一车间办公用）

人民币

（大写）：壹佰柒拾零元陆角整　　¥ 170.60

收款人 李强（签章）	主管人员（签章）	会计人员（签章）	出纳员付 讫（签章）

（3）二车间购买办公用品，见表 1-6-8。

表 1-6-8（1/2）

国税　**广州市好又多（广源）百货商业广场有限公司销售发票**　0600224730

发　票　联　　云好销字 06-1297861

交易序号：1084

客户编号：　　收银员/机：2063/1892

客户名称：广州市乐华机械股份公司　　日期/时间：2006/12/14　13：00

品 名 规 格	单 位	数 量	含税单价	含税总价	备 注
笔、纸				140.0	
合计人民币（大写）（超佰万元无效） 壹佰肆拾元整				¥ 140.00	
制票：9002　记账：　复核：　收款：　发票专用章：					
商场地址及电话：广州市广源新村景泰直街 83 号　邮编：510405　Tel：86386479					

第二联 发票联

（印章：广州广源百货商业广场有限公司 财务专用章）

表 1-6-8（2/2）　　**现 金 支 出 凭 单**　　第 3 号

附件 1 张　　2006 年 12 月 14 日

对方科目编　　号	

用款

事项：购买办公用品（二车间办公用）

人民币

（大写）：壹佰肆拾元整　　¥ 140.00

收款人 李强（签章）	主管人员（签章）	会计人员（签章）	出纳员付 讫（签章）

(4) 支付电话费，见表 1-6-9。

表 1-6-9 (1/2)

托收凭证（受理回单） 1

委托日期 2006 年 12 月 18 日

<table>
<tr><td colspan="2">业务类型</td><td colspan="5">委托收款（□邮划 □电划） 托收承付（□邮划 □电划）</td></tr>
<tr><td rowspan="3">付款人</td><td>全称</td><td>广州市乐平机械股份公司</td><td rowspan="3">收款人</td><td>全称</td><td colspan="2">广东省电信有限公司广州分公司</td></tr>
<tr><td>账号</td><td>4088300005678</td><td>账号</td><td colspan="2">3602091501000085364</td></tr>
<tr><td>开户银行</td><td>工行</td><td>开户银行</td><td colspan="2">工行</td></tr>
<tr><td>托收金额</td><td colspan="4">人民币（大写）陆佰元整</td><td colspan="2">千 百 十 万 千 百 十 元 角 分
¥ 6 0 0 0 0</td></tr>
<tr><td>款项内容</td><td>电话费</td><td>托收凭据名称</td><td></td><td>托收承付</td><td>附寄单证张数</td><td>1 张</td></tr>
<tr><td>商品发运情况</td><td colspan="3"></td><td colspan="2">合同名称号码</td><td>10087</td></tr>
<tr><td>备注：</td><td colspan="2">中国工商银行广州分行
中山支行
2006.12.18
复核 记账</td><td colspan="2">款项收妥日期
2006 年 12 月 18 日</td><td colspan="2">收款单位开户银行盖章
年 月 日</td></tr>
</table>

表 1-6-9 (2/2)

广东省电信有限公司收费专用发票

440152063

T234$^{6}_{SX}$1180$^{7}_{SN}$6$^{9}_{NN}$

发 票 联

客户名称：广州市乐平机械股份公司 客户号码：83666531

开户银行：工行代交 银行账号：300011 3602091501000085364

计费周期：月租：06.11.10-06.12.10，通话费：06.11.21-06.12.20 2006 年 12 月 15 日填开

项 目	金额(元)	项 目	金额(元)	项 目	金额(元)
电话月租	20.00				
区内话费	80.00				
国内长话费					
电信 IP 国内本地话费优惠	500.00				
总费用含非电信 IP 本地费					
合计(大写)：陆佰元整		(小写)：¥600.00 元			

广东省电信有限公司 财务专用章

发票联

收款员：广州电信账务中心 收款单位(盖章)：

说明：本发票经收款单位和收款员盖章方为有效。 (本发票手写无效)

（5）报销差旅费，见表 1－6－10。

表 1－6－10（1/2）

单位名称

旅差费报销单

填报日期:2006 年 12 月 19 日

姓　名	陈欢	出差地点	上海	出差日期	自 2006 年 12 月 12 日 至 2006 年 12 月 17 日
事由	公差				

日期			起讫地点		车船费		在途补助			住勤补助			杂(宿)费	备注
年	月	日	起	讫	类别	金额	行程时间	标准	金额	日数	标准	金额		
2004	*12*	*2*	广州	上海		*300 00*	小时			*5*	*50*	*20 00*	*250 00*	
	12	*7*	上海	广州		*300 00*	小时							
							小时							
							小时							

以上单据共 *10* 张　总计金额人民币(大写)零万壹仟零佰零拾零元零角零分	经领人盖章	陈欢
预支旅费人民币￥　　　元,付现金人民币￥ *1 000* 元		

主管　　　　审核　胡观　　　　出纳　金宴　　　　填报人　陈欢

表 1－6－10（2/2）

现金支出凭单

第　4　号

对方科目编　　号	

附件　10　张　　　　2006 年 12 月 19 日

用款事项：厂部办公室主任陈欢报销差旅费

现金付讫

人民币（大写）：壹仟元整　　　　￥ *1 000.00*

收款人陈欢（签章）	主管人员胡观（签章）	会计人员萧鸿（签章）	出纳员付讫金宴（签章）

(6) 分配工资，见表 1-6-11。

表 1-6-11 (1/2)

工资费用分配汇总表

2006 年 12 月 21 日

车间和部门	应借账户					
	生产成本		制造费用	管理费用	应付福利费	合计
	基本生产成本	辅助生产成本				
一车间	9 310.50		467.00			9 777.50
二车间	10 347.50		977.30			11 324.80
其中:2008 斗式提升机						
2009 带式输送机						
机修车间		2 340.80				2 340.80
管理部门				2 449.10		2 449.10
医务保育人员					266.20	266.20
长期病假人员				148.10		148.10
合　计	19 658.00	2 340.80	1 444.30	2 597.20	266.20	26 306.50

制表:萧鸿　　　　审核:胡观

表 1-6-11 (2/2)

二车间工资分配计算表

2006 年 12 月 21 日

工作令号	产品	生产工时	分配率	应分配费用
2008				
2009				
合　计				10 347.50

制表:萧鸿　　　　审核:胡观

说明:分配率保留五位小数,尾数计入 2009 产品。

(7) 计提福利费，见表 1-6-12。

表 1－6－12（1/2）

应付福利费计算表

2006 年 12 月 22 日

车间部门		工资总额	按工资总额 14%计提的应付福利费
第一车间	生产工人	9 310.50	1 303.47
	管理工人	467.00	65.38
第二车间	生产工人	10 347.50	1 448.65
	其中:2008 斗式提升机		
	2009 带式输送机		
	管理人员	977.30	136.82
机修车间		2 340.80	327.71
管理部门		2 449.10	342.87
医务室托儿所		266.20	37.27
长期病假人员		148.10	20.73
合　计		26 306.50	3 682.90

制表:萧鸿　　　　审核:胡观

说明:计算时保留两位小数。

表 1－6－12（2/2）

二车间应付福利费分配计算表

2006 年 12 月 22 日

工作令号	产品	生产工时	分配率	应分配费用
2008				
2009				
合计				

制表:萧鸿　　　　审核:胡观

说明:分配率保留五位小数,分配尾差计入 2009 产品。

（8）计提固定资产折旧，见表 1－6－13。

表 1－6－13

固定资产折旧计算表

2006 年 12 月 23 日

项目	固定资产类别	应提折旧月初原值	月折旧率(%)	月折旧额
基本生产	一车间	700 000		2 650
	生产用房屋	200 000	0.20	400
	机器设备	500 000	0.45	2 250
	二车间	800 000		2 975
	生产用房屋	250 000	0.20	500
	机器设备	550 000	0.45	2 475
辅助生产	生产用房屋	100 000	0.20	200
	机器设备	150 000	0.45	675
厂部管理部门	房屋	430 000	0.20	860
	机器设备	100 000	0.45	450
	运输工具	150 000	0.45	675
	合　计	2 430 000		8 485

制表：萧鸿　　　　审核：胡观

(9) 耗用材料，见表 1－6－14。

表 1－6－14 (1/2)

发出材料汇总表

2006 年 12 月 24 日

应贷账户 \ 应借账户		生产成本			制造费用		管理费用	合计
		一车间	二车间	机修成本	一车间	二车间	管理部门	
原材料	原材料及主要材料	48 730	42 747	1 507				92 984.00
	辅助材料		315				480	795.00
	外购半成品		68 160					68 160.00
	燃料	15 840				600	1 200	17 640.00
低值易耗品				450	2 201.7	4 722.6		7 374.30
合　计		64 570	111 222	1 957	2 201.7	5 322.6	1 680	186 953.30

制表：萧鸿　　　　审核：胡观

表 1－6－14（2/2）

材料费用分配表

2006 年 12 月 24 日

分配对象			成本项目	原材料	低值易耗品	合计
生产成本	一车间	铸件	直接材料	64 570.00		64 570.00
	二车间	2008 斗式提升机	直接材料	83 541.80		83 541.80
		2009 带式输送机	直接材料	27 680.20		27 680.20
	辅助生产成本一机修车间		直接材料	1 507.00		1 507.00
制造费用	机修车间		低值易耗品摊销		450.00	450.00
	一车间		低值易耗品摊销		2 201.70	2 201.70
	二车间		机物料消耗	600.00		600.00
			低值易耗品摊销		4 722.60	4 722.60
管理费用			修理费	480.00		480.00
			运输费	1 200.00		1 200.00
合　　计				179 579.00	7 374.30	186 953.30

制表：萧鸿　　　　审核：胡观

（10）支付并分配水费，见表 1－6－15。

表 1－6－15（1/4）

广东增值税专用发票

发　票　联

№ 0259381

开票日期：2006 年 12 月 25 日

购货单位	名称：广州市乐平机械股份公司 纳税人识别号：440122312560611 地址电话：广州市白云路 18 号 开户行及账号：4088300005678	密码区	3 < > 20 – 3 + 8 + 7 < + 5 – 2 + 487 < 加密版本号： 4 > + 6059/3477626 – / – + /8 >　23 1 < 12/5 < 1 + + /28220 * 49/0　3240023220 6 > 5 < 24 – > > 3 * 05/ > > 92　07881134

货物或应税劳务名称	规格型号	单位	数　量	单价	金　额	税率	税　额
水		吨	265	4.00	1 060.00	17%	180.20
合　计					1 060.00		180.20
价税合计(大写)	壹仟贰佰肆拾元贰角整		(小写)¥1 240.20				

销货单位	名　　称：广州市自来水公司 纳税人识别号：440102708258082 地 址 电 话：广州市红岭路 187 号 开户行及账号：建行广州市红岭路办事处	备注	广州市自来水公司 财务专用章

收款人：王伟　　复核：李山　　开票人：柳艳　　销货单位：(章)

第二联：发票联　购货方记账凭证

表 1-6-15（2/4）

广东增值税专用发票

№ 0259381

抵　扣　联

开票日期：2006 年 12 月 25 日

购货单位	名称：广州市乐平机械股份公司 纳税人识别号：440122312560611 地址电话：广州市白云路 18 号 开户行及账号：4088300005678			密码区	3 < > 20 - 3 + 8 + 7 < + 5 - 2 + 487 < 加密版本号： 4 > + 6059/3477626 - / - + /8 > 23 1 < 12/5 < 1 + + /28220 * 49/0 3240023220 6 > 5 < 24 - > > 3 * 05/ > > 92 07881134			
货物或应税劳务名称	规格型号	单位	数量	单价	金额	税率	税额	
水		吨	265	4.00	1 060.00	17%	180.20	
合计					1 060.00		180.20	
价税合计(大写)	壹仟贰佰肆拾元贰角整			(小写)¥ 1 240.20				
销货单位	名　称：广州市自来水公司 纳税人识别号：440102708258082 地 址 电 话：广州市红岭路 187 号 开户行及账号：建行广州市红岭路办事处			备注	财务专用章			

第一联：抵扣联　购货方扣税凭证

收款人：王伟　　复核：李山　　开票人：柳艳　　销货单位：(章)

表 1-6-15（3/4）

托收凭证（受理回单）　1

委托日期 2006 年 12 月 25 日

业务类型		委托收款（□邮划　□电划）		托收承付（□邮划　□电划）		
付款人	全称	广州市乐平机械股份公司	收款人	全称	广州市自来水公司	
	账号	4088300005678		账号	3602091501000012344	
	开户银行	工行		开户银行	建行	
托收金额	人民币(大写)	壹仟贰佰肆拾元贰角整			千百十万千百十元角分：¥ 1 2 4 0 2 0	
款项内容	水费	托收凭据名称：发票		托收承付	附寄单证张数	1 张
商品发运情况				合同名称号码		
备注：				款项收妥日期 2006 年 12 月 25 日	收款单位开户银行盖章 年　月　日	
复核　记账						

中国建设银行广州分行 白云办事处 2006.12.25

表 1－6－15（4/4）

水 费 分 配 表

2006 年 12 月 25 日　　　　　　　　单位：元

车间、部门	实际耗水量(吨)	分配率	应分配费用	
一车间	86	4.30	369.80	
二车间	18.8	4.30	80.84	说明：实际耗水量是根据财务科报来的各单位水表计量计算的
机修车间	36	4.30	154.80	
厂部各部门	105.7	4.30	454.56	
合　计	246.5	4.30	1 060	

制表：萧鸿　　　　　　　　审核：胡观

（11）支付并分配电费，见表 1－6－16。

表 1－6－16（1/5）

广东增值税专用发票

发　票　联

№ 1259117

开票日期：2006 年 12 月 25 日

购货单位	名称：广州市乐平机械股份公司 纳税人识别号：440122312560611 地址电话：广州市白云路 18 号 开户行及账号：4088300005678	密码区	3 < > 20 − 3 + 8 + 7 < + 5 − 2 + 789 < 加密版本号： 4 > + 6059/3477626 − / − + /8 >　36 1 < 12/5 < 1 + + /28220 * 49/0　3240023119 6 > 5 < 24 − > > 3 * 05/ > > 92　07881134

货物或应税劳务名称	规格型号	单位	数　量	单价	金　额	税率	税　额
电		度	10 000	0.50	5 000.00	17%	850.00
合计					5 000.00		850.00
价税合计(大写)	伍仟捌佰伍拾元整		(小写)￥5 850.00				

销货单位	名　　称：广州市供电公司 纳税人识别号：440106768691234 地 址 电 话：广州市景泰路 118 号 开户行及账号：0012－2245－1978	备注	广州市供电公司 财务专用章

第二联：发票联　购货方记账凭证

收款人：张丽　　复核：李立　　开票人：王从　　销货单位(章)

表 1－6－16（2/5）

广东增值税专用发票

抵　扣　联

№ 1259117

开票日期：2006 年 12 月 25 日

<table>
<tr><td rowspan="4">购货单位</td><td colspan="3">名称：广州市乐平机械股份公司</td><td rowspan="4">密码区</td><td colspan="4">3 < > 20 − 3 + 8 + 7 < + 5 − 2 + 789 <　加密版本号：</td></tr>
<tr><td colspan="3">纳税人识别号：440122312560611</td><td colspan="4">4 > + 6059/3477626 − / − + /8 >　36</td></tr>
<tr><td colspan="3">地址电话：广州市白云路 18 号</td><td colspan="4">1 < 12/5 < 1 + + /28220 * 49/0　3240023119</td></tr>
<tr><td colspan="3">开户行及账号：4088300005678</td><td colspan="4">6 > 5 < 24 − > > 3 * 05/ > > 92　07881134</td></tr>
<tr><td colspan="2">货物或应税劳务名称</td><td>规格型号</td><td>单位</td><td>数量</td><td>单价</td><td>金额</td><td>税率</td><td>税额</td></tr>
<tr><td colspan="2">电</td><td></td><td>度</td><td>10 000</td><td>0.50</td><td>5 000.00</td><td>17%</td><td>850.00</td></tr>
<tr><td colspan="2">合计</td><td></td><td></td><td></td><td></td><td>5 000.00</td><td></td><td>850.00</td></tr>
<tr><td colspan="2">价税合计(大写)</td><td colspan="7">伍仟捌佰伍拾元整　　　(小写)￥5 850.00</td></tr>
<tr><td rowspan="4">销货单位</td><td colspan="3">名　　称：广州市供电公司</td><td rowspan="4">备注</td><td colspan="4" rowspan="4">广州市供电公司
财务专用章</td></tr>
<tr><td colspan="3">纳税人识别号：440106768691234</td></tr>
<tr><td colspan="3">地　址　电　话：广州市景泰路 118 号</td></tr>
<tr><td colspan="3">开户行及账号：0012 − 2245 − 1978</td></tr>
</table>

第一联：抵扣联　购货方扣税凭证

收款人：张丽　　复核：李立　　开票人：王从　　销货单位(章)

表 1－6－16（3/5）

托收凭证（受理回单）　1

委托日期 2006 年 12 月 25 日

<table>
<tr><td colspan="2">业务类型</td><td colspan="6">委托收款（□邮划　□电划）　托收承付（□邮划　□电划）</td></tr>
<tr><td rowspan="3">付款人</td><td>全　称</td><td colspan="2">广州市乐平机械股份公司</td><td rowspan="3">收款人</td><td>全　称</td><td colspan="2">广州市供电公司</td></tr>
<tr><td>账号</td><td colspan="2">4088300005678</td><td>账　号</td><td colspan="2">0012—2245—1978</td></tr>
<tr><td>开户银行</td><td colspan="2">工行</td><td>开户银行</td><td colspan="2">工行</td></tr>
<tr><td>托收金额</td><td colspan="5">人民币(大写)　伍仟捌佰伍拾元整</td><td colspan="2">千百十万千百十元角分
￥5 8 5 0 0 0</td></tr>
<tr><td>款项内容</td><td>电费</td><td colspan="2">托收凭据名称　发票</td><td colspan="2">托收承付</td><td>附寄单证张数</td><td>1 张</td></tr>
<tr><td>商品发运情况</td><td colspan="3"></td><td colspan="4">合同名称号码</td></tr>
<tr><td colspan="4">备注：
中国工商银行广州分行
白云办事处
2006.12.25
复核　记账</td><td colspan="2">款项收妥日期
2006 年 12 月 25 日</td><td colspan="2">收款单位开户银行盖章
年　月　日</td></tr>
</table>

表 1－6－16（4/5）

2006 年 12 月份耗用电量记录

车间部门	生产用电			照明用电			合计
	数量	单价	金额	数量	单价	金额	
一车间	2 000	0.50	1 000.00	500	0.50	250.00	1 250.00
二车间	4 000	0.50	2 000.00	600	0.50	300.00	2 300.00
机修车间	1 500	0.50	750.00	150	0.50	75.00	825.00
厂部				1 250	0.50	625.00	625.00
合　计	7 500	0.50	3 750.00	2 500	0.50	1 250.00	5 000.00

制表：萧鸿　　　　审核：胡观

说明：(1) 耗用数量根据分厂、车间部门电表计量。

(2) 生产外购电力应计入生产成本——直接材料项目。

(3) 电费分配率保留四位小数。

表 1－6－16（5/5）

二车间生产用电费分配计算表

2006 年 12 月 26 日

工作令号	产品	生产工时	分配率	应分配费用
2008				
2009				
	合计			

制表：萧鸿　　　　审核：胡观

（12）归集并结转辅助生产车间的制造费用，见表 1－6－17。

表 1－6－17

制造费用分配表

车间：辅助生产车间　　　　2006 年 12 月 28 日

制造费用发生额	转入辅助生产的制造费用额

制表：萧鸿　　　　审核：胡观

（13）分配辅助生产车间费用，见表 1－6－18。

表 1－6－18

辅助生产费用分配表

车间：机修车间　　　　2006 年 12 月 27 日　　　　（直接分配法）

应分配费用	机修工时	分配率	第一车间		第二车间		企业管理部门	
			工时	金额	工时	金额	工时	金额

制表：萧鸿　　　　审核：胡观

说明：分配率保留三位小数，分配尾差计入企业管理部门。

(14) 归集结转一车间的制造费用，见表 1－6－19。

表 1－6－19

制造费用分配表

车间：一车间　　2006 年 12 月 28 日

产品				应结转制造费用
铸件				
合　计				

制表：萧鸿　　审核：胡观

(15) 归集结转二车间的制造费用，见表 1－6－20。

表 1－6－20

制造费用分配表

车间：二车间　　2006 年 12 月 28 日

工作令号	产品	生产工时	分配率	应分配制造费用
2008				
2009				

制表：萧鸿　　审核：胡观

说明:分配率保留三位小数,分配尾差记入 2009 产品。

(16) 计算一车间铸件的生产成本，见表 1－6－21。

表 1－6－21（1/4）

合格铸件报告表

2006 年 12 月 29 日

产品名称	半成品名称	数量(件)	单位重量(千克)	总重量(千克)
斗式提升机	A	500	80	40 000
	B	1 000	10	10 000
	C	900	15	13 500
	小　计	2 400		63 500
带式输送机	D	700	30	21 000
	E	900	5	4 500
	F	1 400	4.29	6 000
	小　计	3 000		31 500
	合　计	5 400		95 000

查验：张平　　车间负责人：兰花　　统计：钟生

表 1-6-21（2/4）

一车间完工产品成本计算表

2006 年 12 月 29 日　　　　总重量：95000 千克

项目		成本项目			
		直接材料	直接人工	制造费用	合计
本期完工产品总成本					
单位成本					
其中	A 总成本				
	B 总成本				
	C 总成本				
	D 总成本				
	E 总成本				
	F 总成本				

制表：萧鸿　　　　审核：胡观

说明：单位成本保留五位小数，尾差计入 F 半成品。

表 1-6-21（3/4）

自制半成品入库汇总表

交库车间：一车间　　　　2006 年 12 月 29 日　　　　仓库：半成品库

产品编号	产品名称	半成品名称	数量（件）		单位成本	总成本
			应交	实收		
	斗式提升机	A	500	500		
		B	1 000	1 000		
		C	900	900		
	合　计		2 400	2 400	—	

注：成本保留三位小数

保管：马杰　　　　车间负责人：王平　　　　制单：卫平

表 1-6-21（4/4）

自制半成品入库汇总表

交库车间：一车间　　　　2006 年 12 月 29 日　　　　仓库：半成品库

产品编号	产品名称	半成品名称	数量(件)		单位成本	总成本
			应交	实收		
	带式输送机	D	700	700		
		E	900	900		
		F	1 400	1 400		
	合　计		3 000	3 000	—	

注：单位成本保留三位小数

保管：马杰　　　　车间负责人：兰平　　　　制单：卫平

（17）二车间领用自制半成品，见表 1-6-22。

表 1-6-22（1/2）

半成品出库（生产领用）汇总表

领料部门：二车间斗式提升机　　　　2006 年 12 月 30 日　　　　附出库单：10 张

半成品名称	单位	出库数量	单位成本	金额
A	件	200		
B	件	400		
C	件	500		
合　计				

制表：萧鸿　　　　审核：胡观

说明：请在"半成品"明细账上计算各半成品的月末加权单位成本，将半成品的月末加权单位成本乘以月末结存的数量，计算出月末结存的半成品成本，再倒挤出出库半成品成本（月初半成品成本 + 本月收入半成品成本 - 月末结存半成品成本），表 1-6-20(2/4)计算方法相同。

表 1-6-22（2/2）

半成品出库（生产领用）汇总表

领料部门：二车间带式输送机　　　　2006 年 12 月 30 日　　　　附出库单：

半成品名称	单位	出库数量	单位成本	金额
D	件	300		
E	件	500		
F	件	750		
合计				

制表：萧鸿　　　　审核：胡观

（18）计算二车间完工产成品成本，见表 1-6-23。

表 1-6-23（1/4）

期末完工产品和在产品成本分配计算表

产品名称：带式输送机　　2006 年 12 月 31 日　　投产日期：2006 年 10 月

工作令号：2009　　完工日期：2006 年 12 月

批量：100 台　　已完工：50 台

成本项目	直接材料	直接人工	制造费用	合计
期末生产成本明细账生产费用合计				
本期产成品计划单位成本				
本期产品总成本				
期末在产品成本				

制表：萧鸿　　审核：胡观

表 1-6-23（2/4）

完工产品成本计算表

产品名称：斗式提升机　　2006 年 12 月 31 日　　投产日期：2006 年 11 月

产品批量：50 台　　完工日期：2006 年 12 月

工作令号：2008

成本项目	直接材料	直接人工	制造费用	合计
期末生产成本明细账生产费用合计				
本批产品总成本				
本期产品单位成本				

制表：萧鸿　　审核：胡观

表 1-6-23（3/4）

产 成 品 入 库 单

交库车间：二车间　　2006 年 12 月 31 日　　仓库：成品库

产品编号	产成品名称	型号规格	计量单位	送验数量	查验结果		实收数量	备注
					合格	不合格		
	斗式提升机		台	50	50		50	
	带式输送机		台	50	50		50	

保管员：周军　　查验员：马杰　　车间负责人：赵忠　　统计员：王兴　　制单：张平

表 1－6－23（4/4）

产成品入库汇总表

2006 年 12 月 31 日

产品名称	型号规格	计量单位	数量	单位成本	总成本
斗式提升机		台	50		
带式输送机		台	50		
合　计					

制表：萧鸿　　　　审核：胡观

四、电算化会计实训

（一）实训目的

根据给出的成本费用的期初资料和发生的具体经济业务的原始凭证，按照规定的成本核算方法，运用“总账”系统进行企业有关成本费用业务的核算，重点掌握项目辅助核算的使用方法。

（二）实训资料

1. 会计操作人员及其权限见表 1－6－24。

表 1－6－24

编号	姓名	所属部门	所属角色	权限
1	胡观	财务部	账套主管	账套主管的全部权限
2	萧鸿	财务部	成本会计	成本会计的权限和填制凭证权

2. 企业基础资料如下：

（1）账套号：006

账套名称：lpjx

账套路径：默认

启用会计期：2006 年 12 月

单位名称：广州市乐平机械股份公司

单位简称：乐平机械

单位地址：广州市白云路 18 号

本币代码：RMB

本币名称：人民币

企业类型：工业

行业性质：新会计制度科目

账套主管：胡观

本企业按行业性质预置科目；存货、客户、供应商不分类；无外币核算。

(2) 科目编码级次 4—2—2—2—2—2；部门编码级次 1—2；数据精度定义按默认值。

(3) 系统启用资料见表 1-6-25。

表 1-6-25

启用系统名称	启用会计期间	启用日期
总账	2006 年 12 月	2006 年 12 月 1 日

3. 总账系统初始化资料如下：

(1) 部门档案资料见表 1-6-26。

表 1-6-26

部门编码	部门名称
1	基本生产车间
101	一车间
102	二车间
2	辅助生产车间
201	机修车间
3	行政部门
301	厂部办公室
302	财务部

(2) 会计科目设置。按行业性质预置科目，还需要增加的科目见表 1-6-27。

表 1-6-27

科目编码	科目名称	科目类型	账页格式	外币、数量、辅助核算
121101	原料及主要材料	资产	金额式	
121102	辅助材料	资产	金额式	
121103	外购半成品	资产	金额式	
121104	燃料	资产	金额式	
124101	A	资产	数量金额	数量辅助核算 单位:件
124102	B	资产	数量金额	数量辅助核算 单位:件
124103	C	资产	数量金额	数量辅助核算 单位:件
124104	D	资产	数量金额	数量辅助核算 单位:件

续表

科目编码	科目名称	科目类型	账页格式	外币、数量、辅助核算
124105	E	资产	数量金额	数量辅助核算 单位:件
124106	F	资产	数量金额	数量辅助核算 单位:件
124301	2008 斗式提升机	资产	数量金额	数量辅助核算 单位:台
124302	2009 带式输送机	资产	数量金额	数量辅助核算 单位:台
41010101	一车间	成本	金额式	
4101010101	直接材料	成本	金额式	项目辅助核算
4101010102	直接人工	成本	金额式	项目辅助核算
4101010103	制造费用	成本	金额式	项目辅助核算
41010102	二车间	成本	金额式	
4101010201	直接材料	成本	金额式	项目辅助核算
4101010202	直接人工	成本	金额式	项目辅助核算
4101010203	制造费用	成本	金额式	项目辅助核算
41010201	直接材料	成本	金额式	
41010202	直接人工	成本	金额式	
41010203	制造费用	成本	金额式	
410501	一车间	成本	金额式	
410502	二车间	成本	金额式	
410503	辅助生产车间	成本	金额式	

（3）项目辅助核算设置如下：

①项目大类名称：产品生产。

②核算科目：在会计科目表中定义的全部项目辅助核算科目。

③项目分类定义见表 1-6-28。

表 1-6-28

分类编码	分类名称
1	一车间
2	二车间

④项目目录见表 1－6－29。

表 1－6－29

项目编号	项目名称	所属分类码
11	铸件	1
21	2008 斗式提升机	2
22	2009 带式输送机	2

（4）期初余额设置如下：

①总账及明细账余额见表 1－6－30。

表 1－6－30

科目编码	科目名称	单位	数量	方向	期初余额
1002	银行存款			借	65 000
1241	自制半成品			借	16 423
124101	A	件	100	借	7 311.6
124102	B	件	200	借	1 843
124103	C	件	100	借	1 084
124104	D	件	200	借	5 436
124105	E	件	100	借	416.3
124106	F	件	100	借	332.1
1243	库存商品				188 700
124301	2008 斗式提升机	台	30	借	101 400
124302	2009 带式输送机	台	30	借	87 300
1501	固定资产			借	650 000
1502	累计折旧	台		贷	120 000
3101	实收资本			贷	1 092 878.26
4101	生产成本			借	292 755.26
410101	基本生产成本			借	292 755.26
41010102	二车间			借	292 755.26
4101010201	直接材料			借	165 173
4101010202	直接人工			借	41 602.67
4101010203	制造费用			借	85 979.59

②项目辅助核算期初余额资料如下：

科目：4101010201 直接材料见表 1－6－31。

表 1－6－31

项　目	方　向	金　额
2008 斗式提升机	借	11 328.2
2009 带式输送机	借	153 844.8

科目：4101010202 直接人工见表 1－6－32。

表 1－6－32

项　目	方　向	金　额
2008 斗式提升机	借	5 588.27
2009 带式输送机	借	36 014.4

科目：4101010203 制造费用见表 1－6－33。

表 1－6－33

项　目	方　向	金　额
2008 斗式提升机	借	26 715.64
2009 带式输送机	借	59 263.95

（5）凭证类别设置见表 1－6－34。

表 1－6－34

类别字	类别名称	限制类型	限制科目
记	记账凭证	无限制	无

4．成本费用的日常核算资料参照手工部分 2 的具体经济业务。

（三）实训要求

1．设置操作员及其权限。

2．设置该公司账套。

3．启用“总账”系统，对总账系统进行初始设置。

4．根据给出的具体业务，对本月发生的各项成本费用的原始凭证填制记账凭证，进行凭证审核，并记账。

5．查询生产成本总账及明细账、项目辅助核算总账及明细账。

6．查询自制半成品、库存商品的总账及明细账。

（四）说明

1．本实训资料适用于用友 ERP—U8 软件，如使用其他财务软件，可根据情况进行调整。

2．实训资料只给出和本实验相关的内容，其余内容略。

实训七　财务成果会计岗位实训

一、实训目的

1. 了解财务成果会计岗位的职责。
2. 掌握企业销售收入的确认、计量和销售发货票、结算凭证的填写。
3. 掌握销售明细账的设置、登记、销售收入的账务处理。
4. 掌握销售成本计算和销售成本结转的账务处理。
5. 掌握其他业务收支、投资收益的账务处理。
6. 掌握企业销售利润、利润总额、应交所得税、净利润的计算。
7. 能够对企业税后利润进行分配，能进行年终未分配利润的结转。

二、实训要求

1. 根据资料设置有关所有者权益、损益类总账和明细账。
2. 根据 12 月份经济业务，逐笔登记有关原始凭证和编制记账凭证。
3. 根据记账凭证登记有关所有者权益、损益类明细账，并进行月结。
4. 编制科目汇总表。
5. 根据科目汇总表登记有关损益类总账。
6. 实训用纸：总账 13 张（双面 7 张），三栏式明细账 15 张（双面 8 张），多栏式明细账 3 张（双面 2 张），记账凭证汇总表 3 张，记账凭证 32 张。

三、实训资料

1. 有关所有者权益、损益类账户余额见表 1－7－1。

表 1－7－1　　有关所有者权益、损益类账户余额

总　账	明细账及格式		借或贷	余　额		备　注
				总　账	明细账	
利润分配			贷	150 000		
	提取法定盈余公积	A				
	提取法定公益金	A				
	应付利润	A				
	未分配利润	A	贷		150 000	
主营业务收入			贷	5 150 000		

续表

总　账	明细账及格式		借或贷	余　额		备　注
				总账	明细账	
	250 毫升高钙低脂奶	A	贷		3 150 000	
	250 毫升纯牛奶	A	贷		2 000 000	
主营业务成本			借	4 050 000		
	250 毫升高钙低脂奶	A	借		2 450 000	
	250 毫升纯牛奶	A	借		1 600 000	
主营业务税金及附加	主营业务税金及附加	A	借	200 000	200 000	
其他业务收入	其他业务收入	A	贷	60 000	60 000	
其他业务支出	其他业务支出	A	借	45 000	45 000	
营业费用		C	借	200 000	200 000	
管理费用		C	借	180 000	180 000	
财务费用	多栏式	C	借	40 000	40 000	
投资收益	投资收益	A	贷			
营业外收入	营业外收入	A	贷	8 000	8 000	
营业外支出	营业外支出	A	借	16 000	16 000	
所得税	所得税	A	借	160 710	160 710	

说明：A 为三栏式明细账；C 多栏式明细账。

2. 2006 年 12 月，广州燕塘乳业有限责任公司有关经济业务如下（广州燕塘乳业有限责任公司地址：广州天河区燕岭路 182 号，纳税人识别号：440102312561912，开户行：工行燕岭路办，账号：0142 – 0316 – 8432）：

（1）12 月 1 日，向珠海百佳商场销售高钙低脂奶 2 000 箱，每箱 45 元，价款 9 万元，增值税 15 300 元；纯牛奶 2 000 箱，每箱 40 元，价款 8 万元，增值税 13 600 元，另代垫运费 500 元（现金），收商业承兑汇票（面值 199 400 元，期限两个月），见表 1 – 7 – 2。

表 1 – 7 – 2（1/5）　　**广东增值税专用发票**　　№ 02548241

此联不作报销、扣税凭证使用　　开票日期：2006 年 12 月 1 日

购货单位	名　　称：珠海万佳商场 纳税人识别号：440603433107282 地 址 电 话：珠海市沿江路 35 号 开户行及账号：工行沿江路办 1123 – 0934 – 2118	密码区	3 <> 20 – 3 + 8 + 7 < + 5 – 2 + 487 < 加密版本号： 4 > + 6059/3477626 – / – + /8 > 23 1 < 12/5 < 1 + + /28220 * 49/0　3240023220 6 > 5 < 24 – > > 3 * 05/ > > 92　07881134

货物或应税劳务名称	规格型号	单位	数　量	单　价	金　额	税率	税　额
高钙低脂奶	250 毫升	箱	2 000	45	90 000.000	17%	15 300.00
纯牛奶	250 毫升	箱	2 000	40	80 000.00	17%	13 600.00
合　计					170 000.00		28 900.00
价税合计（大写）	壹拾玖万捌仟玖佰元整				（小写）¥ 198 900.00		

销货单位	名　　称：广州燕塘乳业有限责任公司 纳税人识别号：440102312561912 地 址 电 话：广州天河区燕岭路 182 开户行及账号：0142 – 0316 – 8432	备注	

第三联：记账联　销货方记账凭证

收款人：罗方　　复核：吴珍　　开票人：许建国　　销货单位（章）

表 1-7-2（2/5）

出　库　单

提货部门：　　　　　　　　年　月　日　　　　　　　　No. 0067147

产品			单位	数量	单价	成本总额							产品明细账		说明
编号	名称	规格				万	千	百	十	元	角	分	页	号	

部门主管　　　会计　　　记账　　　保管　　　提货人　　　制单

第三联：记账

表 1-7-2（3/5）

广州市货物托运业专用发票
发　票　联

地税　01乙　　№ 1216954

（印章：广东 国家税务总局监制）

委托单位
委 托 人　广州市顺风运输有限责任公司　到站珠海市　　　运单号 3112

货物名称	件数	重量	包装	代垫费用								托运费用							
高钙低脂奶	2 000			项目	万	千	百	十	元	角	分	项目	万	千	百	十	元	角	分
纯牛奶	2 000			铁路								服务费							
				公路			5	0	0	0	0	仓储保管费							
				空运								包装费							
				水运								搬倒理货费							
记事：												退运手续费							
				保险费															
				合　计		¥	5	0	0	0	0	合　计							
总计大写	伍佰元整																		

（印章：广州顺风运输有限公司 440104289780120 发票专用章）

收款单位盖章：　　　　　经办人：赵明明　　　　　2006年12月1日

第二联 发票联

表 1-7-2(4/5)

现金支出凭单　　第 1 号

附件 1 张	2006 年 12 月 1 日	对方科目编号	

人民币（大写）：伍佰元整	¥500.00		
现金付讫			
收款人 李平（签章）	主管人员 吴珍（签章）	会计人员 周英（签章）	出纳员付讫 罗方（签章）

表 1-7-2(5/5)

商业承兑汇票（存根）3

出票日期（大写）　贰零零陆年壹拾贰月零壹日　　　汇票号码：1195

付款人	全　称	珠海万佳商场	收款人	全　称	广州燕塘乳业有限责任公司
	账　号	1123-0934-2118		账　号	0142-0316-8432
	开户银行	珠海市工行沿江路办		开户银行	广州市工行燕岭路办

出票金额	人民币（大写）壹拾玖万玖仟肆佰元整	千	百	十	万	千	百	十	元	角	分
			¥	1	9	9	4	0	0	0	0

汇票到期日（大写）	贰零零柒年壹拾贰月零壹日	付款人开户行	账号	
			地址	

交易合同号：09607	备注：中国工商银行珠海分行 沿江路办 2006. 12. 01 (21)
出票人签章	

(2) 12 月 2 日，向汕头市华新有限责任公司销售高钙低脂奶 1 000 箱，单价 45 元，价款 45 000元，增值税 7 650 元；销售纯牛奶 1 000 箱，单价 40 元，价款 4 万元，增值税 6 800 元，另代垫运费 1 000 元（支票），办妥托收手续（电划），见表 1-7-3。

表 1-7-3（1/5）

广东增值税专用发票

№ 02548242

此联不作报销、扣税凭证使用　　开票日期：2006 年 12 月 2 日

购货单位	名　　称：汕头市华新有限责任公司 纳税人识别号：440505608349563 地 址 电 话：汕头市太平路 12 号 开户行及账号：汕头工行太平路办 0015-1018-8283	密码区	3<>20-3+8+7<+5-2+487<加密版本号： 4>+6059/3477626-/- +/8>　23 1<12/5<1++/28220*49/0　3240023220 6>5<24->>3*05/>>92　07881134

货物或应税劳务名称	规格型号	单位	数　量	单　价	金　额	税率	税　额
高钙低脂奶	250 毫升	箱	1 000	45	45 000.00	17%	7 650.00
纯牛奶	250 毫升	箱	1 000	40	40 000.00	17%	6 800.00
合　计					85 000.00		14 450.00
价税合计（大写）	玖万玖仟肆佰伍拾元整				（小写）¥99 450.00		

销货单位	名　　称：广州燕塘乳业有限责任公司 纳税人识别号：440102312561912 地 址 电 话：广州天河区燕岭路 182 开户行及账号：0142-0316-8432	备注	

收款人：罗方　　复核：吴珍　　开票人：许建国　　销货单位（章）

第三联：记账联　销货方记账凭证

表 1-7-3（2/5）

出　库　单

提货部门：　　　　年　月　日　　　　**No. 0067147**

产品			单位	数量	单价	成本总额							产品明细账		说明
编号	名称	规格				万	千	百	十	元	角	分	页	号	

部门主管　　会计　　记账　　保管　　提货人　　制单

第三联：记账

表 1－7－3（3/5）

广州市货物托运业专用发票

发 票 联

地税

01 乙

№ 1216960

委托单位
委 托 人 广州市顺风运输有限责任公司 到站：汕头市 运单号 3112

货物名称	件数	重量	包装	代垫费用		托运费用	
				项目	万千百十元角分	项目	万千百十元角分
高钙低脂奶	1 000			铁路		服务费	
纯牛奶	1 000			公路	1 0 0 0 0 0	仓储保管费	
				空运		包装费	
				水运		搬倒理货费	
记事：（广州顺风运输有限公司 440104289780120 发票专用章）						退运手续费	
				保险费			
				合 计	¥1 0 0 0 0 0	合 计	
总计大写	壹仟元整						

第二联 发票联

收款单位盖章： 经办人：赵明明 2006 年 12 月 2 日

表 1－7－3（4/5）

中国工商银行 转账支票存根	中国工商银行转账支票
支票号码 No. 附加信息	支票号码 No. 出票日期(大写) 年 月 日 付款行名称： 收款人： 出票人账号：
出票日期 年 月 日	本支票付款期限十天 人民币（大写）： 亿 千 百 十 万 千 百 十 元 角 分
收款人： 金额： 用途：	用途： 上列款项请从 我账户内支付 出票人签章 复核 记账
单位主管： 会计：	

表 1－7－3（5/5）

托收凭证（受理回单）　1

委托日期　　年　月　日

业务类型	委托收款（□邮划　□电划）　托收承付（□邮划　□电划）				
付款人	全　称		收款人	全　称	
	账　号			账　号	
	开户银行			开户银行	
托收金额	人民币（大写）			千百十万千百十元角分	
款项内容	货款	托收凭据名称	托收承付	附寄单证张数	3 张
商品发运情况	已发运		合同名称号码	3476	
备注： 复核　记账		款项收妥日期 年　月　日		收款单位开户银行盖章 年　月　日	

（3）2 日，银行结算手续费 140 元，见表 1－7－4。

表 1－7－4

工商银行广州分行
付款通知书

网点号：1901　　交易代码：03024　　日期：2006/12/02

单位名称：广州燕塘乳业有限责任公司	
账号：0142－0316－8432	
摘要：结算金额： 邮电费：15.00 手续费：125.00	
	金额合计：140.00
金额合计：（大写）	人民币壹佰肆拾元整

中国工商银行广州分行
燕岭路办
2006. 12. 02
（21）

第二联　回单

注：此付款通知书加盖我行业务公章方有效。

流水号：01109　　经办：1693

（4）4 日，向广州永安食品有限公司出租房屋，收到本月租金 5 000 元，见表 1－7－5。

表 1－7－5（1/3）

广东省广州市地方税收税控专用发票

地税监
440120367

查询电话：（020）87023653　　查询号码：19134338820
顾额名称：广州永安食品有限公司　　校对号码：19134338820
开票日期：2006.12.04　　税控器号：030060023201　　税控防伪码：347A5042721B060C

经营项目	收费说明		金　额
自有房屋出租	2006 年 12 月租金		5 000.00
合计人民币（大写）伍仟元整			¥ 5 000.00
收款单位：广州燕塘乳业有限责任公司	备注		
税务登记号：440102312561912			
地址及电话：广州天河区燕岭路 182			

第三联：记账联

（印章：广州燕塘乳业有限责任公司 440102312561912 发票专用章）

开票人：朱思　　收款人：李红　　收款单位（盖章）：

说明：1. 本发票适用于使用发票税控管理器的业户；
2. “校对号码”必须与“查询号码”前四位和后七位号码相一致；必须打印“税控防伪码”；否则属于无效发票。

表 1－7－5（2/3）

中国工商银行转账支票

№ 2152395

出票日期（大写）贰零零陆年壹拾贰月零肆日　　付款行名称：广州市工行东山路办
收款人：广州燕塘乳业有限责任公司　　出票人账号：0411－2313－5612

人民币（大写）	伍仟元整	千	百	十	万	千	百	十	元	角	分
					¥	5	0	0	0	0	0

本支票付款期限十天

用途　租金
上列款项请从
我账户内支付
出票人签章

（印章：广州永安食品有限公司财务专用章）

科目（借）
对方科目（贷）
复核　　记账

（印章：出纳 江山）

表 1－7－5（3/3）

银 行 进账单 3

（回单或收账通知）

年 月 日

收款人	全 称	
	账 号	
	开户银行	

人民币	千	百	十	万	千	百	十	元	角	分

付款人	全 称	
	账 号	
	开户银行	
款项来源		
收款人开户行盖章		

银 行 进账单（贷方凭证）2

年 月 日

收款人	全 称			
	开户银行		账号	
款项来源				

合计金额	人民币（大写）：	千	百	十	万	千	百	十	元	角	分

付款人名称或账号	金额 百	十	万	千	百	十	元	角	分	付款人名称或账号	金额 百	十	万	千	百	十	元	角	分	对方科目：
																				复核 记账

（5）4 日，按房屋租金收入的 5%计提营业税，按营业税的 7%计提城市维护建设税，按营业税的 3%计提教育费附加，见表 1－7－6。

表 1－7－6 **教育费附加及城市维护建设税计提表**

2006 年 12 月 4 日

	项 目	金 额（元）	备 注
1	房屋租金收入		
2	本项应交营业税（5%）		
3	城市维护建设税、教育费附加的计税金额		
4	本月应交城市维护建设税（7%）		
5	本月应交教育费附加（3%）		
6	合计		

制表：许建国 审核：吴珍

（6）6 日，向广州光明乳业股份公司出售香精（材料）50 千克，每千克 40 元（收支票），见表 1－7－7。

表 1-7-7（1/3）

广东增值税专用发票

№ 02548243

此联不作报销、扣税凭证使用　　开票日期：2006 年 12 月 6 日

购货单位	名称：广州光明乳业股份公司 纳税人识别号：440102387861914 地址电话：广州白云区景泰路 182 号 开户行及账号：工行景泰路办 0198-0712-8231	密码区	3<>20-3+8+7<+5-2+487<加密版本号： 4>+6059/3477626-/-+/8> 23 1<12/5<1++/28220*49/0 3240023220 6>5<24->>3*05/>>92 07881134

货物或应税劳务名称	规格型号	单位	数量	单价	金额	税率	税额
香精		千克	50	40	2 000.00	17%	340.00
合计					2 000.00		340.00
价税合计（大写）	贰仟叁佰肆拾元整				（小写）￥2 340.00		

销货单位	名称：广州燕塘乳业有限责任公司 纳税人识别号：440102312561912 地址电话：广州天河区燕路 182 开户行及账号：0142-0316-8432	备注	

收款人：罗方　　复核：吴珍　　开票人：许建国　　销货单位（章）

第三联：记账联　销货方记账凭证

表 1-7-7（2/3）

中国工商银行转账支票

№ 1526428

出票日期（大写）贰零零陆年壹拾贰月零陆日　　付款行名称：工行景泰路办

收款人：广州燕塘乳业有限责任公司　　出票人账号：0198-0712-8231

本支票付款期限十天

人民币（大写）	贰仟叁佰肆拾元整	千	百	十	万	千	百	十	元	角	分
						￥	2	3	4	0	0	0

用途 货款

上列款项请从我账户内支付

出票人签章

广州光明乳业股份公司财务专用章

科目（借）……

对方科目（贷）……

复核　　记账

出纳 安广

表 1－7－7（3/3）

银　行　进账单 3

（回单或收账通知）

年　月　日

<table>
<tr><td rowspan="3">收款人</td><td>全　称</td><td colspan="10"></td></tr>
<tr><td>账　号</td><td colspan="10"></td></tr>
<tr><td>开户银行</td><td colspan="10"></td></tr>
<tr><td rowspan="2" colspan="2">人民币</td><td>千</td><td>百</td><td>十</td><td>万</td><td>千</td><td>百</td><td>十</td><td>元</td><td>角</td><td>分</td></tr>
<tr><td></td><td></td><td></td><td></td><td></td><td></td><td></td><td></td><td></td><td></td></tr>
<tr><td rowspan="3">付款人</td><td>全　称</td><td colspan="10"></td></tr>
<tr><td>账　号</td><td colspan="10"></td></tr>
<tr><td>开户银行</td><td colspan="10"></td></tr>
<tr><td colspan="2">款项来源</td><td colspan="10"></td></tr>
<tr><td colspan="12">收款人开户行盖章</td></tr>
</table>

银　行　进账单（贷方凭证）2

年　月　日

<table>
<tr><td rowspan="2" colspan="2">收款人</td><td colspan="2">全　称</td><td colspan="16"></td></tr>
<tr><td colspan="2">开户银行</td><td colspan="5"></td><td colspan="3">账号</td><td colspan="8"></td></tr>
<tr><td colspan="2">款项来源</td><td colspan="18"></td></tr>
<tr><td rowspan="2">合计金额</td><td colspan="9" rowspan="2">人民币（大写）：</td><td>千</td><td>百</td><td>十</td><td>万</td><td>千</td><td>百</td><td>十</td><td>元</td><td>角</td><td>分</td></tr>
<tr><td></td><td></td><td></td><td></td><td></td><td></td><td></td><td></td><td></td><td></td></tr>
<tr><td rowspan="2">付款人名称或账号</td><td colspan="8">金　额</td><td rowspan="2">付款人名称或账号</td><td colspan="8">金　额</td><td rowspan="5" colspan="2">对方科目：

复核　记账</td></tr>
<tr><td>百</td><td>十</td><td>万</td><td>千</td><td>百</td><td>十</td><td>元</td><td>角</td><td>分</td><td>百</td><td>十</td><td>万</td><td>千</td><td>百</td><td>十</td><td>元</td><td>角</td><td>分</td></tr>
<tr><td></td><td></td><td></td><td></td><td></td><td></td><td></td><td></td><td></td><td></td><td></td><td></td><td></td><td></td><td></td><td></td><td></td><td></td><td></td><td></td></tr>
<tr><td></td><td></td><td></td><td></td><td></td><td></td><td></td><td></td><td></td><td></td><td></td><td></td><td></td><td></td><td></td><td></td><td></td><td></td><td></td><td></td></tr>
<tr><td></td><td></td><td></td><td></td><td></td><td></td><td></td><td></td><td></td><td></td><td></td><td></td><td></td><td></td><td></td><td></td><td></td><td></td><td></td><td></td></tr>
</table>

（7）结转上项销售材料的成本，假设香精每千克成本为 35 元，见表 1－7－8。

表 1－7－8

销售材料成本计算表

2006 年 12 月 6 日

材料名称	销售数量	单位成本	销售总成本

制表：　　　　　　　　　　　　审核：

（8）5 号，收到汕头市华新有限责任公司货款，见表 1－7－9。

表 1－7－9

托 收 凭 证（汇款依据或收款通知） 4

委托日期 2006 年 12 月 2 日　　付款期限 2006 年 12 月 5 日

业务类型		委托收款（□邮划　□电划）　托收承付（□邮划　□电划）			
付款人	全　称	汕头市华新有限责任公司	收款人	全　称	广州燕塘乳业有限责任公司
	账号	0015－1018－8283		账　号	0142－0316－8432
	开户银行	汕头工行太平路办		开户银行	广州市工行燕岭路办
托收金额	人民币（大写）	壹拾万零肆佰伍拾元整		千百十万千百十元角分	¥ 1 0 0 4 5 0 0 0
款项内容	货款	托收凭据名称 发票、运单	托收承付	附寄单证张数	3 张
商品发运情况	已发运		合同名称号码		
备注： 复核　记账			上列款项已划回收入你方账户内 收款人开户银行签章 年　月　日		中国工商银行汕头分行 太平路办 2006. 12. 02 （21）

（9）8 日，向广州太白商场销售高钙低脂奶 1 000 箱，单价 45 元，价款 45 000 元，增值税 7 650 元；销售纯牛奶 1 000 箱，单价 40 元，价款 4 万元，增值税 6 800 元，收支票（99 450 元），见表 1－7－10。

表 1－7－10（1/4）

广东增值税专用发票

№ 02548244

此联不作报销、扣税凭证使用　　开票日期：2006 年 12 月 8 日

购货单位	名　　称：广州太白商场 纳税人识别号：440105738928083 地 址 电 话：广州北京路 82 号 开户行及账号：工行景泰路办 0015－1018－8971			密码区	3<>20－3＋8＋7<＋5－2＋487<加密版本号： 4>＋6059/3477626－/－＋/8> 23 1<12/5<1＋＋/28220＊49/0　3240023220 6>5<24－>>3＊05/>>92　07881134			
货物或应税劳务名称	规格型号	单位	数　量	单　价	金　额	税率	税　额	
高钙低脂奶	250 毫升	箱	1 000	45	45 000.00	17%	7 650.00	
纯牛奶	250 毫升	箱	1 000	40	40 000.00	17%	6 800.00	
合　计					85 000.00		14 450.00	
价税合计（大写）	玖万玖仟肆佰伍拾元整				（小写）¥ 99 450.00			
销货单位	名　　称：广州燕塘乳业有限责任公司 纳税人识别号：440102312561912 地 址 电 话：广州天河区燕路 182 开户行及账号：0142－0316－8432			备注				

第三联：记账联　销货方记账凭证

收款人：罗方　　复核：吴珍　　开票人：许建国　　销货单位（章）

表 1－7－10（2/4）

出　库　单

提货部门：　　　　　　年　月　日　　　　　No．0067147

产品			单位	数量	单价	成本总额							产品明细账		说明
编号	名称	规格				万	千	百	十	元	角	分	页	号	

第三联：记账

部门主管　　会计　　记账　　保管　　提货人　　制单

表 1－7－10（3/4）

中国工商银行　转账支票

№ 24698264

本支票付款期限十天

出票日期（大写）贰零零陆年壹拾贰月零捌日　　付款行名称：工行景泰路办

付款人：广州燕塘乳业有限责任公司　　出票人账号：0015－1018－8971

人民币（大写）	玖万玖仟肆佰伍拾元整	千	百	十	万	千	百	十	元	角	分
				¥	9	9	4	5	0	0	0

用途 货款　　科目（借）……

上列款项请从　　对方科目（贷）……

我账户内支付　　复核　　记账

出票人签章

广州太白商场财务专用章　　出纳 赵芳

表 1－7－10（4/4）

银行　进账单　3

（回单或收账通知）

年　月　日

收款人	全　称										
	账　号										
	开户银行										
人民币	千	百	十	万	千	百	十	元	角	分	
付款人	全　称										
	账　号										
	开户银行										
款项来源											
收款人开户行盖章											

年　月　日

银行　进账单（贷方凭证）2

收款人	全　称									
	开户银行		账号							
款项来源										
合计金额	人民币（大写）：	千	百	十	万	千	百	十	元	角	分

付款人名称或账号	金额 百	十	万	千	百	十	元	角	分	付款人名称或账号	金额 百	十	万	千	百	十	元	角	分	对方科目：
																				复核　记账

(10) 9 日，办公室主任何庆出差回来，报销差旅费 4 480 元，余款 520 元退回，见表 1－7－11。

表 1－7－11 (1/2)

旅差费报销单

单位名称

填报日期:2006 年 12 月 9 日

姓名	何庆	出差地点	北京	出差日期	自 *2004* 年 *12* 月 *1* 日 至 *2004* 年 *12* 月 *7* 日
事由	公差				

日期			起讫地点		车船费		在途补助			住勤补助			杂(宿)费	备注
年	月	日	起	讫	类别	金额	行程时间	标准	金额	日数	标准	金额		
2004	*12*	*2*	广州	北京		*1 500 00*	小时			*7*	*40*	*280 00*	*1 000 00*	
	12	*7*	北京	广州		*1 500 00*	小时						*200 00*	
							小时							
							小时							
以上单据共 *10* 张　总计金额人民币(大写)零万肆仟肆佰捌拾零元零角零分													经领人盖章	何庆
预支旅费人民币 ¥ *5 000* 元,交回现金人民币 ¥ *520* 元														

主管 何庆　　审核 许建国　　出纳 罗方　　填报人 何庆

表 1－7－11 (2/2)

现金收入凭单

第　号

对方科目编号	

附件 10 张　　2006 年 12 月 9 日

用款事项:交回多余差旅费

现金收讫

人民币(大写):伍佰贰拾元整　　¥ *520.00*

交款人	主管	会计	出纳员
何庆	人员:吴珍	人员:许建国	付讫 罗方
(签章)	(签章)	(签章)	(签章)

(11) 10 日,向广州东山百货公司出租货车,收到本月租金 1 000 元,见表 1－7－12。

表 1－7－12（1/3）

广东省广州市地方税收税控专用发票

地税监
440120367

查询电话：（020）87023653　　查询号码：19134339911
顾客名称：广州东山百货公司　　校对号码：19134339911
开票日期：2006.12.10　税控器号：030060097601　　税控防伪码：347A5042721B967C

经营项目	收费说明	金额
自有货车	2006年12月租金	1 000.00
合计人民币（大写）壹仟元整		¥1 000.00
收款单位：广州燕塘乳业有限责任公司	备注	广州燕塘乳业有限责任公司 440102312561912 发票专用章
税务登记号：440102312561912		
地址及电话：广州天河区燕岭路182号		

第三联：记账联

开票人：朱思　　收款人：李红　　收款单位（盖章）：

说明：1. 本发票适用于使用发票税控管理器的业户；
2. “校对号码”必须与“查询号码”前四位和后七位号码相一致；必须打印“税控防伪码”；否则属于无效发票。

表 1－7－12（2/3）

中国工商银行转账支票

№ 2159876

出票日期（大写）贰零零陆年壹拾贰月零壹拾日　　付款行名称：广州市工行东山路办
收款人：广州燕塘乳业有限责任公司　　出票人账号：0411－2313－9942

人民币（大写）	壹仟元整	千	百	十	万	千	百	十	元	角	分
					¥	1	0	0	0	0	0

本支票付款期限十天

用途 租金　　科目（借）
上列款项请从　　对方科目（贷）
我账户内支付　　复核　记账
出票人签章

广州东山百货财务专用章　　出纳 林丽

表 1－7－12（3/3）

银 行 进账单（回单或收账通知） 3

年 月 日

收款人	全　称	
	账　号	
	开户银行	
人民币	千百十万千百十元角分	
付款人	全　称	
	账　号	
	开户银行	
款项来源		
收款人开户行盖章		

银 行 进账单（贷方凭证） 2

年 月 日

收款人	全　称		
	开户银行		账号
款项来源			
合计金额	人民币（大写）：	千百十万千百十元角分	
付款人名称或账号	金　额（百十万千百十元角分）	付款人名称或账号	金　额（百十万千百十元角分）

对方科目：

复核　记账

（12）10 日，按货车租金收入的 5% 计提营业税，按营业税的 7% 计提城市维护建设税，按营业税的 3% 计提教育费附加，见表 1－7－13。

表 1－7－13　教育费附加及城市维护建设税计提表

2006 年 12 月 10 日

	项　目	金　额（元）	备　注
1	货车租金收入		
2	本项应交营业税（5%）		
3	城市维护建设税、教育费附加的计税金额		
4	本月应交城市维护建设税（7%）		
5	本月应交教育费附加（3%）		
6	合　计		

制表：许建国　　　　审核：吴珍

（13）10 日，向佛山玫瑰商场销售高钙低脂奶 1 000 箱，单价 45 元，价款 45 000 元，增税 7 650 元；纯牛奶 500 箱，单价 40 元，价款 2 万元，增值税 3 400 元，代垫运费 500 元（现金），办妥委托收款手续，见表 1－7－14。

表 1－7－14（1/5）

广东增值税专用发票

№ 02548245

此联不作报销、扣税凭证使用　　开票日期：2006 年 12 月 10 日

购货单位	名　　称：佛山玫瑰商场 纳税人识别号：440401527419217 地 址 电 话：佛山市中华路 205 号 开户行及账号：工行中华路办 0492－9837－4271	密码区	3 <> 20－3＋8＋7 <＋5－2＋487 < 加密版本号： 4 > ＋6059/3477626－/－＋/8 > 23 1 < 12/5 < 1＋＋/28220＊49/0　3240023220 6 > 5 < 24－>> 3＊05/ >> 92　07881134

货物或应税劳务名称	规格型号	单位	数　量	单　价	金　额	税率	税　额
高钙低脂奶	250 毫升	箱	1 000	45.00	45 000.00	17%	7 650.00
纯牛奶	250 毫升	箱	500	40.00	20 000.00	17%	3 400.00
合　计					65 000.00		11 050.00
价税合计（大写）	柒万陆仟零伍拾元整				（小写）￥76 050.00		

销货单位	名　　称：广州燕塘乳业有限责任公司 纳税人识别号：440102312561912 地 址 电 话：广州天河区燕岭路 182 开户行及账号：0142－0316－8432	备注	

收款人：罗方　　复核：吴珍　　开票人：许建国　　销货单位（章）

第三联：记账联　销货方记账凭证

表 1－7－14（2/5）

广州市货物托运业专用发票

发　票　联

地税　01 乙　№ 1218960

（印章：全国统一发票监制章　贵阳　国家税务总局监制）

委托单位 委 托 人　广州市顺风运输有限责任公司　　到站：佛山市　　运单号 3678

货物名称	件数	重量	包装	代垫费用								托运费用							
				项目	万	千	百	十	元	角	分	项目	万	千	百	十	元	角	分
				铁路								服务费							
				公路			5	0	0	0	0	仓储保管费							
				空运								包装费							
				水运								搬倒理货费							
记事：												退运手续费							
				保险费															
				合　计		￥	5	0	0	0	0	合　计							
总计大写	伍佰元整																		

（印章：广州顺风运输有限公司　440104289780120　发票专用章）

收款单位盖章：　　经办人：赵明明　　2006 年 12 月 1 日

第二联　发票联

表 1－7－14（3/5）

出库单

提货部门： 年 月 日 No 0067148

产品			单位	数量	单价	成本总额							产品明细账		说明
编号	名称	规格				万	千	百	十	元	角	分	页	号	

第三联：记账

部门主管 会计 记账 保管 提货人 制单

表 1－7－14（4/5）

现金支出凭单

第 1 号

附件 1 张 2006 年 12 月 1 日

对方科目编号	

用款事项：代垫运费

现金付讫

人民币（大写）：伍佰元整 ¥500.00

收款人	主管人员：吴珍	会计人员：许建国	出纳员付讫 罗方
胡雨（签章）	（签章）	（签章）	（签章）

表 1－7－14（5/5）

托收凭证（受理回单） 1

委托日期 年 月 日

业务类型	委托收款（□邮划 □电划） 托收承付（□邮划 □电划）				
付款人	全称		收款人	全称	
	账号			账号	
	开户银行			开户银行	
托收金额	人民币（大写）				千 百 十 万 千 百 十 元 角 分
款项内容	货款	托收凭据名称		托收承付	附寄单证张数 3 张
商品发运情况	已发运		合同名称号码		7491
备注： 复核 记账		款项收妥日期 年 月 日		收款单位开户银行盖章 年 月 日	

（14）银行结算手续费 100 元，见表 1－7－15。

表 1－7－15

工商银行广州分行
付款通知书

网点号：1901　　　　交易代码：23024　　　　日期：2006/12/10

单位名称：广州燕塘乳业有限责任公司			
账号：0142－0316－8432			
摘要：结算金额： 邮电费：5.00 手续费：95.00			
		金额合计：	¥100.00
金额合计：（大写）	人民币壹佰元整		

中国工商银行广州分行 燕岭路办 2006.12.10 （21）

第二联　回单

注：此付款通知书加盖我行业务公章方有效。

流水号：01042　　　　经办：1673

（15）13 日，税收罚款 2 000 元，见表 1－7－16。

表 1－7－16

中华人民共和国
税收通用完税证

（国）

纳税人编码 78481236　　　　（2006）穗国完电 № 4036472

注册类型：国内企业　　填发日期：2006 年 12 月 13 日　　征收机关：天河区国税局管理一科

纳税人代码	440102312561912			地址	广州天河区燕路 182 号		
纳税人名称	广州燕塘乳业有限责任公司		税款所属时期	2006 年 10 月 31 日至 2006 年 11 月 30 日			
税种	品目名称	课税数量	计税金额或销售收入	税率或单位税额	已缴或扣除额	实缴金额	
税务部门其他罚没收入	罚没收入		0.00	0%		¥2 000.00	
金额合计	（大写）贰仟元整		¥2 000.00				
税务机关 （盖章）	委托代征单位 （盖章）	填票人（章） 戴翠娟	备注	其他部门查补罚没　行为罚款 4036398 442804000003137558 穗国税计征局天河征收科			

广州天河区国税局 财务专用章

第一联（收据）收款盖章后退纳税单位（人）

（16）15 日，销售部主任马俊报销出租汽车费 250 元，见表 1－7－17。

表 1－7－17（1/2）

现金支出凭单　　　　第　　号

附件　18　张　　　　2006 年 12 月 15 日

对方科目编号	

用款事项：报销出租车票

现金付讫

人民币（大写）：贰佰伍拾元整　　　　¥ 250.00

交款人（签章）	主管人员（签章）	会计人员（签章）	出纳员付讫（签章）
马俊	吴珍	许建国	罗方

表 1－7－17（2/2）

广东省广州市出租汽车统一车票
GD.GUANGZHOU TAXI RECEIPT
发 票 联
440122053
E 交 2— $_{ON}^{1}$ **0793**$_{TO}^{2}$ **4**$_{NN}^{9}$
监督电话：
此发票手写无效

电话	89008277
车号粤	A－A3171
证号	111111
日期	2006 年 12 月 08 日
上车	11:53
下车	21:01
单价	2.60 元
里程	2.80km
候时	00:02:28
金额	10.00 元
卡号	--------

广州出租汽车公司 440104577896511 发票专用章

广州市人民印刷厂印制　电话：83383163

广东省广州市出租汽车统一车票
GD.GUANGZHOU TAXI RECEIPT
发 票 联
越金轮 01— **2914547**
监督电话：

电话	83600000
车号粤	AEX316
证号	0008
日期	2006－12－10
上车	13:47
下车	13:55
单价	2.60 元
里程	2.74km
候时	00:02:20
金额	10.00 元
卡号	--------

广州出租汽车公司 440104577896511 发票专用章

广州市人民印刷厂印制　电话：73383163

其余发票略

（17）18 日，广告费 2 万元（支票），见表 1－7－18。

表 1－7－18（1/2）

广州日报社广告业专用发票

发　票　联

123001123135

国税　№ 25443592

2006 年 12 月 18 日

顾客名称：

项　目	单位	数量	单价	超过万元无效	十万	万	千	百	十	元	角	分
广　告　费						2	0	0	0	0	0	0
合计人民币（大写）拾贰万零仟零佰零拾零元零角零分				合计	¥	2	0	0	0	0	0	0

第二联　顾客报账

广州日报社 4401019513153213 发票专用章

填票人 黄杰　　　收款人 张志　　　开票收款单位(盖章)

表 1－7－18（2/2）

中国工商银行

转账支票存根

支票号码　No.

附加信息

出票日期　年　月　日

收款人：

金额：

用途：

单位主管：　会计：

支票号码 No.

中国工商银行转账支票

出票日期(大写)　年　月　日　　付款行名称：

收款人：　　出票人账号：

本支票付款期限十天

人民币（大写）：	亿	千	百	十	万	千	百	十	元	角	分

用途：

上列款项请从

我账户内支付

出票人签章

复核　　记账

（18）19 日，收到佛山玫瑰商场账款，见表 1－7－19。

表 1－7－19

托 收 凭 证（汇款依据或收款通知）　4

委托日期 2006 年 12 月 10 日　　付款期限 2006 年 12 月 19 日

业务类型		委托收款（□邮划　□电划）　托收承付（□邮划　□电划）			
付款人	全　称	佛山玫瑰商场	收款人	全　称	广州燕塘乳业有限责任公司
	账号	0492－9837－4271		账　号	0142－0316－8432
	开户银行	工行中华路办		开户银行	广州市工行燕岭路办
托收金额	人民币（大写）	柒万陆仟伍佰伍拾元整		千百十万千百十元角分	¥ 7 6 5 5 0 0 0
款项内容	货款	托收凭据名称	发票、运单	附寄单证张数	3 张
商品发运情况	已发运			合同名称号码	7491
备注： 复核　记账		上列款项已划回收入你方账户内 收款人开户银行签章 年　月　日			

中国工商银行佛山分行 中华路办 2006.12.10 （21）

（19）20 日，向希望工程捐款 2 万元（支票），见表 1－7－20。

表 1－7－20（1/2）

广东省行政事业单位非经营收入发票

发　票　联

粤地（99122）
No.6196758

顾客名称及地址：广州燕塘乳业有限责任公司　　2006 年 12 月 20 日填发

项　目	单位	数量	收费标准	金额（万千百十元角分）	备注
捐款				2 0 0 0 0 0 0	
			超过拾万元无效		
合计人民币（大写）	贰万零仟零佰零拾零元零角零分			2 0 0 0 0 0 0	

广州市民政局 发票专用章

开票人：江小红　　收款人：林梅　　开票单位及地址　（盖章）

表 1-7-20（2/2）

中国工商银行 转账支票存根 支票号码 No. 附加信息 出票日期 年 月 日 收款人： 金额： 用途： 单位主管： 会计：	支票号码 No. **中国工商银行转账支票** 出票日期（大写） 年 月 日 付款行名称： 收款人： 出票人账号： 本支票付款期限十天 人民币（大写）： 亿 千 百 十 万 千 百 十 元 角 分 用途： 上列款项请从我账户内支付 出票人签章 复核 记账

（20）21 日，向梅州市好又多商场销售高钙低脂奶 1 000 箱，每箱 45 元价款 45 000 元，增值税 7 650 元；纯牛奶 1 000 箱，每箱 40 元，价款 4 万元，增值税 6 800 元，收商业承兑汇票（期限 3 个月），见表 1-7-21。

表 1-7-21（1/3） **广东增值税专用发票** № 02548246

此联不作报销、扣税凭证使用 开票日期：2006 年 12 月 21 日

购货单位	名称：梅州市好又多商场 纳税人识别号：440503764898341 地址电话：梅州市三华路 135 号 开户行及账号：工行三华路办 5012-5361-2517				密码区	3<>20-3+8+7<+5-2+487<加密版本号： 4> +6059/3477626-/- +/8> 23 1<12/5<1+ +/28220*49/0 3240023220 6>5<24- > >3*05/ > >92 07881134		
货物或应税劳务名称	规格型号	单位	数量	单价	金额	税率	税额	
高钙低脂奶	250 毫升	箱	1 000	45	45 000.00	17%	7 650.00	
纯牛奶	250 毫升	箱	1 000	40	40 000.00	17%	6 800.00	
合计					85 000.00		14 450.00	
价税合计（大写）	玖万玖仟肆佰伍拾元整				（小写）¥99 450.00			
销货单位	名称：广州燕塘乳业有限责任公司 纳税人识别号：440102312561912 地址电话：广州天河区燕岭路 182 开户行及账号：0142-0316-8432				备注			

第三联：记账联 销货方记账凭证

收款人：罗方 复核：吴珍 开票人：许建国 销货单位：（章）

表 1-7-21（2/3）

出 库 单

提货部门： 年 月 日 **No 0067149**

产品			单位	数量	单价	成本总额							产品明细账		说明
编号	名称	规格				万	千	百	十	元	角	分	页	号	

第三联：记账

部门主管 会计 记账 保管 提货人 制单

表 1-7-21（3/3）

商业承兑汇票（存根） 3

出票日期（大写） 贰零零陆年 壹拾贰月贰拾壹日 汇票号码：3229

付款人	全称	梅州市好又多商场	收款人	全称	广州燕塘乳业有限责任公司
	账号	5012-5361-2517		账号	0142-0316-8432
	开户银行	梅州市工行三华路办		开户银行	广州市工行燕岭路办
出票金额	人民币（大写）玖万玖仟肆佰伍拾元整			千百十万千百十元角分	¥ 9 9 4 5 0 0 0
汇票到期日（大写）	贰零零柒年零叁月贰拾壹日		付款人开户行	账号	
				地址	
交易合同号：03115			备注：		
中国工商银行梅州分行 三华路办 2006. 12. 21 （21） 出票人签章					

（21）25 日，向湛江大兴商场销售高钙低脂奶 2 000 箱，每箱 45 元，价款 9 万元，增值税 15 300 元；纯牛奶 2 000 箱，每箱 40 元，价款 8 万元，增值税 13 600 元，另代垫运费 700 元（现金），收银行承兑汇票（面值 198 900 元，期限两个月），见表 1-7-22。

表 1－7－22（1/6）

广东增值税专用发票

№ 02548247

此联不作报销、扣税凭证使用　　开票日期：2006 年 12 月 25 日

购货单位	名　　称：湛江大兴商场 纳税人识别号：440603433107282 地 址 电 话：湛江市霞光路 35 号 开户行及账号：工行霞光路办 2093－3546－2173	密码区	3<>20－3＋8＋7<＋5－2＋487<加密版本号: 4>＋6059/3477626－/－＋/8>　23 1<12/5<1＋＋/28220＊49/0　3240023220 6>5<24－>>3＊05/>>92　07881134

货物或应税劳务名称	规格型号	单位	数　量	单　价	金　　额	税率	税　　额
高钙低脂奶	250 毫升	箱	2 000	45	90 000.00	17％	15 300.00
纯牛奶	250 毫升	箱	2 000	40	80 000.00	17％	13 600.00
合　计					170 000.00		28 900.00
价税合计（大写）	壹拾玖万捌仟玖佰元整				（小写）¥ 198 900.00		

销货单位	名　　称：广州燕塘乳业有限责任公司 纳税人识别号：440102312561912 地 址 电 话：广州天河区燕岭路 182 开户行及账号：0142－0316－8432	备注	

收款人：罗方　　复核：吴珍　　开票人：许建国　　销货单位（章）

第三联：记账联　销货方记账凭证

表 1－7－22（2/6）

广州市货物托运业专用发票

发　票　联

地税

01 乙

№ 1218960

（国家税务总局监制）

委托单位
委 托 人　广州市顺风运输有限责任公司　　到站：湛江市　　运单号 3723

货物名称	件数	重量	包装	代垫费用								托运费用							
				项目	万	千	百	十	元	角	分	项目	万	千	百	十	元	角	分
				铁路								服务费							
				公路			7	0	0	0	0	仓储保管费							
				空运								包装费							
				水运								搬倒理货费							
记事：												退运手续费							
				保险费															
				合　计		¥	7	0	0	0	0	合　计							
总计大写	柒佰元整																		

（印章：广州顺风运输有限公司 440104289780120 发票专用章）

收款单位盖章：　　经办人：赵明明　　2006 年 12 月 25 日

第二联　发票联

表 1－7－22 (3/6)

现 金 支 出 凭 单　　　　第　　号

附件　1　张　　　　2006 年 12 月 25 日

对方科目 编　　号	

用　款
事　项：代垫运费

人民币
(大写) 柒佰元整　　　¥ 700.00

现金付讫

收款人	主管 人员：吴珍	会计 人员：许建国	出纳员 付　讫 罗方
(签章)	(签章)	(签章)	(签章)

表 1－7－22 (4/6)

出　库　单

提货部门：　　　　　　年　月　日　　　　No. 0067147

产品			单位	数量	单价	成本总额							产品明细账		说明
编号	名称	规格				万	千	百	十	元	角	分	页	号	

第三联：记账

部门主管　　　会计　　　记账　　　保管　　　提货人　　　制单

表 1－7－22 (5/6)

银行承兑汇票　(存根)　2

出票日期贰零零陆年　壹拾贰月贰拾伍日　　　汇票号码:2320
(大写)

付款人	全　称	湛江市大兴商场	收款人	全　称	广州燕塘乳业有限责任公司
	账　号	2093－3546－2173		账　号	0142－0316－8432
	开户银行	湛江市工行霞光路办		开户银行	广州市工行燕岭路办

出票金额	人民币 (大写)壹拾玖万玖仟陆佰元整	千	百	十	万	千	百	十	元	角	分
			¥	1	9	9	6	0	0	0	0

汇票到期日 (大写)	贰零零柒年零叁月贰拾壹日	付款人 开户行	账号 地址
承兑协议编号:359		本汇票已经承对，到期由本行付款。 承兑行签章 承兑日期 年　月　日	复核　记账
本汇票请你行承兑，到期无条件付款。 出票人签章			

中国工商银行湛江分行
霞光路办
2006. 12. 25
(21)

表 1-7-22(6/6)

银行承兑协议　　1

编号:359

银行承兑汇票的内容:

出票人全称湛江市大兴商场　　收款人全称广州燕塘乳业有限责任公司

开户银行湛江市工行霞光路办　　开户银行武汉市建行江汉路办

账　　号2093-3546-2173　　账　　号0142-0316-8432

汇票号码2320　　汇票金额(大写)壹拾玖万玖仟陆佰元整

出票日期 2006 年 12 月 25 日　　到期日期 2007 年 2 月 25 日

以上汇票经银行承兑,出票人愿遵守《支付结算办法》的规定及以下列条款:

一、出票人于汇票到期日前将应付票款足额承兑银行。

二、承兑手续费按票面金额千分之(　)计算,在银行承兑时一次付清。

三、出票人与持票人如发生任何交易纠纷,均由其双方自行处理,票款于到期前仍按第一条办理不误。

四、承兑汇票到期日,承兑银行凭票无条件支付票款。如到期日之前出票人不能足额交付票款时,承兑银行对不足支付部分的票款作出票申请人逾期贷款,并按照有关规定计收罚息。

五、承兑汇票款付清后,本协议自动失效。

霞光路办事处
2006. 12. 25

承兑银行签章

湛江市大兴商场
财务专用章

出票人签章

订立承兑协议日期 2006 年 12 月 25 日

(22) 29 日,收到投资单位深圳大华乳业股份有限公司分来利润 5 万元(已纳 33%的所得税),见表 1-7-23。

表 1-7-23

中国工商银行信汇凭证(收账通知)　　4

委托日期 2006 年 12 月 29 日

汇款人	全　称	深圳大华乳业股份有限公司			收款人	全　称	广州燕塘乳业有限责任公司		
	账号或住址	0527-3546-1620				账号或住址	0142-0316-8432		
	汇出地点	深圳市	汇出行全称	工商银行南山办		汇入地点	广州市	汇入行全称	工行燕岭路办

金额	人民币(大写)	伍万元整	百	十	万	千	百	十	元	角	分
				¥	5	0	0	0	0	0	0

款项已汇入收款人账户	支付密码
中国工商银行深圳分行 南山办 2006. 12. 29 (21)	附加信息及用途: 投资利润
汇入行签章	复核　　记账

此联给收款人的收账通知

（23）31 日，计提销售产品应交的城市维护建设税、应交教育费附加（为简化核算，销售材料应交的税金一并计算，假设本月进项税额为 8 万元），见表 1－7－24。

表 1－7－24　**教育费附加及城市维护建设税计提表**

2006 年 12 月 31 日

	项　　目	金　　额(元)	备　　注
1	本月销项税额		
2	本月进项税额	80 000	
3	本月应交增值税		
4	计税依据(3)		
5	本月应交城市维护建设税(7%)		
6	本月应交教育费附加(3%)		

制表：许建国　　　　审核：吴珍

（24）12 月 31 日，结转销售产品成本（假设高钙低脂牛奶每箱成本为 35 元，纯牛奶每箱为 32 元），见表 1－7－25。

表 1－7－25　**销售产品成本计算表**

2006 年 12 月 31 日　　　　金额：元

产品名称	销售数量	单位成本	销售总成本

制表：许建国　　　　审核：吴珍

（25）24 日，结转 1—12 月损益类账户贷方余额，见表 1－7－26。

表 1－7－26　**内 部 转 账 单**

2006 年 12 月 31 日　　　　金额：元

应借科目	应贷科目	金　　额	备　　注

制表：许建国　　　　审核：吴珍

（26）结转 1—12 月损益类账户借方余额，见表 1－7－27。

表 1-7-27　　　　内部转账单

2006 年 12 月 31 日　　　　金额:元

应借科目	应贷科目	金　额	备　注

制表：许建国　　　　审核：吴珍

（27）计算 12 月所得税并结转全年所得税（假设所得税率为 33%，1—11 月没有调整项目），见表 1-7-28。

表 1-7-28（1/2）　　　　企业所得税计算表

年　月　日至　月　日　　　　单位：元

项　目	行　数	本月数
一、主营业务收入	1	
减：主营业务成本	4	
主营业务税金及附加	5	
二、主营业务利润	10	
加：其他业务利润（亏损以“-”号填列）	11	
营业费用	14	
管理费用	15	
财务费用	16	
三、营业利润（亏损以“-”号填列）	18	
加：投资收益（损失以“-”号填列）	19	
营业外收入	23	
减：营业外支出	25	
四、利润总额（亏损总额以“-”号填列）	27	
加：纳税调整增加额	28	+2 000.00
减：纳税调整减少额	29	-50 000.00
五、应纳税所得额	30	
适用税率	31	
六、应纳所得税额	32	

会计主管：　　　　审核：吴珍　　　　制表人：许建国

表 1-7-28（2/2）　　　　内部转账单

2006 年 12 月 31 日　　　　金额：元

应借科目	应贷科目	金　额	备　注

制表：许建国　　　　审核：吴珍

（28）结转本年净利润，见表 1-7-29。

表 1-7-29　**内 部 转 账 单**

2006 年 12 月 31 日　金额：元

应借科目	应贷科目	金额	备注

制表：许建国　审核：吴珍

（29）按本年净利润的 10%计提法定盈余公积，5%计提公益金，见表 1-7-30。

表 1-7-30　**法定盈余公积、公益金计提表**

2006 年 12 月 31 日　金额：元

全年税后净利润	法定盈余公积 10%	公益金（5%）	合计

制表：许建国　审核：吴珍

（30）按年末可供分配利润的 60%向投资者分配利润，见表 1-7-31。

表 1-7-31　**应付利润计算表**

2006 年 12 月 31 日

项　目	金　额	备　注
年初未分配利润		
+本年净利润		
-本年计提的盈余公积		
（法定盈余公积、公益金）		
年末可供分配利润		
-向投资者分配利（60%）		
年末未分配利润		

制表：　审核：

（31）结转利润分配明细账，见表 1-7-32。

表 1-7-32　**内 部 转 账 单**

2006 年 12 月 31 日

应借科目	应贷科目	金额	备注

制表：　审核：

实训八　会计报告岗位实训

一、实训目的

1. 了解会计报表岗位的职责。
2. 了解会计报表资料对不同的报表使用者具有的作用。
3. 掌握资产负债表、损益表的编制方法。
4. 能够利用会计报表的资料进行简要的报表分析。
5. 能够应用会计电算报表核算模块。

二、实训要求

1. 根据上述资料编制 2006 年 12 月 31 日的资产负债表和利润表。
2. 根据上述报表进行简要分析和评价。
3. 实习用纸：资产负债表 1 页，利润表 1 页。

三、实训资料

1. 广州市东江机械股份有限公司 2006 年初和年末有关账户余额见表 1 - 8 - 1。

表 1 - 8 - 1

科　　目	年初借方余额	年末借方余额
现金	2 705.20	2 564.00
银行存款	400 440.00	1 522 800.00
应收票据	237 460.00	425 256.00
应收账款	1 515 750.00	1 073 010.00
预付账款	211 500.00	179 300.00
其他应收款	206 564.80	211 500.00
待摊费用	6 000.00	6 820.00
原材料	1 078 650.00	2 147 960.00
包装物	21 150.00	10 130.00
低值易耗品	28 200.00	15 970.00
物资采购	64 860.00	330 786.80
生产成本	394 800.00	310 200.00
自制半成品	733 200.00	827 670.00
库存商品	606 300.00	465 300.00
长期债权投资	3 525 000.00	2 352 653.20
固定资产	4 004 400.00	4 230 600.00

续表

科目	年初借方余额	年末借方余额
在建工程	272 130.00	21 150.00
无形资产	191 054.80	177 070.00
长期待摊费用	126 195.20	115 620.00
合计	13 626 360.00	14 426 360.00
坏账准备	7 578.80	5 365.20
累计折旧	544 260.00	804 888.80
短期借款	846 000.00	1 128 000.00
应付票据	256 620.00	321 480.00
应付账款	338 400.00	352 500.00
预收账款	33 662.80	29 846.00
应付工资	608.40	0
应交税金	105 750.00	128 310.00
应付利润	48 000.00	60 000.00
其他应付款	249 570.00	286 230.00
预提费用	1 040.00	9 944.00
应付福利费	153 680.00	202 506.00
长期借款	3 925 000.00	3 902 000.00
长期应付款	6 276 000.00	618 700.00
实收资本	432 200.00	6 063 000.00
盈余公积	242 990.00	384 110.00
利润分配	165 000.00	129 480.00
合　　计	13 626 360.00	14 426 360.00

假定上述长期资产和长期负债中均无一年到期的资产和负债。

2. 2005 年、2006 年有关损益类账户数据如表 1 – 8 – 2 所示。

表 1 – 8 – 2

科目	2005 年	2006 年
主营业务收入	7 233 300.00	6 866 700.00
主营业务成本	4 731 960.00	4 794 000.00
主营业务税金及附加	473 100.00	424 650.00
营业费用	392 500.00	338 400.00
其他业务收入	305 800.00	147 880.00
其他业务支出	235 300.00	90 070.00
管理费用	255 702.00	290 956.00
财务费用	282 248.00	310 224.00
投资收益	50 280.00	65 380.00
营业外收入	372 515.00	253 800.00
营业外支出	212 405.00	239 703.00
所得税	551 674.00	432 184.00

第二单元

企业会计综合模拟实训

实训一　工业企业会计综合实训

一、实训目的

通过对制造业生产经营活动中所发生的经济业务的会计处理，使学生认识工业企业供应、生产、销售各环节发生经济业务所涉及的原始凭证，在掌握填制、运用、识别和审核原始凭证的能力的同时，掌握编制记账凭证、登记账簿、成本计算、编制会计报表等会计核算程序、方法和基本技能，从而培养学生具备处理中小企业会计核算全过程的实际操作技术和能力。

二、实训资料

（一）模拟实训企业基本资料

吉林省红钻汽车电器股份有限公司是一家为汽车制造企业配套生产零部件的小型股份有限公司。该企业为一般纳税人，主要产品为汽车电动玻璃重升降器、组合开关。企业设有一个基本生产车间（机加工车间），产品成本计算采用品种法，完工产品和在产品之间采用约当产量法进行费用分配。另设一辅助生产车间（机修车间），其发生的费用按修理工时采用直接法分配。材料按实际成本核算，发出材料的计价采用全月一次加权平均法；领用低值易耗品采用一次摊销法；包装物随同产品销售，不单独计价。

（二）模拟实训企业会计相关资料

1. 红钻汽车电器股份有限公司 2005 年 12 月 1 日有关总账及明细账余额，见表 2－1－1 至表 2－1－5。

表 2－1－1

总账科目	明细科目	借方金额		贷方金额	
		总账金额	明细账金额	总账金额	明细账金额
现　金		11 406.22			
	现金日记账		11 406.22		
银行存款		796 018.79			
	银行存款日记账		796 018.79		
应收账款		4 715 817.90			
	一汽集团采购部		2 350 000.00		
	一汽集团青岛汽车厂		2 345 817.90		
	湖北长陵汽车改装厂		20 000.00		
坏账准备				23 579.09	

续表

总账科目	明细科目	借方金额		贷方金额	
		总账金额	明细账金额	总账金额	明细账金额
其他应收款		44 421.21			
	水电费		1 580.00		
	托儿费		710.00		
	市运输公司		42 131.21		
原材料		400 599.90			
	原主材料		110 200.00		
	外协件		281 200.00		
	修理用备件		6 300.00		
	辅助材料		2 899.90		
库存商品		7 202 000.00			
	BX618		3 380 000.00		
	JK308		3 822 000.00		
包装物		110 908.99			
	包装箱		110 908.99		
低值易耗品		108 040.00			
待摊费用		55 997.14			
	保险费		55 195.00		
	报刊杂志费		802.14		
固定资产		9 136 761.00			
	生产用固定资产		6 321 568.00		
	非生产用固定资产		2 815 193.00		
累计折旧				1 318 050.00	
在建工程		735 105.66			
	技术改造工程		735 105.66		
无形资产		981 996.02			
	土地使用权		981 996.02		
短期借款				986 444.00	
应付账款				4 745 087.30	
	贵航万江机电厂				4 000 000.00
	山东省诸城四达				700 000.00
	长春薄板厂景兴物资经销处				45 087.30
应付福利费				218 851.10	
应交税金		31 073.84			
	未交增值税				188 440.84
	应交增值税		96 064.68		
	应交所得税		123 450.00		
其他应交款				46 346.16	
	应交教育费附加				46 346.16
其他应付款				97 094.65	
	存入保证金				97 094.65
预提费用				65 897.65	
	预提借款利息				65 897.65
长期借款				7 380 000.00	
股本				9 121 836.00	
盈余公积				82 320.24	
	法定盈余公积				41 160.12
	公益金				41 160.12
利润分配				244 640.48	
	未分配利润				244 640.48

表 2-1-2 **原材料明细账期初余额**

明细账户及材料品名	规　格	计量单位	结存数量	单　价	金　额
原料及主要材料					
冷轧板	2.0	公斤	7 000	4.00	28 000.00
紫铜板	0.3	公斤	4 500	5.00	22 500.00
铁　线	Φ 2.0	米	4 300	4.00	17 200.00
铜芯聚氯乙烯	Φ 0.5	米	5 000	0.50	2 500.00
钢　板	1.5	公斤	10 000	4.00	40 000.00
外购件					
电　机	618	件	2 000	130.00	260 000.00
滑轮轴	618	件	4 000	3.00	12 000.00
滚　筒	618	个	100	2.00	200.00
开关按键	308	套	3 000	1.00	3 000.00
开关壳体	308	个	3 000	2.00	6 000.00
辅助材料					
螺　母	1 306.174	个	6 630	0.23	1 524.90
自攻钉	3 × 12	个	5 000	0.015	75.00
护　套	140	个	10 000	0.13	1 300.00
修理用备件					
轴　承	Φ 25	个	10	230.00	2 300.00
钻　头	Φ 10	个	10	400.00	4 000.00

表 2-1-3 **库存商品明细账期初余额**

产品名称	计量单位	结存数量	单位成本	金额
BX618 电动玻璃升降器	只	13 000	260.00	3 380 000.00
JK308 组合开关	只	39 000	98.00	3 822 000.00

表 2-1-4 **低值易耗品、包装物明细账期初余额**

明细账户	规格型号	计量单位	结存数量	单　价	金　额
专用工具	K152	套	200	540.20	108 040.00
包装箱	大	个	2 537	24.77	62 841.49
	小	个	3 315	14.50	48 067.50

表 2-1-5 **2001 年 12 月份产量及工时消耗记录**

项　目	BX618 电动玻璃升降器	JK308 组合开关
本月投产	2 000	2 500
本月完工	1 800	2 500
月末在产品	200	—
完工程度	50%	—
生产工时消耗	57 000	60 000

2. 红钻汽车电器股份有限公司 2005 年 12 月份发生下列经济业务并取得相关原始凭证如下（见表 2－1－6 至表 2－1－58）：

表 2－1－6（1/2）

吉林增值税专用发票

№ 00071975

发　票　联

开票日期：2005 年 11 月 29 日

购货单位		密码区	
名　　称：吉林省红钻汽车电器股份有限公司 纳税人识别号：220801702428100 地 址 、电 话：白城市新华西大路 2 号 3322500 开户行及账号：工商银行靖安支行 21402490104300		密码区	（略）

货物或应税劳务名称	规格型号	单位	数　量	单　价	金　　额	税率	税　　额
螺母	1 306.174	个	903 500	0.213 675	193 055.56	17%	32 819.44
	1 306.174	个	104 000	0.213 675	22 222.22	17%	3 777.78
合　　计					¥ 215 277.78		¥ 36 597.22
价税合计（大写）	⊗贰拾伍万壹仟捌佰柒拾伍元整				（小写）¥ 251 875.00		

销货单位	备注
名　　称：中国第一汽车集团进出口公司 纳税人识别号：220106123911500 地 址 、电 话：长春市东风大街 99 号 0431－5905400 开户行及账号：省中行一汽支行 0180900800	

收款人：　　　　复核：　　　　开票人：马桂红　　　　销货单位：（章）

第二联：发票联　购货方记账凭证

表 2－1－6（2/2）

入　库　单

2005 年 12 月 1 日　　　　字第________号

品　名	规　格	单位	数　量	单　价	金　额	备注
螺母	1 366.174	个	1 007 500	0.213 675	215 277.78	

红钻有限公司　　　　负责人：李桂荣　　　　进货经手人：李红波

二联：财务

表 2－1－7（1/2）

贵州增值税专用发票

№ 00014058

发　票　联

开票日期：2005 年 11 月 29 日

购货单位		密码区	
名　　称：吉林省红钻汽车电器股份有限公司 纳税人识别号：220801702428100 地 址 、电 话：白城市新华西大路 2 号 0436－3322500 开户行及账号：中国工商银行靖安支行		密码区	（略）

货物或应税劳务名称	规格型号	单位	数　量	单　价	金　　额	税率	税　　额
电动升降器电机		件	2 000	130	260 000.00	17%	44 200.00
电动升降器电机		件	1 500	130	195 000.00	17%	33 150.00
电动升降器电机		件	1 000	130	130 000.00	17%	22 100.00
电动升降器电机		件	1 000	130	130 000.00	17%	22 100.00
		件	5 500	1.068 376	5 876.07	17%	998.93
合　　计					¥ 720 876.07		¥ 122 548.93
价税合计（大写）	⊗捌拾肆万叁仟肆佰贰拾伍元整				（小写）¥ 843 425.00		

销货单位	备注
名　　称：中国贵航集团万江机电厂 纳税人识别号：52011221460000X 地 址 、电 话：贵阳市高新技术开发区 24－8 号 6303300 开户行及账号：工行贵州省贵阳市红星路支行 00903500800	中国贵航集团万江机电厂 52011221460000X 发票专用章

收款人：　　　　复核：　　　　开票人：　　　　销货单位：（章）

第二联：发票联　购货方记账凭证

表 2－1－7（2/2）

入　库　单

2005 年 12 月 2 日　　　　字第＿＿＿＿号

品　　名	规　　格	单位	数　　量	单　　价	金　　额	备注
升降器电机	618	件	5 500	131.068 376	720 876.07	

红钻有限公司　　　负责人：李桂荣　　　进货经手人：李红波

二联：财务

表 2－1－8（1/3）

吉林增值税专用发票

№ 00367129

发　票　联

开票日期：2005 年 12 月 1 日

<table>
<tr><td colspan="4">名　　称：吉林省红钻汽车电器股份有限公司
纳税人识别号：220801702428100
地 址 、电 话：白城市新华西大路 2 号 3322500
开户行及账号：工商银行靖安支行 21402490104300</td><td>密码区</td><td colspan="3">（略）</td></tr>
<tr><td>货物或应税劳务名称</td><td>规格型号</td><td>单位</td><td>数　量</td><td>单　价</td><td>金　额</td><td>税率</td><td>税　额</td></tr>
<tr><td>冷板</td><td>0.8</td><td>吨</td><td>2.01</td><td>3 709.401709</td><td>7 455.90</td><td>17%</td><td>1 267.50</td></tr>
<tr><td></td><td>1.0</td><td>吨</td><td>1.884</td><td>3 547.008547</td><td>6 682.56</td><td>17%</td><td>1 136.04</td></tr>
<tr><td></td><td>08AL2.0</td><td>吨</td><td>1.319</td><td>3 760.683761</td><td>4 960.34</td><td>17%</td><td>843.26</td></tr>
<tr><td>合　　计</td><td></td><td></td><td></td><td></td><td>¥ 19 098.80</td><td></td><td>¥ 3 246.80</td></tr>
<tr><td>价税合计（大写）</td><td colspan="4">⊗贰万贰仟叁佰肆拾伍圆陆角整</td><td colspan="3">（小写）¥ 22 345.60</td></tr>
<tr><td colspan="4">名　　称：长春市薄板厂景兴物资经销处
纳税人识别号：220102124059600
地 址 、电 话：南关区景兴北街 16 号 2867600
开户行及账号：支行东大桥办 640－20120053－04</td><td>备注</td><td colspan="3"></td></tr>
</table>

收款人：郜守伟　　复核：　　开票人：王淑学　　销货单位：（章）

第二联：发票联　购货方记账凭证

（印章：全国统一发票监制章 国家税务总局监制；长春市薄板厂景兴物资经销处 发票专用章）

表 2－1－8（2/3）

中国工商银行电汇凭证（回单）　1

□普通　□加急　　　委托日期 2005 年 12 月 2 日

<table>
<tr><td rowspan="3">汇款人</td><td>全　称</td><td colspan="3">吉林省红钻汽车电器股份有限公司</td><td rowspan="3">收款人</td><td>全　称</td><td colspan="3">长春市薄板厂景兴物资经销处</td></tr>
<tr><td>账　号
或住址</td><td colspan="3">21402490104300</td><td>账　号
或住址</td><td colspan="3">649－20120053－00</td></tr>
<tr><td>汇　出
地　点</td><td>吉林省白城市</td><td>汇出行
全　称</td><td>市工商行
靖安支行</td><td>汇　入
地　点</td><td>吉林省
长春市</td><td>汇入行
全　称</td><td>工商银行
东大桥办</td></tr>
<tr><td>金额</td><td>人民币
（大写）</td><td colspan="6">贰万贰仟叁佰肆拾伍元陆角整</td><td colspan="2">百 十 万 千 百 十 元 角 分
¥ 2 2 3 4 5 6 0</td></tr>
<tr><td colspan="5">款项已汇入收款人账户

汇入行签章</td><td colspan="5">支付密码
附加信息及用途

复核　　　记账</td></tr>
</table>

此联汇出行给付款人的回单

表 2－1－8（3/3）

入 库 单

2005 年 12 月 2 日　　　字第________号

品　名	规　格	单位	数　量	单　价	金　额	备注
冷轧板	0.8	吨	2.01	3 709.401709	7 455.90	
冷轧板	1.0	吨	1.884	3 547.008547	6 682.56	
冷轧板	2.0	吨	1.319	3 760.683761	4 960.34	

二联：财务

红钻有限公司　　负责人：李桂荣　　进货经手人：李红波

表 2－1－9

借　　据

2005 年 12 月 3 日

原始凭证编号
借方：
贷方：

人民币捌佰元整

现金付讫

上款系赴长春出差　　　　¥ 800.00

领收人：董云波

负　责	姜开元	会　计	赵彩月	出　纳	陈可	复　核		经手人	

表 2－1－10

靖安支行

计付贷款利息（付款通知）②

No:10

账号 21402490104300			2005 年 12 月 4 日
名　称	红钻汽车电器股份有限公司		
日　期	2005.11.04－2005.12.04		
行　号	计 息 总 积 数	利率	利 息 金 额
2019	521 400 000.00	6.10500‰	106 104.90

中国工商银行白城市 靖安支行 2005.12.4 转讫 (2)

（银行盖章）注：长期借款利息已计提

表 2－1－11（1/2）

吉林省商业零售统一发票

白城　　№ 0134858

单位：红钻汽车电器股份有限公司　　2005 年 12 月 5 日

品名	单位	规格	数量	单价	金额 万	千	百	十	元	角	分	备注
产品介绍	册		2 000	1 250	2	5	0	0	0	0	0	
					2	5	0	0	0	0	0	
（金额）贰万伍仟零佰零拾零元零角零分　¥：25 000.00												

第二联　发票

收款人：田心　　销售单位（未盖章无效）张喜国

表 2－1－11（2/2）

中国工商银行
转账支票存根（吉）
ⅩⅡ03821018

附加信息

出票日期 2005 年 12 月 5 日

收款人：林海广告集团
金　额：　25 000.00
用　途：购产品介绍册

单位主管：杨修　　会计：王文

表 2－1－12（1/3）

吉林省增值税专用发票

№ 45896090

发　票　联

开票日期：2005 年 12 月 6 日

购货单位	名　　称：吉林省红钻汽车电器股份有限公司 纳税人识别号：220801702428100 地 址 电 话：白城市新华西路 2 号 开户行及账号：工行靖安支行动 1402490104300					密码区	（略）
货物或应税劳务名称	规格型号	单位	数量	单价	金额	税率	税额
笔记本电脑	联想	台	1	9 850.00	9 850.00	17%	1 674.50
合计					9 850.00		1 674.50
价税合计（大写）	壹万壹仟伍佰贰拾肆元伍零分				（小写）¥ 11 524.50		
销货单位	名　　称：长春市长江电子办公设备有限公司 纳税人识别号：220164123166500 地 址 电 话：白城市人民广场 0431－6234276 开户行及账号：工行人民广场办 64326500					备注	

第二联：发票联　购货方记账凭证

销货单位：（章）　　收款人：　　复核：　　开票人：王晓玲

表 2－1－12（2/3）

中国工商银行电汇凭证（回单）

□普通　□加急　　委托日期　2005 年 12 月 6 日

<table>
<tr><td rowspan="3">汇款人</td><td>全　称</td><td colspan="3">吉林省红钻汽车电器股份有限公司</td><td rowspan="3">收款人</td><td>全　称</td><td colspan="3">长春市长江电子办公设备有限公司</td></tr>
<tr><td>账　号
或住址</td><td colspan="3">21402490104300</td><td>账　号
或住址</td><td colspan="3">64326500</td></tr>
<tr><td>汇　出
地　点</td><td>吉林省
白城市</td><td>汇出行
全　称</td><td>市工商行
靖安支行</td><td>汇　入
地　点</td><td>吉林省
长春市</td><td>汇入行
全　称</td><td>工商银行
人民广场办</td></tr>
<tr><td>金额</td><td>人民币
（大写）</td><td colspan="7">壹万壹仟伍佰贰拾肆元伍零分</td><td>百 十 万 千 百 十 元 角 分
¥ 1 1 5 2 4 5 0</td></tr>
<tr><td colspan="6">款项已汇入收款人账户
中国工商银行
人民广场办事处
2005.12.6
汇入行签章</td><td colspan="4">支付密码
附加信息及用途
复核　　记账</td></tr>
</table>

此联汇出行给付款人的回单

表 2－1－12（3/3）

固定资产验收交接单

2005 年 12 月 6 日

保管使用单位：财务科

固定资产名称	型号规格	计量单位	数量	金　额	制造商
笔记本电脑		台	1	11 524.50	长春市长江电子办公设备有限公司
到货日期	2005.12.6	可使用年限	5 年	固定资产管理部门意见	
财会部门参加验收意见	同意接收 2005.12.6			使用（保管）验收签证	王红

（印章：吉林省红钻汽车电器股份有限公司 财务专用章）

表 2-1-13（1/3）

辽宁省增值税专用发票　№　00983175

发　票　联

开票日期：2005 年 12 月 6 日

购货单位	名　　称：吉林省红钻汽车电器股份有限公司 纳税人识别号：220801702428100 地 址 电 话：白城市新华西路 2 号 开户行及账号：工行靖安支行动 1402490104300	密码区	（略）				
货物或应税劳务名称	规格型号	单位	数量	单价	金额	税率	税额
开关按键		套	30 000	2.5641	76 923.08	17%	13 076.92
合计					76 923.08		13 076.92
价税合计（大写）	玖万元整				（小写）￥90 000.00		
销货单位	名　　称：丹东市珍珠汽车电器厂 纳税人识别号：210604112026500 地 址 电 话：丹东市振安区珍珠街 282 号码 4143900 开户行及账号：农信鸭绿江银行 201162500	备注					

销货单位：（章）　　收款人：　　复核：　　开票人：姜　艳

第二联：发票联　购货方记账凭证

表 2-1-13（2/3）

检验结果通知单

G011001A-96

单位：丹东珍珠电器厂

货号	Jk921	验收依据	图纸	批号	001220
名称		抽检数	200	批量	
JK921 外壳：30 000 个 定接触座乙：30 000 个 动接触座：30 000 个 定接触座甲：30 000 个 按　　键：30 000 个				符合图纸技术要求	
检验结果	合格	检查员	杨静彬	日期	2005.12.6

表 2-1-13（3/3）

入　库　单

2005 年 12 月 6 日　　字第______号

品　　名	规　　格	单位	数　　量	单　　价	金　　额	备　　注
开关按键	308	件	30 000	2.56410	76 923.08	

二联：财务

红钻有限公司　　负责人：李桂荣　　进货经手人：李红波

表 2－1－14（1/11）

领　料　单

吉林省红钻汽车电器股份有限公司　　　　2005 年 12 月 6 日

领料车间	机加			用途	JK308 接线柱甲		
材料名称	规格	单位	数量	单价		金额	备注
冷板	2.0	kg	8 350				

四财务

审批人：李立　　　　领料员：潘杰

表 2－1－14（2/11）

领　料　单

吉林省红钻汽车电器股份有限公司　　　　2005 年 12 月 6 日

领料车间	机加			用途	BX618 支架		
材料名称	规格	单位	数量	单价		金额	备注
紫铜板	0.3	kg	367				

四财务

审批人：李立　　　　领料员：潘杰

表 2－1－14（3/11）

领　料　单

吉林省红钻汽车电器股份有限公司　　　　2005 年 12 月 6 日

领料车间	机加			用途	BX618 基座 10150		
材料名称	规格	单位	数量	单价		金额	备注
钢板	1.5	kg	964				

四财务

审批人：李立　　　　领料员：潘杰

表 2－1－14（4/11）

领　料　单

吉林省红钻汽车电器股份有限公司　　　　2005 年 12 月 6 日

领料车间	机加			用途	JK308 固定杆		
材料名称	规格	单位	数量	单价		金额	备注
铁线	ϕ2.0	m	120				

四财务

审批人：李立　　　　领料员：潘杰

表 2-1-14（5/11）

领 料 单

吉林省红钻汽车电器股份有限公司　　2005年12月6日

领料车间	机加		用途	BX618 总成			四
材料名称	规格	单位	数量	单价	金额	备注	财
电机		台	2 000				务

审批人：李立　　领料员：潘杰

表 2-1-14（6/11）

领 料 单

吉林省红钻汽车电器股份有限公司　　2005年12月6日

领料车间	机加		用途	JK308 线束			四
材料名称	规格	单位	数量	单价	金额	备注	财
铜芯聚氯乙烯	ϕ0.5	m	270				务

审批人：李立　　领料员：潘杰

表 2-1-14（7/11）

领 料 单

吉林省红钻汽车电器股份有限公司　　2005年12月6日

领料车间	机加		用途	BX618 总成			四
材料名称	规格	单位	数量	单价	金额	备注	财
滑轮轴		个	4 000				务

审批人：李立　　领料员：潘杰

表 2-1-14（8/11）

领 料 单

吉林省红钻汽车电器股份有限公司　　2005年12月6日

领料车间	修理		用途	机加车间车床维修			四
材料名称	规格	单位	数量	单价	金额	备注	财
轴承	ϕ25	个	4				务

审批人：李立　　领料员：刘刚

表 2－1－14（9/11）

领　料　单

吉林省红钻汽车电器股份有限公司　　　　2005 年 12 月 6 日

领料车间	机加			用途	JK308		
材料名称	规格	单位	数量	单价	金额	备注	
紫铜板	0.3	kg	2 109				

四财务

审批人：李立　　　　领料员：潘志

表 2－1－14（10/11）

领　料　单

吉林省红钻汽车电器股份有限公司　　　　2005 年 12 月 6 日

领料车间	机加			用途	JK308		
材料名称	规格	单位	数量	单价	金额	备注	
开关壳体		个	3 227				

四财务

审批人：李立　　　　领料员：潘志

表 2－1－14（11/11）

领　料　单

吉林省红钻汽车电器股份有限公司　　　　2005 年 12 月 6 日

领料车间	机加			用途	JK308		
材料名称	规格	单位	数量	单价	金额	备注	
开关按键		套	3 001				

四财务

审批人：李立　　　　领料员：潘志

表 2－1－15

中国工商银行电汇凭证（回单） 1

☐普通　☐加急　　　　委托日期　2005 年 12 月 7 日

<table>
<tr><td rowspan="3">汇款人</td><td>全　称</td><td colspan="3">吉林省红钻汽车电器股份有限公司</td><td rowspan="3">收款人</td><td>全　称</td><td colspan="3">贵航集团万江机电厂</td></tr>
<tr><td>账　号
或住址</td><td colspan="3">21402490104300</td><td>账　号
或住址</td><td colspan="3">35000</td></tr>
<tr><td>汇　出
地　点</td><td>吉林省白城市</td><td>汇出行
全　称</td><td>市工商行
靖安支行</td><td>汇　入
地　点</td><td>贵州省
修文县</td><td>汇入行
全　称</td><td>工商银行
万江办</td></tr>
<tr><td>金额</td><td>人民币
（大写）</td><td colspan="6">壹万元整</td><td colspan="2">百 十 万 千 百 十 元 角 分
　 ¥ 1 0 0 0 0 0 0</td></tr>
<tr><td colspan="6">款项已汇入收款人账户

中国工商银行
万江办事处
2005.12.7

汇入行签章</td><td colspan="4">支付密码

附加信息及用途

复核　　　记账</td></tr>
</table>

此联汇出行给付款人的回单

表 2－1－16

中国工商银行
现金支票存根（吉）

ⅩⅡ 01116361

附加信息

出票日期 2005 年 12 月 7 日

收款人：红钻公司
金　额：　1 000.00
用　途：补充库存现金

单位主管：杨修　会计：王文

表 2-1-17（1/3）

公出旅费报销单

单位：供应科　　　　　　　　　　　　　　　　　　附件 9 张 2005 年 12 月 8 日

董云波	同行人印	张中山　冯日云	共　人	审批人印	杨修	公出任务	采购	自 12 月 4 日起 至 12 月 7 日止	第 4 天

出发				到达				火车费	卧铺	市内车费	汽车火车	宿费		途中伙食补助费		住勤费		合计
月	日	时	地点	月	日	时	地点							天数	金额	天数	金额	
12	4		白城	12	4		长春	29.00×3 = 87.00						3	25.00	3	30.00	
12	7		长春	12	7		白城	80.00	卧			64.00	（略）					
合计								167.00				64.00			25.00		30.00	286.00

借款	金额	交结余或超支金额	286.00 报销金额	人民币（大写）贰佰捌拾陆元整
	800.00	514.00		

负责人：姜开元　　会计：赵彩月　　出纳：陈可　　经手：董云波

表 2-1-17（2/3）

0096661
长　春——白　城　K651 次
2005 年 01 月 22 日　13:38 开 00 车　　无座
全 价　29.00 元　　硬座特快
限乘当日当次车
在 2 日内到有效

（共 3 张）

年　月　日
旅客列车服务票据
票价：拾　元　整
¥：10.00 元
________站发售　　当日当次有效
杜鹃湖号　　№ 0086099

白城铁路分局

（共 8 张）

表 2-1-17（3/3）

收　据

2005 年 12 月 8 日　　　　编号：

今收到：供应科董云波交来

人民币捌佰元整

现金收讫

上款系：差旅费预借款（实际报销 286.00）　¥ 800.00

单位盖章：　会计：赵彩月　出纳：陈可　经手人：董云波

表 2-1-18

吉林省服务业广告专用发票

白城　№　0006064

(2001 01503)　　2005 年 12 月 8 日

名称	红钻公司		地　址							
项　目	单　位	数　量	单　价	金额						
				万	千	百	十	元	角	分
广告费						4	0	0	0	0
人民币　零万零仟肆佰零拾零元零角零分					¥	4	0	0	0	0

负责人：宫　收款人：张　收款单位：（章）李红波

表 2-1-19

坏 账 审 批 单

2005 年 12 月 9 日

销售给湖北长陵汽车改装厂 JK308 组合开关应收货款 8 000.00 元，已逾 3 年尚未收回，经确认作为坏账损失处理。

负责人：姜开元

表 2-1-20（1/5） **吉林增值税专用发票** №00097523

此联不作报销、扣税凭证使用　　开票日期：2005年12月11日

名　　称：中国第一汽车集团公司采购部 纳税人识别号：220106123998900 地 址 、电 话：长春市东风大街78号　5903900 开户行及账号：工商银行驻一汽支行 02422123900				密码区	（略）		
货物或应税劳务名称	规格型号	单位	数　量	单　价	金　　额	税率	税　　额
电动玻璃升降器	BX618	只	128	354	45 312.00	17%	7 703.04
电动玻璃升降器	BX618	只	128	354	45 312.00	17%	7 703.04
合　　计					￥ 90 624.00		￥ 15 406.08
价税合计（大写）	⊗壹拾万陆仟零叁拾圆捌分				（小写）￥ 106 030.08		
名　　称：吉林省红钻汽车电器股份有限公司 纳税人识别号：220801702428100 地 址 、电 话：白城市新华西大路2号3322500 开户行及账号：工商银行靖安支行 21402490104300				备注			

收款人：　　复核：　　开票人：赵彩月　　销货单位：（章）

第三联：记账联　销货方记账凭证

吉林省红钻汽车电器股份有限公司 220801702428100 发票专用章

表 2-1-20（2/5） **吉林增值税专用发票** №00097522

此联不作报销、扣税凭证使用　　开票日期：2005年12月11日

购货单位	名　　称：中国第一汽车集团公司采购部 纳税人识别号：220106123998900 地 址 、电 话：长春市东风大街78号　5903900 开户行及账号：工商银行驻一汽支行 02422123900				密码区	（略）		
	货物或应税劳务名称	规格型号	单位	数　量	单　价	金　　额	税率	税　　额
	电动玻璃升降器	BX618	只	280	354	99 120.00	17%	16 850.40
	合　　计					￥ 99 120.00		￥ 16 850.40
	价税合计（大写）	⊗壹拾壹万伍仟玖佰柒拾圆肆角整				（小写）￥ 115 970.40		
销货单位	名　　称：吉林省红钻汽车电器股份有限公司 纳税人识别号：220801702428100 地 址 、电 话：白城市新华西大路2号3322500 开户行及账号：工商银行靖安支行 21402490104300				备注			

收款人：　　复核：　　开票人：赵彩月　　销货单位：（章）

第三联：记账联　销货方记账凭证

吉林省红钻汽车电器股份有限公司 220801702428100 发票专用章

表 2－1－20（3/5） **吉林增值税专用发票** № 00097524

此联不作报销、扣税凭证使用 开票日期：2005 年 12 月 11 日

购货单位	名称：中国第一汽车集团公司采购部 纳税人识别号：220106123998900 地址、电话：长春市东风大街 78 号 5903900 开户行及账号：工商银行驻一汽支行 02422123900				密码区	（略）		
货物或应税劳务名称	规格型号	单位	数量	单价	金额	税率	税额	
电动玻璃升降器	BX618	只	280	354	99 120.00	17%	16 850.40	
合计					¥ 99 120.00		¥ 16 850.40	
价税合计（大写）	⊗壹拾壹万伍仟玖佰柒拾圆肆角整				（小写）¥ 115 970.40			
销货单位	名称：吉林省红钻汽车电器股份有限公司 纳税人识别号：220801702428100 地址、电话：白城市新华西大路 2 号 3322500 开户行及账号：工商银行靖安支行 21402490104300				备注			

第三联：记账联 销货方记账凭证

收款人： 复核： 开票人：赵彩月 销货单位：（章）

吉林省红钻汽车电器股份有限公司 220801702428100 发票专用章

表 2－1－20（4/5）

产品出库单

2005 年 12 月 12 日

品名	规格型号	单位	数量	单价	总成本
电动玻璃升降器	BX618	只	128		
电动玻璃升降器	BX618	只	128		
电动玻璃升降器	BX618	只	280		
电动玻璃升降器	BX618	只	280		

二联：财务存

负责人：曹大伟 经手人：钱本洋

表 2-1-20（5/5）

银行承兑汇票 （卡片） 2

出票日期（大写）贰零零伍年壹拾贰月壹拾壹日

汇票号码：00526573

付款人	全称	中国第一汽车集团公司采购部	收款人	全称	吉林省红钻汽车电器股份有限公司
	账号	02422123900		账号	21402490104300
	开户银行	长春市工行驻一汽支行		开户银行	工商行靖安支行

出票金额	人民币（大写）叁拾叁万柒仟玖佰柒拾元捌角捌分	千	百	十	万	千	百	十	元	角	分
			¥	3	3	7	9	7	0	8	8

汇票到期日（大写）	贰零零陆年 零叁月壹拾壹日	付款人开户行	账号	
			地址	
承兑协议编号：		本汇票已经承兑，到期由本行付款。 承兑行签章 承兑日期 年 月 日		复核 记账
本汇票请你行承兑，到期无条件付款。 中国工商银行 靖安支行 2005.12.11 出票人签章				

此联收款人开户行随托收凭证寄付款行作为借方凭证附件

表 2-1-21（1/3）

吉林增值税专用发票

№ 00097190

此联不作报销、扣税凭证使用 开票日期：2005年12月12日

购货单位	名称：中国第一汽车集团青岛汽车厂 纳税人识别号：370206163567300 地址、电话：青岛市沧口区娄山路2号 4816800 开户行及账号：工行李沧支行娄山后办事处 2520407550					密码区	（略）
货物或应税劳务名称	规格型号	单位	数量	单价	金额	税率	税额
组合开关	JK308	只	5 000	178.6	893 000.00	17%	151 810.00
合计					¥ 893 000.00		¥ 151 810.00
价税合计（大写）	壹佰零肆万肆仟捌佰壹拾圆整					（小写）¥ 1 044 810.00	
销货单位	名称：吉林省红钻汽车电器股份有限公司 纳税人识别号：220801702428100 地址、电话：白城市新华西大路2号 3322500 开户行及账号：工商银行靖安支行 21402490104300					备注	汽车送货

吉林省红钻汽车电器股份有限公司 220801702428100 发票专用章

收款人： 复核： 开票人：赵彩月 销货单位：（章）

第三联：记账联 销货方记账凭证

表 2－1－21（2/3）

吉林增值税专用发票

№ 00097189

此联不作报销、扣税凭证使用　　开票日期：2005 年 12 月 12 日

购货单位	名　　称：中国第一汽车集团青岛汽车厂 纳税人识别号：370206163567300 地 址 、电 话：青岛市沧口区娄山路 2 号　4816800 开户行及账号：工行李沧支行娄山后办事处 2520407550	密码区	（略）					
货物或应税劳务名称	规格型号	单位	数　量	单　价	金　　额	税率	税　　额	
组合开关	JK308	只	5 000	178.6	893 000.00	17%	151 810.00	
合　　计					¥ 893 000.00		¥ 151 810.00	
价税合计（大写）	壹佰零肆万肆仟捌佰壹拾元整				（小写）¥ 1 044 810.00			
销货单位	名　　称：吉林省红钻汽车电器股份有限公司 纳税人识别号：220801702428100 地 址 、电 话：白城市新华西大路 2 号　3322500 开户行及账号：工商银行靖安支行 21402490104300	备注	汽车送货					

收款人：　　复核：　　开票人：赵彩月　　销货单位：（章）

第三联：记账联　销货方记账凭证

表 2－1－21（3/3）

产 品 出 库 单

2005 年 12 月 12 日

品　　名	规格型号	单位	数　　量	单　　价	总成本
组合开关	JK308	只	10 000.00		

负责人：曹大伟　　经手人：钱本洋

二联：财务存

表 2－1－22（1/2）

领　料　单

吉林省红钻汽车电器股份有限公司　　2005 年 12 月 12 日

领料车间	机加		用途	BX618		
材 料 名 称	规　格	单　位	数　量	单　价	金　额	备　注
护套	140	个	1 000			

审 批 人：李立　　领 料 员：潘杰

四 财务

表 2-1-22（2/2）

领料单

吉林省红钻汽车电器股份有限公司　　2005 年 12 月 12 日

领料车间	修理			用途	维修机加车间钻床	
材料名称	规格	单位	数量	单价	金额	备注
钻头	φ10	个	3			

审批人：李立　　领料员 刘刚

四财务

表 2-1-23（1/2）

浙江增值税专用发票

发票联

№ 00087863

开票日期：2005 年 12 月 13 日

购货单位						密码区	（略）
名称：吉林省红钻汽车电器股份有限公司							
纳税人识别号：220801702428100							
地址、电话：白城市新华西大路 2 号 0436-3322500							
开户行及账号：工行靖安支行 21402490104300							

货物或应税劳务名称	规格型号	单位	数量	单价	金额	税率	税额
绕线机	SKR-1D	台	1	7 264.957265	7 264.96	17%	1 235.04
合计					¥ 7 264.96		¥ 1 235.04
价税合计（大写）	⊗捌仟伍佰元整				（小写）¥ 8 500.00		

销货单位	备注
名称：杭州奥士玛数控设备有限公司	杭州奥士玛数控设备有限公司 330195143061800 发票专用章
纳税人识别号：330195143061800	
地址、电话：杭州市西郊区文苑路金都花园路 1 单元 401 室 8190400	
开户行及账号：杭州市工行高新支行 1202026209004736200	

收款人：　　复核：　　开票人：黄青华　　销货单位：（章）

第二联：发票联　购货方记账凭证

表 2－1－23（2/2）

固定资产验收交接单

2005 年 12 月 13 日

保管使用单位：机加工

固定资产名称	型号规格	计量单位	数量	金　额	制造商
绕线机	SKP－10	台	1	8 500.00	杭州奥士玛数控设备有限公司
到货日期	2001.12.13	可使用年限	10 年	附属设备	
机加车间参加验收意见	同意接收			使用（保管）验收签证	李平

吉林省红铭汽车电器股份有限公司 业务专用章

表 2－1－24

中国工商银行电汇凭证（回单）　1

□普通　□加急　　委托日期　2005 年 12 月 13 日

汇款人	全　称	吉林省红铭汽车电器股份有限公司			收款人	全　称	贵航集团万江机电厂		
	账　号或住址	2140249010400				账　号或住址	35 000		
	汇　出地　点	吉林省白城市	汇出行全　称	市工商行靖安支行		汇　入地　点	贵州省修文县	汇入行名　称	工商银行万江办
金额	人民币（大写）	壹拾壹万叁仟元整					百 十 万 千 百 十 元 角 分	¥ 1 1 3 0 0 0 0 0	
款项已汇入收款人账户 中国工商银行 万江办事处 2005.12.13 汇入行签章						支付密码			
						附加信息及用途 复核　　记账			

此联汇出行给付款人的回单

表 2－1－25

借　　据

原始凭证编号
借方
贷方

2005 年 12 月 14 日

人民币壹仟元整

上款系　接待上海攀茂德技术咨询服务有限公司　¥ 1 000.00 元

领收人：史洪伟

负责	姜开元	会计	赵彩月	出纳	陈可	复核		经手人	

表 2-1-26（1/4）　　**吉林省增值税专用发票**　　No. 27894500

发　票　联

开票日期：2005 年 12 月 15 日

购货单位	名　　称：吉林省红钻汽车电器股份有限公司 纳税人识别号：220801702428100 地 址 电 话：白城市新华西路 2 号 开户行及账号：工行靖安支行 21402490104300					密码区	略
货物或应税劳务名称	规格型号	单位	数 量	单 价	金 额	税率	税 额
水		吨	2 250	0.4	900.00	13%	117.00
合　计					900.00		117.00
价税合计（大写）	壹仟零壹拾柒元整				（小写）¥ 1 017.00		
销货单位	名　　称：白城市自来水公司 纳税人识别号：220212025413200 地 址 、电 话：白城市长庆路 112 号 开户行及账号：工行长庆办事处 13407860130					备注	

销货单位：（章）　　收款人：　　复核：　　开票人：王立

第二联：发票联　购货方记账凭证

表 2-1-26（2/4）　　**托收凭证**（付款通知）　　5

委托日期 2005 年 12 月 15 日

业务类型	委托收款（□邮划□电划）　托收承付（□邮划　□电划）				
付款人	全　称	吉林省红钻汽车电器股份有限公司	收款人	全　称	白城市自来水公司
	账　号	2140249010400		账　号	2132078601130
	开户银行	工行靖安支行		开户银行	工行长庆办
托收金额	人民币（大写）壹仟零壹拾柒元整			千 百 十 万 千 百 十 元 角 分	¥ 1 0 1 7 0 0
款项内容	水费	托收凭据名称	委托收款	附寄单证张数	1 张
商品发运情况			合同名称号码		
备注： 付款人开户银行收到日期 年　月　日 复核　记账	付款人开户银行签章 中国工商银行白城市靖安支行 2005.12.15 年　月　日		付款单位注意： 1. 根据结算办法，上列委托收款（托收承付），如在付款期限内未拒付，即视同全部同意付款，以此联带付款通知 2. 如系全部或部分拒付，应在付款期限内，将拒付理由书并附债务证明退交开户银行		

此联是付款人开户行给付款人按期付款的通知

表 2-1-26（3/4）　　**吉林省增值税专用发票**　　No. 27894500

发　票　联

开票日期：2005 年 12 月 15 日

购货单位	名　　　称：吉林省红钻汽车电器股份有限公司 纳税人识别号：220801702428100 地 址 、电 话：白城市新华西路 2 号 开户行及账号：工行靖安支行 21402490104300					密码区	略
货物或应税劳务名称	规格型号	单位	数　量	单　价	金　　额	税率	税　　额
电		度	28 750	0.4	11 500.00	17%	1 955.00
合　　计					11 500.00		1 955.00
价税合计（大写）	壹万叁仟肆佰伍拾伍元整						（小写）¥ 13 455.00
销货单位	名　　　称：白城市供电公司 纳税人识别号：220827432536340 地 址 、电 话：白城市海明路 18 号 3325836 开户行及账号：工行海明办事处 215643254620					备注	

销货单位：（章）　　收款人：　　复核：　　开票人：刘强

第二联：发票联　购货方记账凭证

表 2-1-26（4/4）　　**托收凭证**（付款通知）　　5

委托日期 2005 年 12 月 15 日

业务类型	委托收款（□邮划□电划）　托收承付（□邮划　□电划）			
付款人 全　称	吉林省红钻汽车电器股份有限公司	收款人 全　称	白城市供电公司	
付款人 账　号	2140249104300	收款人 账　号	215643254620	
付款人 开户银行	工行靖安支行	收款人 开户银行	工行海明办	
托收金额	人民币（大写）壹万叁仟肆佰伍拾伍元整	千 百 十 万 千 百 十 元 角 分	¥ 1 3 4 5 5 0 0	
款项内容	电费	托收凭据名称	委托收款	附寄单证张数 1 张
商品发运情况		合同名称号码		
备注： 付款人开户银行收到日期 年　月　日 复核　记账	付款人开户银行签章 中国工商银行白城市靖安支行 2005.12.15 年　月　日	付款单位注意： 1. 根据结算办法，上列委托收款（托收承付），如在付款期限内未拒付，即视同全部同意付款，以此联带付款通知 2. 如系全部或部分拒付，应在付款期限内，将拒付理由书并附债务证明退交开户银行		

此联是付款人开户行给付款人按期付款的通知

表 2-1-27

水电费分配表

2005 年 12 月 15 日

单　位	水　费	电　费	合　计
厂部	200.00	816.00	1 016.00
基本生产车间	600.00	8 000.00	8 600.00
辅助生产车间	100.00	2 684.00	2 784.00
合　计	900.00	11 500.00	12 400.00

制表：姜丽

表 2-1-28

借款凭证第四联（回单）

2005 年 12 月 18 日

<table>
<tr><td rowspan="2">借款单位名称</td><td rowspan="2">吉林省红钻汽车电器股份有限公司</td><td>贷款户账号</td><td colspan="11">21402490104300</td></tr>
<tr><td>存款户账号</td><td colspan="11">21402490104300</td></tr>
<tr><td rowspan="3">借款金额</td><td colspan="2" rowspan="3">人民币（大写） 玖拾柒万元整</td><td colspan="11">金　额</td></tr>
<tr><td>亿</td><td>千</td><td>百</td><td>十</td><td>万</td><td>千</td><td>百</td><td>十</td><td>元</td><td>角</td><td>分</td></tr>
<tr><td></td><td></td><td>¥</td><td>9</td><td>7</td><td>0</td><td>0</td><td>0</td><td>0</td><td>0</td><td>0</td></tr>
<tr><td>借款用途</td><td>借新还旧</td><td>约定偿还日期</td><td colspan="11">2002 年 12 月 18 日</td></tr>
<tr><td colspan="2">上列借款已核准发放并已转入
你单位　　　　账户
（银行盖章）</td><td colspan="12">备注：</td></tr>
</table>

中国工商银行白城市靖安支行 2005.12.18 转讫 (2)

表 2-1-29

中国工商银行特种转账借方凭证

1263886
第　号

2005 年 12 月 18 日

<table>
<tr><td rowspan="3">付款人</td><td>全　称</td><td colspan="3">红钻股份公司</td><td rowspan="3">收款人</td><td>全　称</td><td colspan="10">工行白城市靖安支行</td></tr>
<tr><td>账号或地址</td><td colspan="3">21402490104300</td><td>账号或地址</td><td colspan="10">1650104311 - 3030</td></tr>
<tr><td>开户银行</td><td>靖安支行</td><td>行号</td><td></td><td>开户银行</td><td>靖安支行</td><td>行号</td><td colspan="8"></td></tr>
<tr><td rowspan="2">金额</td><td colspan="6" rowspan="2">人民币（大写） 玖拾柒万元整</td><td>千</td><td>百</td><td>十</td><td>万</td><td>千</td><td>百</td><td>十</td><td>元</td><td>角</td><td>分</td></tr>
<tr><td></td><td>¥</td><td>9</td><td>7</td><td>0</td><td>0</td><td>0</td><td>0</td><td>0</td><td>0</td></tr>
<tr><td colspan="2">原凭证金额</td><td></td><td>赔偿金</td><td colspan="3"></td><td colspan="10" rowspan="3">银行盖章
借：________
贷：________

会计主管　复核　记账　制票</td></tr>
<tr><td colspan="2">原凭证名称</td><td></td><td>号　码</td><td colspan="3"></td></tr>
<tr><td>转账原因</td><td colspan="6">收贷　2 156
借据　001</td></tr>
</table>

附件　张

中国工商银行白城市靖安支行 2005.12.18 转讫 (2)

表 2－1－30（1/2）　**中国工商银行特种转账借方凭证**

1350672
第　号

2005 年 12 月 21 日

<table>
<tr><td rowspan="3">付款人</td><td>全　称</td><td colspan="3">红钻汽车电器股份有限公司</td><td rowspan="3">收款人</td><td>全　称</td><td colspan="11">工行白城市靖安支行</td></tr>
<tr><td>账号或地址</td><td colspan="3">21402490104300</td><td>账号或地址</td><td colspan="11">1650104311－3032</td></tr>
<tr><td>开户银行</td><td>靖安支行</td><td>行号</td><td></td><td>开户银行</td><td>靖安支行</td><td colspan="10">行号</td></tr>
<tr><td rowspan="2">金额</td><td rowspan="2">人民币（大写）</td><td colspan="5" rowspan="2">玖万捌仟捌佰肆拾陆元肆角捌分</td><td>千</td><td>百</td><td>十</td><td>万</td><td>千</td><td>百</td><td>十</td><td>元</td><td>角</td><td>分</td><td rowspan="6">附件
张</td></tr>
<tr><td></td><td></td><td>¥</td><td>9</td><td>8</td><td>8</td><td>4</td><td>6</td><td>4</td><td>8</td></tr>
<tr><td colspan="2">原凭证金额</td><td></td><td>赔偿金</td><td></td><td colspan="12" rowspan="3">银行盖章
（中国工商银行白城市靖安支行 2005.12.18 转讫 (2)）
借：
贷：
会计主管　复核　记账　制票</td></tr>
<tr><td colspan="2">原凭证名称</td><td></td><td>号　码</td><td></td></tr>
<tr><td>转账原因</td><td colspan="4">收　息</td></tr>
</table>

表 2－1－30（2/2）

内 部 转 账 单

2005 年 12 月 21 日

摘　要	金　额
冲销 10 月 11 日已预提利息	65 897.65

表 2－1－31（1/3）

固定资产报废单

2005 年 12 月 21 日

<table>
<tr><td>固定资产名称及编号</td><td>规格型号</td><td>单位</td><td>数量</td><td>预计使用年限</td><td>已使用年限</td><td>原始价值</td><td>已提折旧</td><td>备　注</td></tr>
<tr><td>仓库
0235 号</td><td>砖混</td><td>栋</td><td>1</td><td>5 年</td><td>4 年 9 个月</td><td>20 000</td><td>19 000</td><td>周转用</td></tr>
<tr><td>固定资产状况及报废原因</td><td colspan="8">已不能使用</td></tr>
<tr><td rowspan="2">处理意见</td><td colspan="2">使用部门</td><td colspan="2">技术鉴定小组</td><td colspan="3">固定资产管理部门</td><td>主管部门审批</td></tr>
<tr><td colspan="2">因设施陈旧</td><td colspan="2">情况属实</td><td colspan="3">同意转入清理</td><td>同意报废重建</td></tr>
</table>

表 2-1-31（2/3）

入 库 单

字第________号

2005 年 12 月 22 日

品 名	规 格	单位	数 量	单 价	金 额	备注
红砖		块	8 000	0.10	800.00	残料

二联：财务

红钻有限公司　　负责人：李桂荣　　进货经手人：兰成

表 2-1-31（3/3）

内部转账单

2005 年 12 月 23 日

摘 要	金 额
批准转销提前报废仓库（0235 号）的净损失	200.00

表 2-1-32（1/2）

报 销 单

2005 年 12 月 23 日

部 门	业务科：史洪伟	凭证张数：5
事由	接待上海攀茂德技术咨询服务有限公司就餐费	
支付金额	人民币壹仟元整	￥ 1 000.00
核销金额	人民币壹仟元整	￥ 1 000.00
审批人	杨修	

经办人：史洪伟

表 2-1-32（2/2）

吉林省服务业饮食定额发票（附 5 张）

用餐单位：吉林省红钻汽车电器股份有限公司

金额：贰佰元　￥ 200.00

白城　　No　0002350

收款单位（章）　2005 年 12 月 23 日

表 2-1-33（1/2）

山东增值税专用发票

№ 02704477

发　票　联

开票日期：2005 年 12 月 22 日

购货单位	名　　称：吉林省红钻汽车电器股份有限公司 纳税人识别号：220801702428100 地 址 、电 话：白城市新华西大路 2 号 开户行及账号：工行靖安支行 21402490104300				密码区	（略）	
货物或应税劳务名称	规格型号	单位	数　量	单　价	金　额	税率	税　额
包装箱	大	个	400	25.00	10 000.00	17%	1 700.00
合　计					¥ 10 000.00		¥ 1 700.00
价税合计（大写）	壹万壹仟柒佰元整				（小写）¥ 11 700.00		
销货单位	名　　称：山东省诸城四达公司 纳税人识别号：370782169721200 地 址 、电 话：棉织街 3 号 6212200 开户行及账号：工行 04122102200				备注	山东省诸城四达公司 370782169721200 发票专用章	

收款人：王温斌　　复核：赵玉荣　　开票人：　　销货单位：（章）

第二联：发票联　购货方记账凭证

表 2-1-33（2/2）

入　库　单

2005 年 12 月 24 日　　字第＿＿＿＿号

品　名	规　格	单位	数　量	单　价	金　额	备注
包装箱	大	个	400	25.00	10 000.00	

红钻有限公司　　负责人：李桂荣　　进货经手人：王伟进

二联：财务

表 2-1-34

领 料 单

吉林省红钻汽车电器股份有限公司　　2005 年 12 月 24 日

领料车间	机修车间			用途	维修用	
材料名称	规格	单位	数量	单价	金额	备注
专用工具		套	20	540.20	10 804.00	

四 财务

审批人李立　　领料员刘刚

表 2-1-35（1/2）

中国工商银行电汇凭证（回单）　1

□普通　□加急　　委托日期　2005 年 12 月 25 日

汇款人	全称	吉林省红钻汽车电器股份有限公司			收款人	全称	山东诸城四达公司		
	账号或住址	2140249010400				账号或住址	320-6389076-89		
	汇出地点	吉林省白城市	汇出行全称	市工商行靖安支行		汇入地点	山东省诸城市	汇入行全称	工商银行诸城办
金额	人民币（大写）	壹万元整				百 十 万 千 百 十 元 角 分	¥ 1 0 0 0 0 0 0		
款项已汇入收款人账户 中国工商银行诸城市诸城办事处 2005.12.25 汇入行签章						支付密码			
						附加信息及用途 复核　记账			

此联汇出行给付款人的回单

表 2-1-35（2/2）

中国工商银行电汇凭证（回单）　1

□普通　□加急　　委托日期　2005 年 12 月 25 日

汇款人	全称	吉林省红钻汽车电器股份有限公司			收款人	全称	长春薄板厂景兴物资经销处		
	账号或住址	2140249010400				账号或住址	640-20120053-00		
	汇出地点	吉林省白城市	汇出行全称	市工商行靖安支行		汇入地点	吉林省长春市	汇入行全称	工商银行东大桥办
金额	人民币（大写）	叁万元整				百 十 万 千 百 十 元 角 分	¥ 3 0 0 0 0 0 0		
款项已汇入收款人账户 汇入行签章						支付密码			

此联汇出行给付款人的回单

表 2-1-36

中华人民共和国
税收缴款书

（ ）吉税
缴字
隶属关系：
经济类型：股份制

收入机关：国税直属分局　　填发日期：2005 年 12 月 26 日

预算科目	款	国税	缴款单位（人）	代码	220801702428100
	项	增值税及滞纳金		全称	吉林省红钻汽车电器股份有限公司
	级次	中央 75% 地方 25%		开户银行	工行白城市靖安支行
收款国库		白城市中心支库		账号	21402490104300
税款所属时期		2005 年 10 月　日	税款限缴日期		2005 年 11 月　日

品目名称	课税数量	计税金额或销售收入	税率或单位税额	已缴或扣除额	实缴税额 千	百	十	万	千	百	十	元	角	分
增值税			17%			¥	1	8	8	4	4	0	8	4
滞纳金		188 440.84 ×	46 天 × 2‰				¥	1	7	3	3	6	5	6
金额合计 人民币（大写）	零仟零佰贰拾零万伍仟柒佰柒拾柒元肆角零分					¥	2	0	5	7	7	7	4	0

缴款单位（人）（盖章） 经办人（章）	税务机关（盖章） 填票人（章）	上列款项已收妥并划转收款单位账户 国库（银行）盖章 年　月　日	备注	010098

无银行收讫章无效

第一联（收据）国库（经收处）收款盖章后退缴款单位（人）作完税凭证

逾期不缴按税法规定加收滞纳金

表 2-1-37（1/2）

收　据

2005 年 12 月 27 日　　编号：005289

今收到：吉林省红钻汽车电器股份有限公司

人民币（大写）贰万元整

上款系：救灾捐赠款　　¥ 20 000.00

单位盖章：　　会计：袁洪彬　　出纳：张立　　经手人：陶化贵

表 2-1-37（2/2）

中国工商银行（吉）
现金支票存根
XⅡ03821019

附加信息

出票日期 2005 年 12 月 27 日

收款人：白城减灾委员会
金　额：　20 000.00
用　途：救灾捐款

单位主管：杨修　会计：王文

表2-1-38

领　料　单

吉林省红钻汽车电器股份有限公司　　　　2005 年 12 月 28 日

领料车间	销售部门			用途	包装产品	
材料名称	规　格	单　位	数　量	单　价	金　额	备　注
包装箱 包装箱	大 小	个 个	2 000 3 000	24.77 14.50	49 540.00 43 500.00	

四　财务

审批人宏亮　　　　领料员马立伟

表 2-1-39　中国工商银行电汇凭证（收账通知）　**4**

□普通　□加急　　委托日期 2005 年 12 月 29 日

汇款人	全　称	中国第一汽车集团春岛汽车厂			收款人	全　称	吉林省红钻汽车电器股份有限公司		
	账　号或住址	25204075500				账　号或住址	2140249010400		
	汇　出地　点	吉林省白城市	汇出行全　称	市工商行靖安支行		汇　入地　点	吉林省白城市	汇入行全　称	工商银行靖安办

金额	人民币（大写）	贰佰零捌万玖仟陆佰贰拾零元整	百	十	万	千	百	十	元	角	分
			2	0	8	9	6	2	0	0	0

款项已汇入收款人账户 中国工商银行 靖安支行 2005.12.29 汇入行签章	支付密码	

此联汇出行给付款人的回单

表 2-1-40（1/2）

中国工商银行
现金支票存根（吉）
ⅩⅡ01116362

附加信息＿＿＿＿＿＿＿＿

出票日期 *2005* 年 *12* 月 *30* 日

收款人：红钻汽车电器公司
金　额：　*296 750.00*
用　途：工资

单位主管：杨修　会计：王文

表 2-1-40（2/2）

工资结算汇总表

2005 年 12 月 30 日

车间、部门 \ 项目		基本工资	综合奖金	津贴	缺勤应扣工资	应付工资	代扣款项		实发工资
							水电费	托儿费	
机加工车间	生产工人	160 000	40 000	8 000	3 000	205 000	400	150	204 450.00
	管理人员	12 000	800	500	200	13 100	200	60	12 840.00
修理车间	生产工人	10 000	800	800	200	11 400	200	200	11 000
	管理人员	2 000	500	200	60	2 640	80	40	2 520
福利部门		2 000	900	—	200	2 700	100	60	2 540
厂　部		50 000	10 000	—	1 000	59 000	500	200	58 300
在建工程		5 000	200	—	—	5 200	100	—	5 100
合　计		241 000	53 200	9 500	4 660	299 040	1 580	710	296 750

表 2-1-41

工资福利费分配表

2005 年 12 月 31 日

产品车间部门		工资费用分配			计提职工福利费	
		生产工时（小时）	分配率	分配金额	计提比例	计提金额
产品	BX618 电动玻璃升降器	57 000	—	99 871.87		13 982.06
	JK308 组合开关	60 000	—	105 128.13		14 717.94
	小　计	117 000	1.752138	205 000.00		28 700
机加工车间管理人员				13 100		1 834
修理车间	生产工人			11 400		1 596
	管理人员			2 640		369.60
福利部门				2 700		378
厂部				59 000		8 260
在建工程				5 200		728
合　计				299 040	14%	41 865.60

表 2-1-42

坏账准备金计算表

2005 年 12 月 31 日

应收账款期末余额	计提比例	应提坏账准备	坏账准备余额	本月提取额
4 707 817.90	5‰	23 539.09	15 579.09	7 960

表 2-1-43

固定资产折旧计算表

2005 年 12 月 31 日

固定资产类别	月折旧率	机加工车间		修理车间		管理部门		合　计	
		原　值	月折旧额	原　值	月折旧额	原　值	月折旧额	原　值	月折旧额
房屋建筑物	0.9%	3 521 568.00	31 694.11	800 000.00	7 200.00	2 000 000.00	18 000.00	6 321 568.00	56 894.11
机器设备	1.5%	1 600 000.00	24 000.00	200 000.00	3 000.00	800 000.00	12 000.00	2 600 000.00	39 000.00
其他	0.4%	200 000.00	800.00	—	—	15 193.00	60.77	215 193.00	860.77
合计	—	5 321 568.00	56 494.11	1 000 000.00	10 200.00	2 815 193.00	30 060.77	9 136 761.00	96 754.88

表 2-1-44　　　　待摊费用摊销计算表

2005 年 12 月 31 日

费用项目	本月摊销额
报刊杂志费	802.14
保险费	55 195.00
合　计	55 997.14

表 2-1-45　　　　无形资产摊销计算表

2005 年 12 月 31 日

无形资产名称	本月摊销数
土地使用权	3 000.00

表 2-1-46　　　　材料费用分配汇总表

2005 年 12 月 31 日

领料部门及用途		原料及主要材料	外购半成品	辅助材料	修理用备件	合　计
生产成本	JK308	44 560.00	9 455.00			54 015.00
	BX618	5 691.00	272 130.00	130.00		277 951.00
辅助生产	修理直接用				2 120.00	2 120.00
	间接耗用					
制造管理	机加工车间					
厂　部						
合　计		50 251.00	281 585.00	130.00	2 120.00	334 086.00

表 2-1-47（1/2）　　　　机修车间提供劳务记录

2005 年 12 月 31 日

受益部门	受益小时数
机加工车间 管理部门 技术改造工程	5 000.00 2 000.00 3 000.00
合　计	10 000.00

表 2－1－47（2/2）

辅助生产费用分配表

2005 年 12 月 31 日

耗用部门	耗用工时（小时）	分配率	应分配金额
机加工车间	5 000.00		20 956.80
管理部门	2 000.00		8 382.72
技术改造工程	3 000.00		12 574.08
合　计	10 000.00	4.19136	41 913.60

表 2－1－48

制造费用分配表

2005 年 12 月 31 日

产　品	生产工时	分配率	分配金额
BX618	57 000		49 197.78
JK308	60 000		51 787.13
合　计	117 000	0.863119	100 984.91

表 2－1－49（1/4）

生产成本计算表

产品名称：BX618　　2005 年 12 月 31 日　　完工程度 50%

摘　要	成本项目			合　计
	直接材料	直接人工	制造费用	

说明：根据有关资料，编制生产成本计算表，计算完工产品和在产品成本。

表 2－1－49（2/4）

生产成本计算表

产品名称：JK308　　2005 年 12 月 31 日　　完工程度 100%

摘　要	成本项目			合　计
	直接材料	直接人工	制造费用	

说明：根据有关资料，编制生产成本计算表，计算完工产品和在产品成本。

表 2－1－49（3/4）

产品入库单

2005 年 12 月 31 日　　字第＿＿＿＿号

品　名	规格型号	单位	数　量	单位成本	总成本	备注
升降器	BX618	只	1 800			

二联：财务

红钻有限公司　　负责人：曹大伟　　经手人：钱本洋

表 2－1－49（4/4）

产品入库单

2005 年 12 月 31 日　　字第＿＿＿＿号

品　名	规格型号	单位	数　量	单位成本	总成本	备注
组合开关	JK308	只	2 500			

二联：财务

红钻有限公司　　负责人：曹大伟　　经手人：钱本洋

表 2－1－50

内部转账单

2005 年 12 月 31 日

摘　要	金　额
结转本月应交未交增值税	77 420.33

表 2－1－51

应交税金及附加计算表

2005 年 12 月 31 日

项目	城建税		教育费附加	
计税额	提取比例	提取额	提取比例	提取额
77 420.33	7%	5 419.42	3%	2 322.61

表 2－1－52

产品销售成本计算表

2005 年 12 月 31 日

产品名称	期初结存			本期完工			本期销售		
	数量	单位成本	总成本	数量	单位成本	总成本	数量	单位成本	总成本
BX618	13 000	260	3 380 000	1 800	224.79	404 622	816	255.7177	208 665.64
JK308	39 000	98.00	3 822 000	2 500	90.26	225 648.20	10 000	97.5337	975 337.00

表 2－1－53（1/2）

内部转账单

转账日期 2005 年 12 月 31 日

摘　　要	转　账　项　目	金　　额
结转到本年利润账户	主营业务收入	2 074 864.00
结转到本年利润账户	营业外收入	
结转到本年利润账户	其他业务收入	

表 2－1－53（2/2）

内部转账单

转账日期 2005 年 12 月 31 日

摘　　要	转　账　项　目	金　　额
结转到本年利润账户	主营业务成本	1 184 002.64
结转到本年利润账户	主营业务税金及附加	7 741.83
结转到本年利润账户	其他业务支出	
结转到本年利润账户	营业费用	118 440.00
结转到本年利润账户	管理费用	175 340.63
结转到本年利润账户	财务费用	32 948.83
结转到本年利润账户	营业外支出	37 536.56

表 2－1－54

应交所得税计算表

2005 年 12 月 31 日

利润总额	调整项目金额	应纳税所得额	税率	应纳所得税额
518 853.51	20 650.86	539 504.37	33%	178 036.44

表 2－1－55

内部转账单

2005 年 12 月 31 日

摘　　要	金　　额
将所得税结转本年利润	*178 036.44*

表 2-1-56

内部转账单

2005 年 12 月 31 日

摘　要	金　额
将本年利润结转未分配利润	340 817.07

表 2-1-57

利润分配计算表

2005 年 12 月 31 日

利润分配项目	分配依据	提取比例	分配金额
提取法定盈余公积	340 817.07	10%	34 081.71
提取公益金	340 817.07	5%	17 040.85

表 2-1-58

内部转账单

2005 年 12 月 31 日

摘　要	转账项目	金　额
结转到“利润分配——未分配利润”明细账	利润分配——提取盈余公积	34 081.71
	利润分配——提取公益金	17 040.85

三、实训要求

1. 根据实训资料开设总账、明细账，并登记期初余额。

2. 根据实训资料所给的原始凭证编制高账凭证。

3. 根据记账凭证或有关原始凭证登记日记账和相关明细账。

4. 月末，根据记账凭证编制科目汇总表，并登记总账。

5. 将总账与相关明细账进行核对，并编制总分类账户本期发生额和余额试算平衡表。

6. 月末，根据总账及明细账资料编制 2005 年 12 月份的资产负债表和利润表。

7. 实训用凭证、账页：通用记账凭证 100 页；总账 50 页；三栏式明细账 60 页；现金、银行存款日记账各 1 页；数量金额式明细账 30 页；应交增值税明细账 1 页；多栏明细账 10 页；科目汇总表 2 页；总分类账本期发生额和余额试算平衡表 2 页；资产负债表、利润表各 1 张；记账凭证封面 1 张。

实训二　商品流通企业会计综合实训

一、实训目的

通过对商品流通企业会计模拟实训，在掌握工业企业会计核算基本技能和方法的基础上，进一步掌握商品流通企业会计核算的特点。商品流通企业与工业企业的主要区别是：由于经营活动的形式不同，经济业务发生也有所不同，工业企业是以供应、生产、销售为主线展开经营活动的，而商品流通企业则是以购进商品、销售商品为主线展开经营活动的。因此，本实训主要是围绕商品流通企业商品购、销、存活动设计经济业务，目的是使学生更好地理解和掌握商品流通企业会计核算的方法和技能。

二、实训资料

(一) 模拟实训企业基本资料

企业主体：大连金华办公设备有限责任公司

经营地址：大连市高新园区 508 号

电话：0411—4829361

经销商品：电脑、打印机、扫描仪、传真机和复印机等

经营方式：零售、零售价均为含税价

开户银行：中国建设银行园区支行

账号：8032420190

核算形式：数量售价金额核算，采用商品进销综合差价率，库存商品采用个别计价核算方式

税务登记：一般纳税人，增值税税率 17%

增值税纳税号为：210204242025900

会计期间：2005 年 12 月 1 日至 12 月 31 日

公司内部机构设置及职责：

商务部：订货及批发销售业务；

营销部：零售业务；

技术部：设备调试及售后服务；

财务部：财务管理与会计核算。

财务部分工：出纳员（谷玉中）：负责现金、银行存款的日常收付核算；

记账员(张单)：负责其他业务的日常核算及库存商品、往来、收入、费用等明细账的登记；

主管会计（曲红）：负责总账的登记、申报纳税和编制会计报表；

保管员（张宏）：负责库存商品的收、发、存的实物管理。

企业财务专用章、银行预留印鉴：见上右图。

（二）模拟实训企业会计相关资料

1. 2005 年 12 月 1 日总账账户余额见表 2－2－1、表 2－2－2。

表 2－2－1

资产总分类账户	借方余额	贷方余额	负债所有者权益总分类账户	借方余额	贷方余额
现金	800		短期借款		100 000
银行存款	970 000		应付账款		69 368.7
应收账款	150 000		预收账款		67 000
坏账准备		2 250	其他应交款		240
待摊费用	3 000		应交税金	3 200	
其他应收款	5 600		应付福利费		4 500
商品采购	20 000		其他应付款		2 300
库存商品	331 238.7		预提费用		6 000
商品进销差价		116 000	实收资本		1 600 000
存货跌价准备		65 000	资本公积		34 000
固定资产	840 000		盈余公积		120 000
累计折旧		94 180	未分配利润		320 000
无形资产	45 000				
合　计	2 597 638.7	277 430	合　计	3 200	2 323 408.7
	2 302 208.7				2 320 208.7

表 2－2－2

损益类账户	1—11 月份损益类账户发生额累计数	1—12 月份损益类账户发生额累计数
主营业务收入	5 980 000	
主营业务成本	5 197 000	
主营业务税金及附加	15 400	
营业费用	233 000	
管理费用	210 200	
财务费用	24 400	
本年利润	300 000	

该企业利润的计算采用年结法，1—11 月份的损益类账户发生额已转入“本年利润”账户。

2．“库存商品”明细账期初余额资料见表2－2－3。

表2－2－3

商品名称	型号　规格	结存数量	单位进价（不含税）	单位售价（含税价）	余　额
电　脑	宏基9100——M	5台	12 200	14 976	74 880
	联想奔月4000	10台	10 100	12 517.83	125 178.3
扫描仪	宏基640P	10台	540	690.3	6 903
传真机	飞利浦241	5台	2 000	2 644.2	13 221
	兄弟315	3台	1 400	1 708.2	5 124.6
打印机	爱普生C40	2台	620	725.4	1 450.8
	爱普生C20	2台	850	994.50	1 989
	爱普生1600K	5台	2 760	3 393	16 965
复印机	东芝3210	1台	42 500	53 586	53 586
	施乐2015	2台	11 300	16 965	33 930
合　计					333 227.7

3．2005年12月发生如下经济业务（商品购入全部为机开增值税专用发票，进价为不含税价格；销售商品分为普通发票和机开增值税专用发票两种）：

（1）12月1日，从大连联想电脑公司购入天鹊180台式电脑20台，单位进价5 980元，以支票付款。商品已验收入库，单位售价8 073元（见表2－2－4）。

（2）12月2日，从本市拓金复印机经销公司购入施乐V2015复印机2台，单位进价13 200元，货款暂欠。商品已验收入库，单位售价16 965元（见表2－2－5）。

（3）12月3日，用电汇结算方式收回沈阳财经学院前欠购电脑款26万元（见表2－2－6）。

（4）12月3日，本公司汽车购93号汽油25升，单价4.20元，以现金结算（见表2－2－7）。

（5）12月5日，工商管理学院购联想天鹊180电脑20台，单位售价8 073元，开出普通发票两张（每10台一张），并收到支票一张，货款161 460元。工商管理学院地址：中山区北京街5号；开户银行：商业银行中山支行，账号：6874523009（见表2－2－8）。

（6）12月5日，零售爱普生1600K打印机2台，单位售价3 393元；爱普生C20打印机2台，单位售价1 989元。收入现金并送交银行。

(7) 12月7日，从北京金迪尔电子有限公司购入宏基（ACER）3200—M电脑10台，单位进价11 000元，以电汇方式结算。商品已验收入库，单位售价13 221元（见表2-2-9）。

(8) 12月8日，华联商业集团购买东芝复印机1台，单位售价53 586元，开出增值税专用发票一张，货款收到，支票一张，并已存入银行。华联商业集团地址：大连西岗区北京街135号；税务登记号：210875943986142；开户银行：商业银行西岗支行；账号：7809321780（见表2-2-10）。

(9) 12月9日，从深圳华讯科技有限公司购入飞利浦241传真机8台，单位进价2 000元，货款已办理电汇结算。商品已验收入库，单位售价2 644.20元（见表2-2-11）。

(10) 12月9日，公司准备参加市教委采购电脑等办公设备的政府采购投标，购标书支付现金500元（见表2-2-12）。

(11) 12月10日，建设银行园区支行转来公司存款利息162.15元（见表2-2-13）。

(12) 12月12日，市教委购奔月电脑10台，单位售价12 517.83元；飞利浦241传真机2台，单位售价2 644.20元；爱普生C20打印机2台，单位售价725.40元。开出普通发票2张，货款暂欠。

(13) 12月13日，零售宏基640P扫描仪5台，单位售价690.30元；宏基9100M电脑1台，单位售价14 976元。货款收取现金并已送存银行。

(14) 12月14日，公司购办公用汽车一辆，价值145 000元；车辆购置税12 393元；保险费6 200元，已分别用支票支付（见表2-2-14、表2-2-15、表2-2-16）。

(15) 12月15日，发放本月工资。

(16) 12月15日，支付上月公司水电费1495.44元（见表2-2-17）。

(17) 12月16日，从沈阳益通电脑网络有限公司购入爱普生（EPSON）C40打印机10台，单位进价545元，货款暂欠。商品验收入库时，发现短缺一台，经查原因属对方少发货，其他9台已验收入库，单位售价725.4元（见表2-2-18）。

(18) 12月17日，12月7日从北京金迪尔电子有限公司购入的宏基3200—M电脑型号不对，应为9100—M，经双方协商同意退货（见表2-2-19）。

(19) 12月18日，以支票结算大连市中山区石军汽车货运户上半月运费870元（见表2-2-20）。

(20) 12月20日，零售双立打印社飞利浦241传真机5台，单位售价2 644.2元，开出普通发票一张，货款收到现金，并送存银行。

(21) 12月22日，从联想电脑公司购入天鹊180电脑50台，单位进价5 980元，以支票支付货款。商品已验收入库，单位售价8 073元（见表2-2-21）。

(22) 12月23日，育英小学购买联想电脑（天鹊180）10台，单位售价8 073元，开出普通发票一张，货款收到支票，并已存入银行（见表2-2-22）。

(23) 12月25日，零售联想电脑（天鹊180）20台，单位售价8 073元；爱普生C40打印机2台，单位售价725.4台。货款收到现金已送存银行。

(24) 12月26日，星海游乐园购买爱普生1600K打印机1台，单位售价3 393元；宏基9100—M电脑3台，单位售价14 976元；开出增值税专用发票一张。货款已收到支票，并存入银行。星海游乐园地址：大连市沙河口区星海街40号；税务登记号：210985749376810；开户银行：工商银行星海办事处；账号：4895672012（见表2-2-23）。

（25）12月27日，从联想电脑购入20台逐月2000电脑，单位进价6 600元；以支票付款。商品已验收入库，单位售价7 930元（见表2-2-24）。

（26）12月28日，零售兄弟315传真机3台，原单位售价1 708.20元；现降价为1 500元，开出普通发票一张。货款收到现金，已存入银行。

（27）12月28日，公司用支票缴纳物业管理费1 000元（见表2-2-25）。

（28）12月29日，银行转来特约委托收款凭证公司本月电话费632.86元（见表2-2-26）。

（29）12月29日，零售联想电脑（天鹊180）15台，单位售价8 073元。货款收到现金，已送存入银行。

（30）12月30日，年末盘点库存商品，发生短缺爱普生C40打印机2台，单位售价725.4元。经查，属已售漏记账，现转入待处理财产损溢。处理意见为冲减管理费用。从沈阳益通电脑网络购入时，少发货一台，处理转入应收账款。

（31）12月30日，办理2006年第一季度公司员工月票计1 380元，以支票结算（见表2-2-27）。

（32）12月30日，计提本月固定资产折旧。

（33）12月30日，用支票支付本月职工养老保险费6 800元（见表2-2-28）。

（34）12月30日，计提年末库存商品跌价准备5 000元。

（35）12月30日，计算并调整零售商品所含增值税。

（36）12月30日，计算并调整已销商品进销差价。

（37）12月30日，计提本月银行贷款利息2 500元；同时收到银行转来的贷款利息凭证7 500元（见表2-2-29）。

（38）12月30日，计算本月应缴纳的增值税、城市建设维护税、教育费附加。

（39）12月30日，计算并结转本月利润。

（40）12月30日，计算并结转本月所得税。

4. 大连金华办公设备经销有限公司12月份外来原始凭证见表2-2-4至表2-2-29。

表 2-2-4

辽宁省增值税专用发票

No.02405994

发票联

开票日期：2005 年 12 月 1 日

购货单位	名称：大连金华办公设备有限责任公司 纳税人识别号：21024242025900 地址 电话：大连高新园区 508 号 84829361 开户行及账号：中国建设银行园区支行 8032420190	密码区	略

货物或应税劳务名称	规格型号	单位	数量	单价	金额	税率	税额
联想电脑	天鹤 180	台	20	5 980.00	119 600.00	17%	20 332.00
合计					119 600.00		20 332.00
价税合计（大写）	壹拾叁万玖仟玖佰叁拾贰元整				（小写）￥139 932.00		

销货单位	名称：大连联想电脑有限公司 纳税人识别号：210659870321098 地址、电话：大连市西岗区人民路 9 号 87690450 开户行及账号：大连市商业银行西岗支行 1098908673	备注	

销货单位：（章） 收款人：赵红 复核：宁宁 开票人：王会

表 2-2-5

辽宁省增值税专用发票

No.00001465

发票联

开票日期：2005 年 12 月 2 日

购货单位	名称：大连金华办公设备有限责任公司 纳税人识别号：21024242025900 地址、电话：大连高新园区 508 号 84829361 开户行及账号：中国建设银行园区支行 8032420190	密码区	略

货物或应税劳务名称	规格型号	单位	数量	单价	金额	税率	税额
复印机	施乐 V2015	台	2	13 200.00	26 400.00	17%	4 488.00
合计					26 400.00		4 488.00
价税合计（大写）	叁万零捌佰捌拾捌元整				（小写）￥30 888.00		

销货单位	名称：拓金复印机经销公司 纳税人识别号：210678453209822 地址、电话：大连市沙河口区太原街 100 号 86908765 开户行及账号：大连市工商银行太原办事处 3568907612	备注	

销货单位：（章） 收款人：宋洋 复核：王芳菲 开票人：张化学

第二联：发票联 购货方记账凭证

表2－2－6　　中国工商银行信汇凭证（回单）　　4

委托日期 2005 年 12 月 3 日

汇款人	全　称	沈阳财经学院			收款人	全　称	大连金华办公设备有限公司	
	账　号 或住址	沈阳市北陵大街 34 号 工商银行沈河办事处 3750816740				账　号 或住址	大连高新园区 508 号 中国建设银行园区支行 8032420190	
	汇　出 地　点	沈阳市	汇出行 全　称	工商银行 沈河办事处		汇　入 地　点	大连市	汇入行 全　称 中国建设银行园区支行
金额	人民币 （大写）	贰拾陆万元整						百 十 万 千 百 十 元 角 分 ¥ 2 6 0 0 0 0 0 0
款项已汇入收款人账户 中国工商银行大连分行 沈河办事处 2005.12.3. 汇入行签章					支付密码			
					附加信息及用途 复核　记账			

此联给收款人收账通知

表2－2－7

中国石油天然气股份有限公司
大连销售分公司商业销售发票　　No.0420395

4841013152　　发　票　联

单位金华办公设备有限公司　　2005 年 12 月 3 日　　销货对象

品　名	规　格	单　位	数　量	单　价	十	万	千	百	十	元	角	分
汽油	93#	升	25	4.20			¥	1	0	5	0	0
数量大写	肆拾贰升	人民币（大写）	零拾零万零仟壹佰零拾伍元零角零分									

② 报销凭证

（印章：中国石油天然气股份有限公司大连销售分公司 (17) 发票专用章 210202716951354）

销售单位（章）：　　结算方式 现金 收款　　制票：王

税号：210202716951354

表 2-2-8　　**大连商业银行转账支票**（辽）　　支票号码 No.2986048600

出票日期(大写)　贰零零伍年壹拾贰月零伍日　　　　付款行名称:中山支行

收款人:大连金华办公设备有限公司　　　　出票人账号:6874523009

本支票付款期限十天

人民币 (大写):壹拾陆万壹仟肆佰陆拾元整	亿	千	百	十	万	千	百	十	元	角	分
			¥	1	6	1	4	6	0	0	0

用途______

上列款项请从

我账户内支付

出票人签章

财务专用章

表 2-2-9　　**辽宁省增值税专用发票**　　No.06405954

发　票　联

开票日期:2005 年 12 月 7 日

购货单位	名　　称:大连金华办公设备有限责任公司 纳税人识别号:21024242025900 地 址、电 话:大连高新园区 508 号 84829361 开户行及账号:中国建设银行园区支行 8032420190					密码区	略	
货物或应税劳务名称	规格型号	单位	数　量	单　价	金　额	税率	税　额	
宏基电脑	3200-M	台	10	11 000.00	110 000.00	17%	17 800.00	
合　　计					110 000.00		17 800.00	
价税合计(大写)	贰拾贰万捌仟柒佰元整					(小写)¥ 128 700.00		
销货单位	名　　称:北京金迪尔电子有限公司 纳税人识别号:110234568902344 地 址、电 话:北京市海淀区朝阳里 133 号 010-27690450 开户行及账号:北京工商银行海淀支行 8907654302					备注		

第二联:发票联　购货方记账凭证

北京金迪尔电子有限公司　财务专用章

销货单位:(章)　　收款人:刘玲　　复核:张芳芳　　开票人:姜伟

表 2－2－10　　大连商业银行转账支票(辽)　　支票号码 No.0909867369

本支票付款期限十天

出票日期(大写)　贰零零伍年壹拾贰月零捌日　　付款行名称:西岗支行

收款人:大连金华办公设备有限公司　　出票人账号:7809321780

人民币	亿	千	百	十	万	千	百	十	元	角	分
(大写):伍万叁仟伍佰捌拾陆元整			¥	5	3	5	8	6	0	0	

Correction of alignment: ¥53 586.00

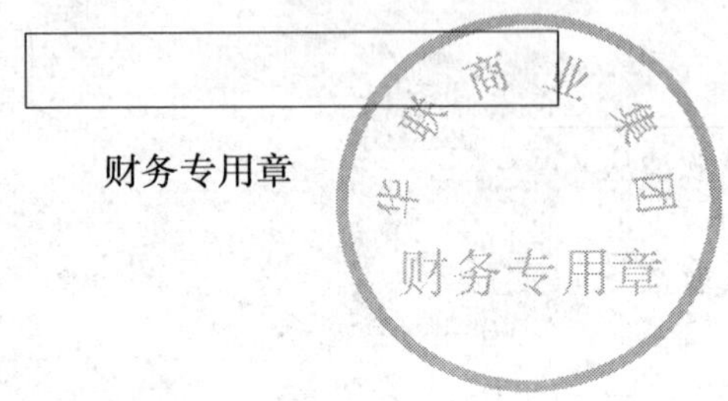

用途________

上列款项请从　　　　　　　　财务专用章
我账户内支付
出票人签章　刘军富印

表 2－2－11　　辽宁省增值税专用发票　　No.05405092

发 票 联

开票日期:2005 年 12 月 9 日

购货单位	名　　称:大连金华办公设备有限责任公司 纳税人识别号:21024242025900 地 址 、电 话:大连高新园区 508 号 84829361 开户行及账号:中国建设银行园区支行 8032420190				密码区	略		
货物或应税劳务名称	规格型号	单位	数 量	单 价	金 额	税率	税 额	
传真机	飞利浦 241	台	8	2 000.00	16 000.00	17%	2 720.00	
合　　计					16 000.00		2 720.00	
价税合计(大写)	壹万捌仟柒佰贰拾元整				(小写)¥ 18 720.00			
销货单位	名　　称:深圳华讯科技有限公司 纳税人识别号:110689453782958 地 址 、电 话:深圳南山区华盛路 45 号 开户行及账号:深圳市商业银行西强支行 5890456324				备注			

第二联:发票联　购货方记账凭证

销货单位:(章)　　收款人:王强　　复核:李小伟　　开票人:刘佳

表 2－2－12

行政事业单位往来款专用收据

№ 0085774

辽财政监大字第 023 号

2005 年 12 月 9 日

付款单位(或交款人)	大连金华办公设备有限公司		付款方式	现金						
收款项目	数量	收款标准	金额							
			十	万	千	百	十	元	角	分
标书款	5	100.00			¥	5	0	0	0	0
合计					¥	5	0	0	0	0
金额(大写)	零拾零万零仟伍佰零拾零元零角零分									

三、给付款单位作收据

收款单位(盖章)：　　　　收款人：张红江

（印章：大连经济技术开发区 (3) 机关事业单位经费核算中心 财务专用章 2102210025538）

表 2－2－13

大连市建设银行 存款利息回单

2005 年 12 月 10 日

	账号	803245210100136	收款单位	账号	8032420190
	户名	利息支出		户名	大连金华办公设备有限公司
	开户银行			开户银行	建行园区支行
积数：		利率： ‰		利息 162.15	
______户第 季度利息					
				银行盖章	

收账通知

（印章：中国建设银行 园区支行 财务专用章）

表 2－2－14

代征车辆购置税缴税收据

2005 年 12 月 14 日(2005)　　　　4110007644

车主	大连金华办公设备有限公司				
车辆厂牌型号	捷达 FV7160 AT		国产/进口	国产	
车辆计税价格	123931.62	缴税金额	12393.00	滞纳金	0.00
合计金额(大写)	壹万贰仟叁佰玖拾叁元整			¥ 12393.00	
发给车辆购置税完税证明号码：	0000817758 号				

第二联 纳税人收执

代征单位：大连市车购办　　　　收款人：王丽　　　　制据人：

（印章：中华人民共和国交通部 车辆购置税；大连市车辆附加费征收稽查处 现金收讫）

表 2-2-15　　中国人民保险公司大连市分公司

发　票　联

No.0201916

日期 Date:　　2005年12月14日　　大地税(05)第一版(5)

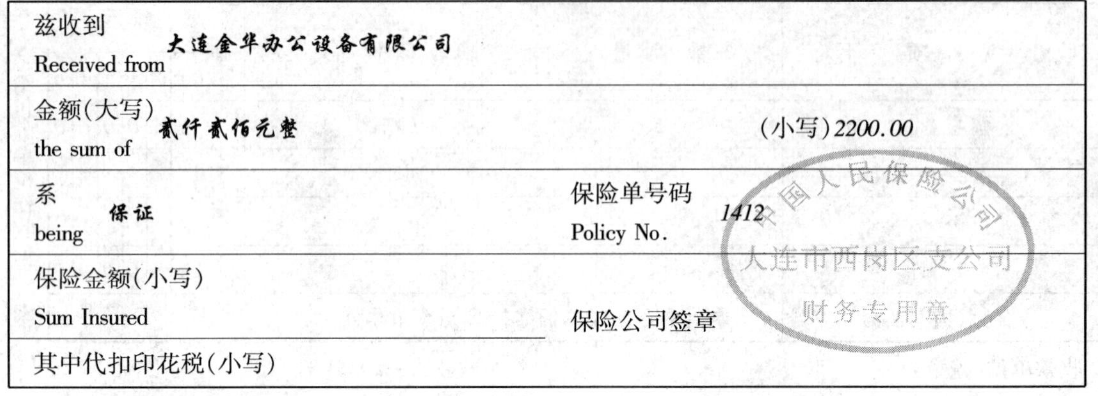

兹收到 Received from　大连金华办公设备有限公司	
金额(大写) the sum of　贰仟贰佰元整	(小写)2200.00
系 being　保证	保险单号码 Policy No.　1412
保险金额(小写) Sum Insured	保险公司签章
其中代扣印花税(小写)	

收款人　　经办人

二、被保险人留存

表 2-2-16　　机动车销售统一发票　　№ 0033676

2531002163

发　票　联

2005年12月14日

购货单位(人)	大连金华办公设备有限公司		身份证号码/组织机构代码	24292537-2	
类型	轿车	厂牌型号	捷达FV7160AT	产　地	长春
证号	No.0130062B	进口证明书号		商检单号	
号码	AHP084347		车架号码/车辆识别代码	LFVAA21G613008203	
单价	145 000.00			合同单号	
名称	费		费	费	
金额					
合计金额	(大写)　零佰壹拾肆万伍仟零佰零拾零元零角零分			¥ 145 000.00	
单位名称	大连九九集团汽车销售服务有限公司	地　址	甘井子区凌南路5号	电话	4693884
识别号	210211242386305	开户银行	工行泉分(北)	账号	201006304718883
一车一票			审核单位(盖章)		

销货单位:(章)　　开票人:　　收款人:

第二联　发票联

表 2－2－17　　辽宁省大连市代收代垫费用分割结算发票　　No.0088817

发　票　联

大连金华办公设备有限公司　　2005 年 12 月 15 日　　大地税（05）第一版（3）

代垫费用项目名称	计量单位	收费标准	数量	金额 千	百	十	元	角	分
月水电费				1	4	9	5	4	4
金额（大写）	壹仟肆佰玖拾伍元肆角肆分			1	4	9	5	4	4

单位（盖章有效）　　收款人：　　开票人：张

②报销凭证

表 2－2－18

辽宁省增值税专用发票　　No.0006467

发　票　联

开票日期：2005 年 12 月 16 日

购货单位	名称：大连金华办公设备有限责任公司 纳税人识别号：21024242025900 地址、电话：大连高新园区 508 号 84829361 开户行及账号：中国建设银行园区支行 8032420190				密码区	略	
货物或应税劳务名称	规格型号	单位	数量	单价	金额	税率	税额
打印机	爱普生 C40	台	10	545.00	5 450.00	17%	926.50
合计					5 450.00		926.50
价税合计（大写）	陆仟叁佰柒拾陆元伍角整				（小写）￥6 376.50		
销货单位	名称：沈阳益通网络有限公司 纳税人识别号：301857943974278 地址、电话：沈阳南湖科技开发区 10 号 024－68753421 开户行及账号：招商银行沈阳分行科技开发区支行 8690453758				备注		

销货单位：（章）　　收款人：王强　　复核：李小伟　　开票人：刘金

第二联：发票联　购货方记账凭证

表 2－2－19

辽宁省增值税专用发票

发 票 联

No.06405963

开票日期：2005 年 12 月 17 日

购货单位	名称：大连金华办公设备有限责任公司 纳税人识别号：2102424202590 0 地址、电话：大连高新园区 508 号 84829361 开户行及账号：中国建设银行园区支行 8032420190				密码区	略	
货物或应税劳务名称	**规格型号**	**单位**	**数量**	**单价**	**金额**	**税率**	**税额**
宏基电脑	3200－M	台	10	11 000.00	110 000.00	17%	17 800.00
合计					110 000.00		17 800.00
价税合计（大写）	壹拾贰万捌仟柒佰元整				（小写）￥128 700.00		
销货单位	名称：北京金迪尔电子有限公司 纳税人识别号：110234568902344 地址、电话：北京市海淀区朝阳里 133 号 010－27690450 开户行及账号：北京工商银行海淀支行 8907654302				备注	冲减 12 月 7 日购货（红字）	

销货单位：（章）　　收款人：刘玲　　复核：张芳芳　　开票人：姜伟

第二联：发票联　购货方记账凭证

表 2－2－20（1/3）

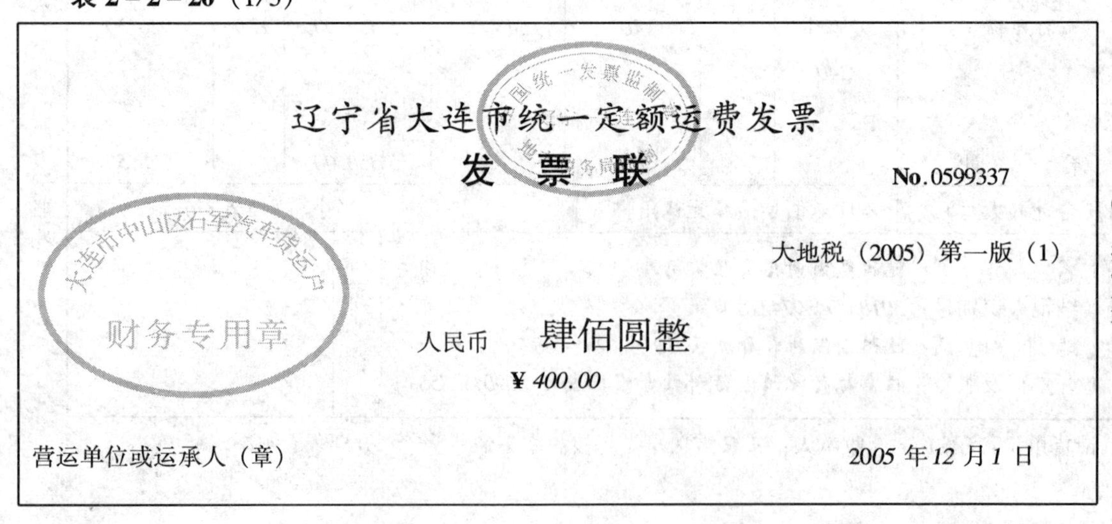

辽宁省大连市统一定额运费发票

发 票 联

No.0599337

大地税（2005）第一版（1）

人民币　肆佰圆整

￥400.00

营运单位或运承人（章）　　2005 年 12 月 1 日

② 报销凭证

表2－2－20（2/3）

辽宁省大连市统一定额运费发票

发 票 联

No.0599336

大地税（2005）第一版（1）

人民币 肆佰圆整

￥400.00

营运单位或运承人（章） 2005年12月1日

②报销凭证

表2－2－20（3/3）

辽宁省大连市统一定额运费发票

发 票 联

No.0599335

大地税（2005）第一版（1）

人民币 柒拾圆整

￥70.00

营运单位或运承人（章） 2005年12月2日

②报销凭证

表2－2－21 辽宁省增值税专用发票 No.02405997

发 票 联

开票日期：2005年12月22日

<table>
<tr><td rowspan="4">购货单位</td><td colspan="6">名　　称：大连金华办公设备有限责任公司</td><td rowspan="4">密码区</td><td colspan="2" rowspan="4">略</td></tr>
<tr><td colspan="6">纳税人识别号：21024242025900</td></tr>
<tr><td colspan="6">地 址 、电 话：大连高新园区508号84829361</td></tr>
<tr><td colspan="6">开户行及账号：中国建设银行园区支行8032420190</td></tr>
<tr><td colspan="2">货物或应税劳务名称</td><td>规格型号</td><td>单位</td><td>数 量</td><td>单 价</td><td colspan="2">金 额</td><td>税率</td><td>税 额</td></tr>
<tr><td colspan="2">联想电脑</td><td>天鹊180</td><td>台</td><td>50</td><td>5 980.00</td><td colspan="2">299 000.00</td><td>17%</td><td>50 830.00</td></tr>
<tr><td colspan="2">合　　计</td><td></td><td></td><td></td><td></td><td colspan="2">299 000.00</td><td></td><td>50830.00</td></tr>
<tr><td colspan="2">价税合计（大写）</td><td colspan="6">叁拾肆万玖仟捌佰叁拾元整</td><td colspan="2">（小写）￥349 830.00</td></tr>
<tr><td rowspan="4">销货单位</td><td colspan="6">名　　称：大连联想电脑有限公司</td><td rowspan="4">备注</td><td colspan="2" rowspan="4"></td></tr>
<tr><td colspan="6">纳税人识别号：210659870321098</td></tr>
<tr><td colspan="6">地 址 、电 话：大连市西岗区人民路9号87690450</td></tr>
<tr><td colspan="6">开户行及账号：大连市商业银行西岗支行1098908673</td></tr>
</table>

销货单位：（章）　收款人：赵红　复核：宁宁　开票人：王会

第二联：发票联　购货方记账凭证

表 2－2－22 中国工商银行**转账支票**（辽） 支票号码 No.0290758

出票日期(大写) 贰零零伍年壹拾贰月贰拾叁日 付款行名称:青泥支行

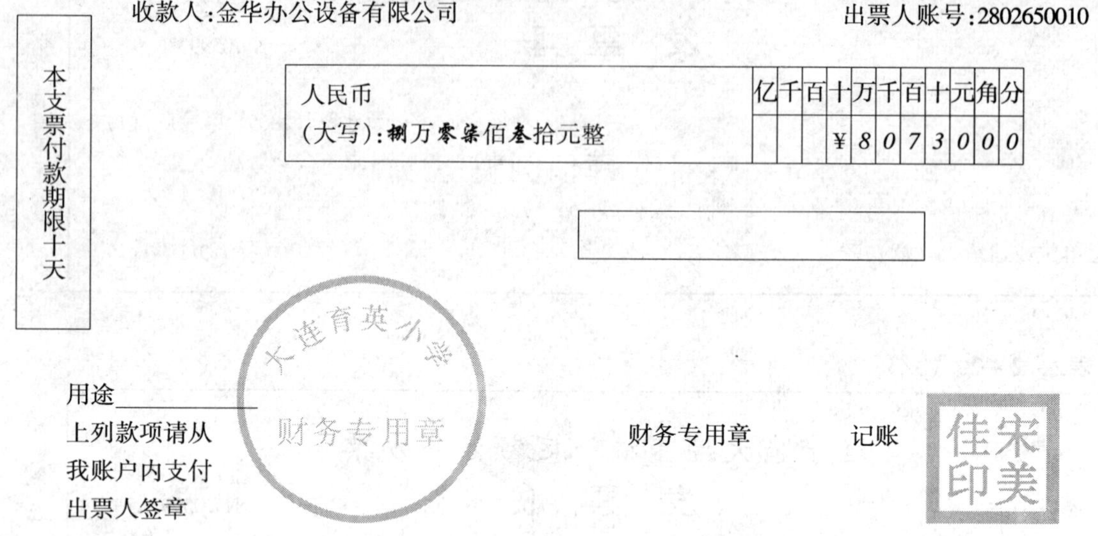

收款人:金华办公设备有限公司 出票人账号:2802650010

本支票付款期限十天

人民币 (大写):捌万零柒佰叁拾元整	亿	千	百	十	万	千	百	十	元	角	分
				¥	8	0	7	3	0	0	0

用途________

上列款项请从

我账户内支付

出票人签章

大连育英小学 财务专用章

财务专用章 记账 宋佳 美印

表 2－2－23 中国工商银行**转账支票**（辽） 支票号码 No.0387695008

出票日期(大写) 贰零零伍年壹拾贰月贰拾陆日 付款行名称:星海支行

收款人:大连金华办公设备有限公司 出票人账号:4895672012

本支票付款期限十天

人民币 (大写):肆万捌仟叁佰贰拾壹元整	亿	千	百	十	万	千	百	十	元	角	分
				¥	4	8	3	2	1	0	0

用途________

上列款项请从

我账户内支付

出票人签章

星海游乐园 财务专用章

财务专用章 张国 方印

表 2-2-24

辽宁省增值税专用发票

No.02405999

发 票 联

开票日期:2005 年 12 月 27 日

<table>
<tr><td rowspan="4">购货单位</td><td colspan="5">名　　称:大连金华办公设备有限责任公司</td><td rowspan="4">密码区</td><td colspan="3" rowspan="4">略</td></tr>
<tr><td colspan="5">纳税人识别号:21024242025900</td></tr>
<tr><td colspan="5">地 址 、电 话:大连高新园区 508 号 84829361</td></tr>
<tr><td colspan="5">开户行及账号:中国建设银行园区支行 8032420190</td></tr>
<tr><td colspan="2">货物或应税劳务名称</td><td>规格型号</td><td>单位</td><td>数 量</td><td>单 价</td><td colspan="2">金 额</td><td>税率</td><td>税 额</td></tr>
<tr><td colspan="2">联想电脑</td><td>逐月</td><td>台</td><td>20</td><td>6 600.00</td><td colspan="2">132 000.00</td><td>17%</td><td>22 440.00</td></tr>
<tr><td colspan="2">合　　计</td><td></td><td></td><td></td><td></td><td colspan="2">132 000.00</td><td></td><td>22 440.00</td></tr>
<tr><td colspan="2">价税合计(大写)</td><td colspan="8">壹拾伍万肆仟肆佰肆拾元整　　　　(小写)¥154 440.00</td></tr>
<tr><td rowspan="4">销货单位</td><td colspan="5">名　　称:大连联想电脑有限公司</td><td rowspan="4">备注</td><td colspan="3" rowspan="4"></td></tr>
<tr><td colspan="5">纳税人识别号:210659870321098</td></tr>
<tr><td colspan="5">地 址 、电 话:大连市西岗区人民路 9 号 87690450</td></tr>
<tr><td colspan="5">开户行及账号:大连市商业银行西岗支行 1098908673</td></tr>
</table>

销货单位:(章)　　收款人:赵红　　复核:宁宁　　开票人:王会

第二联:发票联 购货方记账凭证

大连联想电脑有限公司 财务专用章

表 2-2-25

大连市工商系统监制

专 用 收 据

辽财政监大字第 017 号　　2005 年 12 月 28 日　　0260699

<table>
<tr><td colspan="2">缴款单位(缴款人) 大连高新园区金华办公设备有限公司</td><td colspan="7">收款单位(收款人) 园区分局高新技术产品市场管理所</td></tr>
<tr><td rowspan="2">收 费 项 目</td><td rowspan="2">收 费 标 准</td><td colspan="7">金 额</td></tr>
<tr><td>十</td><td>万</td><td>千</td><td>百</td><td>十</td><td>元</td><td>角</td><td>分</td></tr>
<tr><td>管理费</td><td>100 元/月</td><td></td><td>¥</td><td>1</td><td>0</td><td>0</td><td>0</td><td>0</td><td>0</td></tr>
<tr><td></td><td></td><td></td><td></td><td></td><td></td><td></td><td></td><td></td><td></td></tr>
<tr><td></td><td></td><td></td><td></td><td></td><td></td><td></td><td></td><td></td><td></td></tr>
<tr><td colspan="2">人民币(大写)合计壹仟元整</td><td></td><td>¥</td><td>1</td><td>0</td><td>0</td><td>0</td><td>0</td><td>0</td></tr>
<tr><td colspan="10">收款人:毕可建　15:27:03　　　　现金</td></tr>
</table>

第三联 缴款单位报销凭证

大连市工商行政管理局高新技术产业园区 (2) 财政缴款专户 财务专用章

说明:1. 以上各联“收费标准”一栏须填写复合式收费标准,比如:元/月,元/人,元/件等。

2. 本收据为一式三联,不得涂改,如写错,不得撕掉,以保留备查。

表 2-2-26(1/2)　　同城特约委托收款专用发票　　0008156

大地税(2005)第一版(6)　　委托日期 2005 年 12 月 29 日　　委托号码：

付款人	全称	大连金华办公设备有限公司		收款人	全　称	中国联通有限公司大连分公司	
	账号或地址	803242019002090			账号或地址	651382600058860	
	开户银行	商行高新园区支行星海营业所			开户银行	中信西岗办　行号：6513	
委收金额	人民币(大写)	壹佰壹拾叁元柒角整				千百十万千百十元角分：¥11370	
款项内容	IP 电话：113.70		单证张数	1		合同号码	30200117
备注							
通话周期：2001-11-21-2001-12-20				收款单位盖章			

报销凭证

表 2-2-26(2/2)

移动通信专用

特种委托收款结算凭证(支款通知 代收据)　　0121569

委托日期 2005 年 12 月 29 日

大地税(2005)第一版(3)　　据大银会便字〈2005〉6 号文见单付款

付款人	全称	大连金华办公设备有限公司		收款人	全　称	辽宁移动通信有限责任公司大连分公司	
	账号或地址	803242019002090			账号	800412019008883	
	开户银行	建设银行高新园区			开户银行	大连市商业银行西岗支行	
委收金额	人民币(大写)	伍佰壹拾玖元壹角陆分				¥519.16	
款项内容		电信资费		协议号	13804262831	附寄单证张数	
通话费	¥436.7	月租费	¥50	代收据	付款人注意： 1. 根据结算方式规定，上列委托收款，如在付款期限内未拒付时，即视同全部同意付款，以此联代付款通知。 2. 如需提前付款或多付款时，应另写书面通知送银行办理。 3. 如系全部或部分拒付，应在付款期限内另填拒绝付款理由书送银行办理。		
长话费	¥22.26	168	¥0				
漫游费	¥0.2	特服费	¥10				
欠费		滞纳金					
其他	¥0						

③此联付款人开户银行给付款人按期付款的通知

单位主管　　会计　　复核　　记账　　付款人开户行盖章　　年　月　日

表 2－2－27

大连市公共电、汽车联合售票室购票发票(办公、高龄票)

发 票 联

№10126549

购票单位：大连金华办公设备有限公司

联系电话：4829361　　2005 年 12 月 30 日　　大地税(2001)第一版(3)

票种	付券		金额	票号	审核章
	票价	张数			
办公票(季)	138.00	10	1380.00	27748－34	
高龄票(半年)	36.00				
合计金额	(大写)人民币	现金	壹仟叁佰捌拾元整		
		支票			

大连市公共电汽车联合售票处 太原售票室 2005.12.30 售票专用章 (07)

②报销凭证

表 2－2－28

专用收款收据存根

№0248087

辽财会账证 49 号

收款日期 2005 年 12 月 30 日 (2000)一版

付款单位(交款人)	大连金华办公设备有限公司	收款单位(领款人)	职工医疗保险管理中心	收款项目											
人民( )币(大写)	陆仟捌佰元整			千	百	十	万	千	百	十	元	角	分	结算方式	
							¥	6	8	0	0	0	0		
收款事由	2005 年 12 月医保费			经办	部门										
					人员										
上述款项照数收讫无误。收款单位财会专用章：(领款人签章)				会计主管	稽核	出纳	交款人								

大连职业医疗保险管理中心 财务专用章

第三联 给付款单位做收据

使用规定：1. 本收据只做非经营性专用收款收据，不能代替发票使用。

2. 结算方式按现金、转账、付委、信汇、电汇、托收承付，托收无承付等方式分别填列。

3. 本收据一式三联复写，不得涂改，如写错，不得撕掉要保留备查。

表 2-2-29

中国工商银行兴安办事行/处贷款利息凭证

2005 年 12 月 30 日

<table>
<tr><td rowspan="3">收款单位</td><td>账　　号</td><td>261</td><td rowspan="3">收款单位</td><td>账　　号</td><td>8032420190　　代号</td><td rowspan="3">付款凭证</td></tr>
<tr><td>户　　名</td><td>营业收入</td><td>户　　名</td><td>大连金华办公设备有限公司</td></tr>
<tr><td>开户银行</td><td>工商行兴安办事处</td><td>开户银行</td><td>中国建设银行园区支行</td></tr>
<tr><td colspan="3">积数：100000</td><td colspan="2">利率：　2.5‰</td><td>利息 2500.00</td><td></td></tr>
<tr><td colspan="3">中国工商银行大连市兴安办事处 2005.12.30 转讫
＿＿＿＿户第四季度利息</td><td colspan="3">科目＿＿＿＿＿＿
对方科目＿＿＿＿＿
复核员：　　　　记账员：</td><td></td></tr>
</table>

5. 大连金华办公设备有限公司 12 月份自制原始凭证如下：

（1）银行支票 10 张（其中转账支票 9 张、现金支票 1 张）；

（2）电汇凭证 2 张；

（3）进账单 4 张；

（4）现金交款单 6 张；

（5）增值税专用发票 2 张；

（6）商业零售普通发票 7 张；

（7）商品验收单 7 张；

（8）商品出库单 12 张；

（9）工资支付明细表 1 张；

（10）固定资产折旧计算表 1 张；

（11）商品购进短缺溢余报告单 1 张；

（12）商品调价差额计算单 1 张；

（13）商品盘点短缺溢余报告单 1 张；

（14）商品日销售表 4 张；

（15）已销商品进销差价计算表 1 张；

（16）含税商品销售收入进项税额分解表 1 张；

（17）应交城市维护建设税、教育费附加计算表 1 张；

（18）应交所得税计算表 1 张；

（19）利润分配计算表 1 张。

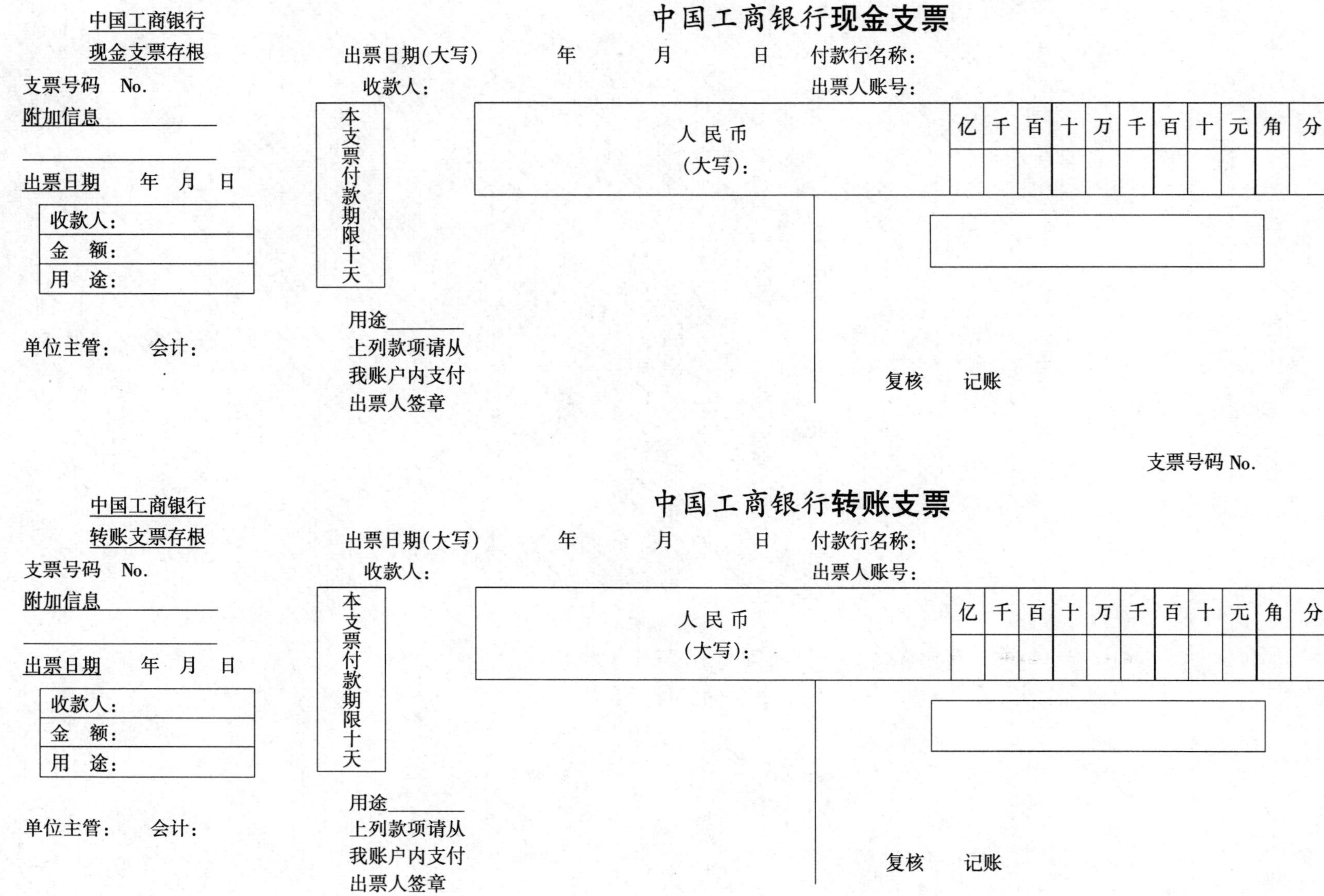

中国工商银行
现金支票存根
支票号码 No.
附加信息

出票日期 年 月 日

收款人：
金　额：
用　途：

单位主管： 会计：

支票号码 No.

中国工商银行现金支票

出票日期(大写)　　年　　月　　日　付款行名称：
收款人：　　出票人账号：

本支票付款期限十天

人民币（大写）：	亿	千	百	十	万	千	百	十	元	角	分

用途
上列款项请从
我账户内支付
出票人签章

复核　记账

中国工商银行
转账支票存根
支票号码 No.
附加信息

出票日期 年 月 日

收款人：
金　额：
用　途：

单位主管： 会计：

支票号码 No.

中国工商银行转账支票

出票日期(大写)　　年　　月　　日　付款行名称：
收款人：　　出票人账号：

本支票付款期限十天

人民币（大写）：	亿	千	百	十	万	千	百	十	元	角	分

用途
上列款项请从
我账户内支付
出票人签章

复核　记账

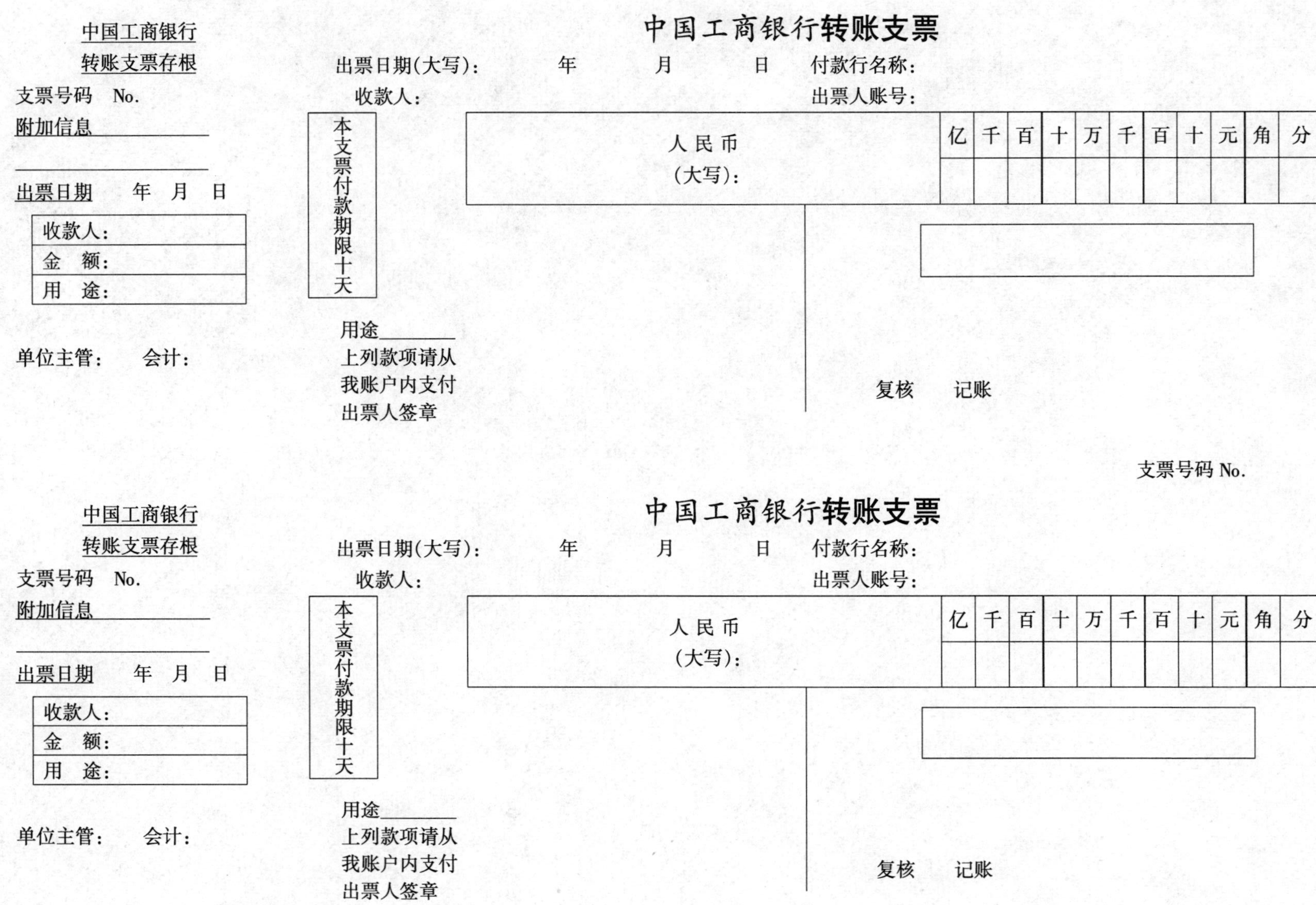

中国工商银行
转账支票存根
支票号码 No.
附加信息

出票日期 年 月 日

收款人：
金 额：
用 途：

单位主管： 会计：

支票号码 No.

中国工商银行转账支票

出票日期(大写)： 年 月 日 付款行名称：
收款人： 出票人账号：

本支票付款期限十天

人民币 (大写)：	亿	千	百	十	万	千	百	十	元	角	分

用途
上列款项请从
我账户内支付
出票人签章

复核 记账

中国工商银行
转账支票存根
支票号码 No.
附加信息

出票日期 年 月 日

收款人：
金 额：
用 途：

单位主管： 会计：

支票号码 No.

中国工商银行转账支票

出票日期(大写)： 年 月 日 付款行名称：
收款人： 出票人账号：

本支票付款期限十天

人民币 (大写)：	亿	千	百	十	万	千	百	十	元	角	分

用途
上列款项请从
我账户内支付
出票人签章

复核 记账

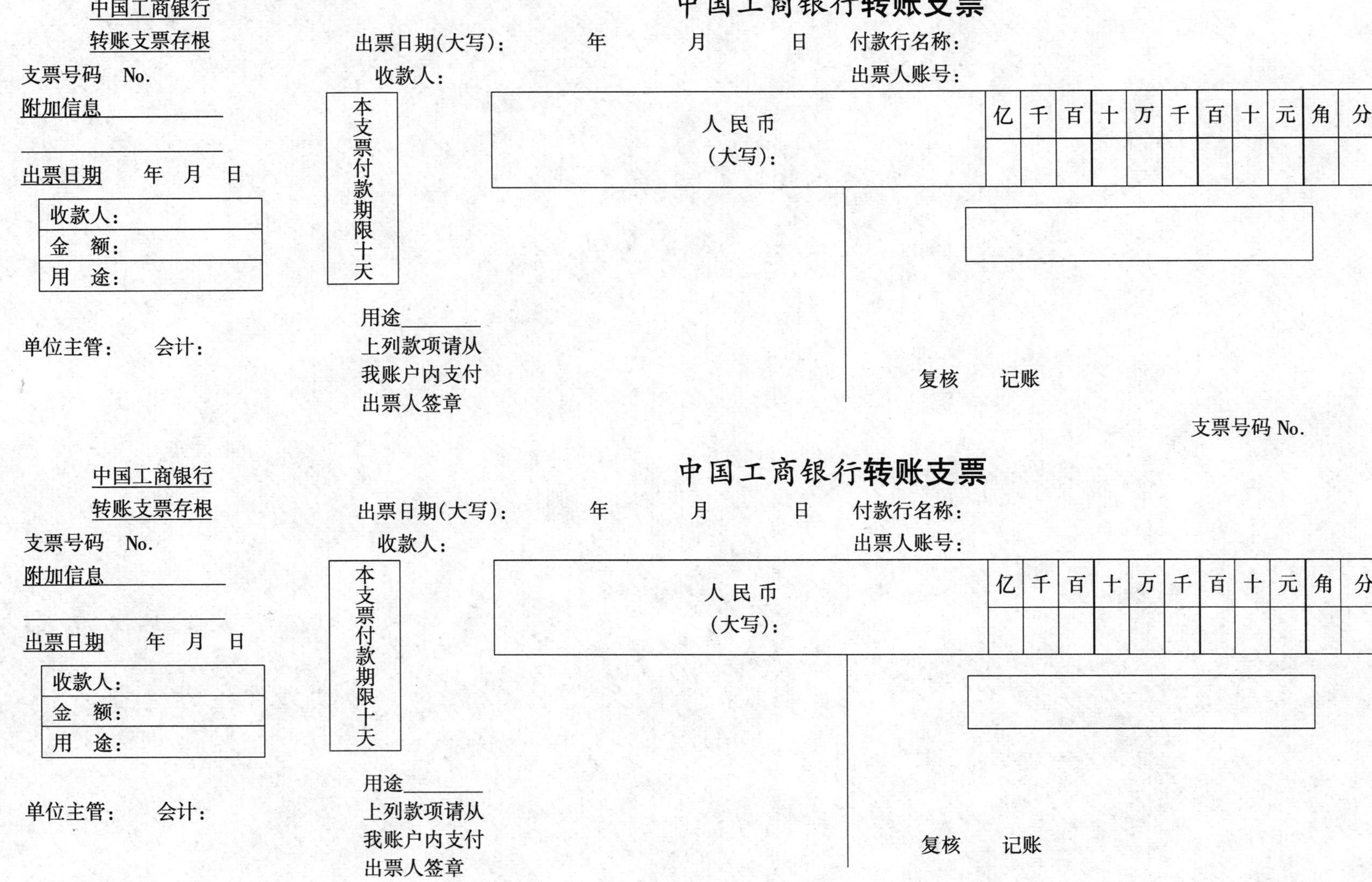

中国工商银行
转账支票存根
支票号码 No.
附加信息

出票日期 年 月 日

收款人：
金 额：
用 途：

单位主管： 会计：

支票号码 No.

中国工商银行转账支票

出票日期(大写)： 年 月 日 付款行名称：
收款人： 出票人账号：

本支票付款期限十天

人民币（大写）：	亿	千	百	十	万	千	百	十	元	角	分

用途
上列款项请从
我账户内支付
出票人签章

复核 记账

中国工商银行
转账支票存根
支票号码 No.
附加信息

出票日期 年 月 日

收款人：
金 额：
用 途：

单位主管： 会计：

支票号码 No.

中国工商银行转账支票

出票日期(大写)： 年 月 日 付款行名称：
收款人： 出票人账号：

本支票付款期限十天

人民币（大写）：	亿	千	百	十	万	千	百	十	元	角	分

用途
上列款项请从
我账户内支付
出票人签章

复核 记账

中国工商银行
转账支票存根
支票号码 No.
附加信息

出票日期 年 月 日

收款人：
金 额：
用 途：

单位主管： 会计：

支票号码 No.

中国工商银行转账支票

出票日期(大写)： 年 月 日 付款行名称：
收款人： 出票人账号：

本支票付款期限十天

人民币（大写）：	亿	千	百	十	万	千	百	十	元	角	分

用途
上列款项请从
我账户内支付
出票人签章

复核 记账

中国工商银行
转账支票存根
支票号码 No.
附加信息

出票日期 年 月 日

收款人：
金 额：
用 途：

单位主管： 会计：

支票号码 No.

中国工商银行转账支票

出票日期(大写)： 年 月 日 付款行名称：
收款人： 出票人账号：

本支票付款期限十天

人民币（大写）：	亿	千	百	十	万	千	百	十	元	角	分

用途
上列款项请从
我账户内支付
出票人签章

复核 记账

中国工商银行
转账支票存根
支票号码 No.
附加信息

出票日期 年 月 日

收款人：
金　额：
用　途：

单位主管： 会计：

支票号码 No.

中国工商银行转账支票

出票日期(大写)： 年 月 日 付款行名称：
收款人： 出票人账号：

本支票付款期限十天

人民币（大写）：	亿	千	百	十	万	千	百	十	元	角	分

用途
上列款项请从
我账户内支付
出票人签章

复核 记账

中国工商银行
转账支票存根
支票号码 No.
附加信息

出票日期 年 月 日

收款人：
金　额：
用　途：

单位主管： 会计：

支票号码 No.

中国工商银行转账支票

出票日期(大写)： 年 月 日 付款行名称：
收款人： 出票人账号：

本支票付款期限十天

人民币（大写）：	亿	千	百	十	万	千	百	十	元	角	分

用途
上列款项请从
我账户内支付
出票人签章

复核 记账

（2）电汇凭证 2 张

中国工商银行电汇凭证(回单)　3

委托日期　　年　　月　　日

汇款人	全　称				收款人	全　称			
	账　号 或住址					账　号 或住址			
	汇　出 地　点		汇出行 全　称			汇　入 地　点	上海市	汇入行 全　称	市工商行
金额	人民币 (大写)								百 十 万 千 百 十 元 角 分
款项已汇入收款人账户 汇入行签章						支付密码			
						附加信息及用途 复核　　记账			

此联汇出行给付款人的回单　一

（3）进账单 4 张

工商银行进账单(收账通知)　3

年　　月　　日　　　　第　　号

出票人	全称		收款人	全称	
	账号			账号	
	开户银行			开户银行	
人民币 (大写)					千 百 十 万 千 百 十 元 角 分
票据种类	支票	票据张数	1		
票据号码					
					收款人开户行盖章
复核　　记账					

券种明细

券种	金额
壹佰元	
伍拾元	
拾元	
伍元	
贰元	
壹元	
伍角	
贰角	
壹角	
其它	
合计	

中国建设银行
现金交款单

本次交款情况记录	
多款	已退回
少款	已补收

第三联 由银行盖章后退回单位

缴款日期　　年　　月　　日

交款单位	全称		账号	
	开户银行		款项来源	
人民币（大写）			百十万千百十元角分	
现金收讫			出纳复核员　出纳收款员 会计复核员　记账员	

券种明细

券种	金额
壹佰元	
伍拾元	
拾元	
伍元	
贰元	
壹元	
伍角	
贰角	
壹角	
其它	
合计	

中国建设银行
现金交款单

本次交款情况记录	
多款	已退回
少款	已补收

第三联 由银行盖章后退回单位

缴款日期　　年　　月　　日

交款单位	全称		账号	
	开户银行		款项来源	
人民币（大写）			百十万千百十元角分	
现金收讫			出纳复核员　出纳收款员 会计复核员　记账员	

券种明细

券种	金额
壹佰元	
伍拾元	
拾元	
伍元	
贰元	
壹元	
伍角	
贰角	
壹角	
其它	
合计	

中国建设银行
现金交款单

本次交款情况记录	
多款	已退回
少款	已补收

第三联 由银行盖章后退回单位

缴款日期　　年　　月　　日

交款单位	全称		账号	
	开户银行		款项来源	
人民币（大写）			百十万千百十元角分	
现金收讫			出纳复核员　出纳收款员 会计复核员　记账员	

券种明细

券种	金额
壹佰元	
伍拾元	
拾元	
伍元	
贰元	
壹元	
伍角	
贰角	
壹角	
其它	
合计	

中国建设银行
现金交款单

本次交款情况记录	
多款	已退回
少款	已补收

缴款日期　　年　　月　　日

交款单位	全称		账号	
	开户银行		款项来源	
人民币（大写）				百十万千百十元角分
现金收讫		出纳复核员 会计复核员	出纳收款员 记账员	

第三联 由银行盖章后退回单位

券种明细

券种	金额
壹佰元	
伍拾元	
拾元	
伍元	
贰元	
壹元	
伍角	
贰角	
壹角	
其它	
合计	

中国建设银行
现金交款单

本次交款情况记录	
多款	已退回
少款	已补收

缴款日期　　年　　月　　日

交款单位	全称		账号	
	开户银行		款项来源	
人民币（大写）				百十万千百十元角分
现金收讫		出纳复核员 会计复核员	出纳收款员 记账员	

第三联 由银行盖章后退回单位

券种明细

券种	金额
壹佰元	
伍拾元	
拾元	
伍元	
贰元	
壹元	
伍角	
贰角	
壹角	
其它	
合计	

中国建设银行
现金交款单

本次交款情况记录	
多款	已退回
少款	已补收

缴款日期　　年　　月　　日

交款单位	全称		账号	
	开户银行		款项来源	
人民币（大写）				百十万千百十元角分
现金收讫		出纳复核员 会计复核员	出纳收款员 记账员	

第三联 由银行盖章后退回单位

2102012141 **大连增值税专用发票** №00001465

开票日期：　年　月　日　　此联不作报销、扣税凭证使用

<table>
<tr><td rowspan="2">购货单位</td><td>名　称</td><td colspan="3"></td><td>税务登记号</td><td colspan="15"></td></tr>
<tr><td>地址、电话</td><td colspan="3"></td><td>开户银行及账号</td><td colspan="15"></td></tr>
<tr><td colspan="2" rowspan="2">货物或应税劳务名称</td><td rowspan="2">规格型号</td><td rowspan="2">计量单位</td><td rowspan="2">数量</td><td rowspan="2">单价</td><td colspan="7">金　额</td><td rowspan="2">税率（%）</td><td colspan="7">金　额</td></tr>
<tr><td>万</td><td>千</td><td>百</td><td>十</td><td>元</td><td>角</td><td>分</td><td>万</td><td>千</td><td>百</td><td>十</td><td>元</td><td>角</td><td>分</td></tr>
<tr><td colspan="2"></td><td></td><td></td><td></td><td></td><td></td><td></td><td></td><td></td><td></td><td></td><td></td><td></td><td></td><td></td><td></td><td></td><td></td><td></td><td></td></tr>
<tr><td colspan="2"></td><td></td><td></td><td></td><td></td><td></td><td></td><td></td><td></td><td></td><td></td><td></td><td></td><td></td><td></td><td></td><td></td><td></td><td></td><td></td></tr>
<tr><td colspan="2"></td><td></td><td></td><td></td><td></td><td></td><td></td><td></td><td></td><td></td><td></td><td></td><td></td><td></td><td></td><td></td><td></td><td></td><td></td><td></td></tr>
<tr><td colspan="2">合　计</td><td></td><td></td><td></td><td></td><td></td><td></td><td></td><td></td><td></td><td></td><td></td><td></td><td></td><td></td><td></td><td></td><td></td><td></td><td></td></tr>
<tr><td colspan="2">价税合计</td><td colspan="19">拾　万　仟　佰　拾　元　角　分　　¥</td></tr>
<tr><td colspan="2">备　注</td><td colspan="19"></td></tr>
<tr><td rowspan="2">销货单位</td><td>名　称</td><td colspan="3"></td><td>税务登记号</td><td colspan="15"></td></tr>
<tr><td>地址、电话</td><td colspan="3"></td><td>开户银行及账号</td><td colspan="15"></td></tr>
</table>

第四联：记账联　销货方记账凭证

销货单位（章）：　　收款人：　　复核：　　开票人：

2102012141 **大连增值税专用发票** №00001466

开票日期：　年　月　日　　此联不作报销、扣税凭证使用

<table>
<tr><td rowspan="2">购货单位</td><td>名　称</td><td colspan="3"></td><td>税务登记号</td><td colspan="15"></td></tr>
<tr><td>地址、电话</td><td colspan="3"></td><td>开户银行及账号</td><td colspan="15"></td></tr>
<tr><td colspan="2" rowspan="2">货物或应税劳务名称</td><td rowspan="2">规格型号</td><td rowspan="2">计量单位</td><td rowspan="2">数量</td><td rowspan="2">单价</td><td colspan="7">金　额</td><td rowspan="2">税率（%）</td><td colspan="7">金　额</td></tr>
<tr><td>万</td><td>千</td><td>百</td><td>十</td><td>元</td><td>角</td><td>分</td><td>万</td><td>千</td><td>百</td><td>十</td><td>元</td><td>角</td><td>分</td></tr>
<tr><td colspan="2"></td><td></td><td></td><td></td><td></td><td></td><td></td><td></td><td></td><td></td><td></td><td></td><td></td><td></td><td></td><td></td><td></td><td></td><td></td><td></td></tr>
<tr><td colspan="2"></td><td></td><td></td><td></td><td></td><td></td><td></td><td></td><td></td><td></td><td></td><td></td><td></td><td></td><td></td><td></td><td></td><td></td><td></td><td></td></tr>
<tr><td colspan="2"></td><td></td><td></td><td></td><td></td><td></td><td></td><td></td><td></td><td></td><td></td><td></td><td></td><td></td><td></td><td></td><td></td><td></td><td></td><td></td></tr>
<tr><td colspan="2">合　计</td><td></td><td></td><td></td><td></td><td></td><td></td><td></td><td></td><td></td><td></td><td></td><td></td><td></td><td></td><td></td><td></td><td></td><td></td><td></td></tr>
<tr><td colspan="2">价税合计</td><td colspan="19">拾　万　仟　佰　拾　元　角　分　　¥</td></tr>
<tr><td colspan="2">备　注</td><td colspan="19"></td></tr>
<tr><td rowspan="2">销货单位</td><td>名　称</td><td colspan="3"></td><td>税务登记号</td><td colspan="15"></td></tr>
<tr><td>地址、电话</td><td colspan="3"></td><td>开户银行及账号</td><td colspan="15"></td></tr>
</table>

第四联：记账联　销货方记账凭证

销货单位（章）：　　收款人：　　复核：　　开票人：

辽宁省增值税专用发票

No.00001465

开票日期：　年　月　日　　　　此联不作报销、扣税凭证使用

购货单位	名　　称： 纳税人识别号： 地 址　电 话： 开户行及账号：					密码区	略	
货物或应税劳务名称	规格型号	单位	数　量	单　价	金　额	税率	税　额	
合　计								
价税合计(大写)					(小写)¥			
销货单位	名　　称： 纳税人识别号： 地 址　电 话： 开户行及账号：					备注		

销货单位：(章)　收款人：　　复核：　　开票人：

第三联：记账联　销货方记账凭证

1

辽宁省增值税专用发票

No.00001466

开票日期：　年　月　日　　　　此联不作报销、扣税凭证使用

购货单位	名　　称： 纳税人识别号： 地 址　电 话： 开户行及账号：					密码区	略	
货物或应税劳务名称	规格型号	单位	数　量	单　价	金　额	税率	税　额	
合　计								
价税合计(大写)					(小写)¥			
销货单位	名　　称： 纳税人识别号： 地 址　电 话： 开户行及账号：					备注		

销货单位：(章)　收款人：　　复核：　　开票人：

第三联：记账联　销货方记账凭证

1

辽宁省大连市商业零售剪贴发票
记 账 联

3221011131　　　　No 0368793

购货单位(人)：　　　　年　月　日

货号	品名及规格	单位	数量	单价	金额							备注
					万	千	百	十	元	角	分	
												本票为剪贴发票，发票联大写金额与剪贴券剪留的十元以上金额相符，否则为无效发票。
合计金额(大写)	万　仟　佰　拾　元　角　分											
结算方式		开户银行及账号										

①非报销凭证

销货单位(盖章有效)　　收款人：　　开票人：

无剪贴券无效

十元 9 8 7 6 5 4 3 2 1 0 十元　百元 9 8 7 6 5 4 3 2 1 0 百元　千元 9 8 7 6 5 4 3 2 1 0 千元　万元 9 8 7 6 5 4 3 2 1 0 万元

辽宁省大连市商业零售剪贴发票
记 账 联

3221011131　　　　No 0368794

购货单位(人)：　　　　年　月　日

货号	品名及规格	单位	数量	单价	金额							备注
					万	千	百	十	元	角	分	
												本票为剪贴发票，发票联大写金额与剪贴券剪留的十元以上金额相符，否则为无效发票。
合计金额(大写)	万　仟　佰　拾　元　角　分											
结算方式		开户银行及账号										

①非报销凭证

销货单位(盖章有效)　　收款人：　　开票人：

无剪贴券无效

十元 9 8 7 6 5 4 3 2 1 0 十元　百元 9 8 7 6 5 4 3 2 1 0 百元　千元 9 8 7 6 5 4 3 2 1 0 千元　万元 9 8 7 6 5 4 3 2 1 0 万元

辽宁省大连市商业零售剪贴发票

记 账 联

3221011131　　　　　　　　　　　　　　　　　　　N º 0368795

购货单位(人):　　　　　　　　　　年　　月　　日

货 号	品 名 及 规 格	单 位	数 量	单 价	金 额							备 注
					万	千	百	十	元	角	分	
												本票为剪贴发票,发票联大写金额与剪贴券剪留的十元以上金额相符,否则为无效发票。
合计金额(大写)	万　仟　佰　拾　元　角　分											
结算方式		开户银行及账号										

①非报销凭证

销货单位(盖章有效)　　　　　收款人:　　　　　开票人:

无 剪 贴 券 无 效

十元 9 8 7 6 5 4 3 2 1 0 十元

百元 9 8 7 6 5 4 3 2 1 0 百元

千元 9 8 7 6 5 4 3 2 1 0 千元

万元 9 8 7 6 5 4 3 2 1 0 万元

辽宁省大连市商业零售剪贴发票

记 账 联

3221011131　　　　　　　　　　　　　　　　　　　N º 0368796

购货单位(人):　　　　　　　　　　年　　月　　日

货 号	品 名 及 规 格	单 位	数 量	单 价	金 额							备 注
					万	千	百	十	元	角	分	
												本票为剪贴发票,发票联大写金额与剪贴券剪留的十元以上金额相符,否则为无效发票。
合计金额(大写)	万　仟　佰　拾　元　角　分											
结算方式		开户银行及账号										

①非报销凭证

销货单位(盖章有效)　　　　　收款人:　　　　　开票人:

无 剪 贴 券 无 效

十元 9 8 7 6 5 4 3 2 1 0 十元

百元 9 8 7 6 5 4 3 2 1 0 百元

千元 9 8 7 6 5 4 3 2 1 0 千元

万元 9 8 7 6 5 4 3 2 1 0 万元

辽宁省大连市商业零售剪贴发票

记 账 联

3221011131　　　　　　　　　　　　　　N º 0368797

购货单位(人)：　　　　　　年　　月　　日

货号	品名及规格	单位	数量	单价	金额							备注
					万	千	百	十	元	角	分	
												本票为剪贴发票，发票联大写金额与剪贴券剪留的十元以上金额相符，否则为无效发票。
合计金额（大写）	万　仟　佰　拾　元　角　分											
结算方式		开户银行及账号										

①非报销凭证

销货单位(盖章有效)　　　　收款人：　　　　开票人：

无剪贴券无效

辽宁省大连市商业零售剪贴发票

记 账 联

3221011131　　　　　　　　　　　　　　N º 0368798

购货单位(人)：　　　　　　年　　月　　日

货号	品名及规格	单位	数量	单价	金额							备注
					万	千	百	十	元	角	分	
												本票为剪贴发票，发票联大写金额与剪贴券剪留的十元以上金额相符，否则为无效发票。
合计金额（大写）	万　仟　佰　拾　元　角　分											
结算方式		开户银行及账号										

①非报销凭证

销货单位(盖章有效)　　　　收款人：　　　　开票人：

无剪贴券无效

十元 9 8 7 6 5 4 3 2 1 0 十元

百元 9 8 7 6 5 4 3 2 1 0 百元

千元 9 8 7 6 5 4 3 2 1 0 千元

万元 9 8 7 6 5 4 3 2 1 0 万元

辽宁省大连市商业零售剪贴发票

记 账 联

3221011131　　　　　　　　　　　　　　№ 0368799

购货单位(人):　　　　　　　　　　年　　月　　日

货号	品名及规格	单位	数量	单价	金额 万	千	百	十	元	角	分	备注
												本票为剪贴发票,发票联大写金额与剪贴券剪留的十元以上金额相符,否则为无效发票。
合计金额(大写)	万　仟　佰　拾　元　角　分											
结算方式		开户银行及账号										

①非报销凭证

销货单位(盖章有效)　　　　收款人:　　　　开票人:

无剪贴券无效

十元 9 8 7 6 5 4 3 2 1 0 十元

百元 9 8 7 6 5 4 3 2 1 0 百元

千元 9 8 7 6 5 4 3 2 1 0 千元

万元 9 8 7 6 5 4 3 2 1 0 万元

商品验收单

发货单位:　　　　　　　　年　月　日　　　　　　凭证编号:N0012311

商品名称	规格型号	实收 单位	数量	单价	金额 十	万	千	百	十	元	角	分	售价 单位	数量	单价	金额 十	万	千	百	十	元	角	分	进销差价

②会计

会计:　　　　　　　　　　保管:

商品验收单

发货单位： 年 月 日 凭证编号：N0012312

商品名称	规格型号	实收											售价											进销差价
		单位	数量	单价	金额								单位	数量	单价	金额								
					十	万	千	百	十	元	角	分				十	万	千	百	十	元	角	分	

②会计

会计： 保管：

商品验收单

发货单位： 年 月 日 凭证编号：N0012313

商品名称	规格型号	实收											售价											进销差价
		单位	数量	单价	金额								单位	数量	单价	金额								
					十	万	千	百	十	元	角	分				十	万	千	百	十	元	角	分	

②会计

会计： 保管：

商品验收单

发货单位：　　　　　　　　　　年　月　日　　　　　　　　　　凭证编号:N0012314

商品名称	规格型号	实收											售价											进销差价
		单位	数量	单价	金额								单位	数量	单价	金额								
					十	万	千	百	十	元	角	分				十	万	千	百	十	元	角	分	

②会计

会计：　　　　　　　　　　　　　　　　保管：

商品验收单

发货单位：　　　　　　　　　　年　月　日　　　　　　　　　　凭证编号:N0012315

商品名称	规格型号	实收											售价											进销差价
		单位	数量	单价	金额								单位	数量	单价	金额								
					十	万	千	百	十	元	角	分				十	万	千	百	十	元	角	分	

②会计

会计：　　　　　　　　　　　　　　　　保管：

商品验收单

发货单位：　　　　　　年　月　日　　　　　　凭证编号：N0012316

商品名称	规格型号	实收											售价											进销差价
		单位	数量	单价	金额								单位	数量	单价	金额								
					十	万	千	百	十	元	角	分				十	万	千	百	十	元	角	分	

②会计

会计：　　　　　　　　保管：

商品验收单

发货单位：　　　　　　年　月　日　　　　　　凭证编号：N0012317

商品名称	规格型号	实收											售价											进销差价
		单位	数量	单价	金额								单位	数量	单价	金额								
					十	万	千	百	十	元	角	分				十	万	千	百	十	元	角	分	

②会计

会计：　　　　　　　　保管：

商品出库单

№00187501

出库单位：　　　　年　月　日

品　名	规格型号	单位	数量	单价	金　额

②会计

会计：　　　　保管：　　　　领用人：

商品出库单

№00187502

出库单位：　　　　年　月　日

品　名	规格型号	单位	数量	单价	金　额

②会计

会计：　　　　保管：　　　　领用人：

商品出库单

№00187503

出库单位：　　　　年　月　日

品　名	规格型号	单位	数量	单价	金　额

②会计

会计：　　　　保管：　　　　领用人：

商品出库单

№00187504

出库单位：　　　　年　月　日

品　名	规格型号	单位	数量	单价	金　额

②会计

会计：　　　　保管：　　　　领用人：

商品出库单

№00187505

出库单位：　　　　年　月　日

品　名	规格型号	单位	数量	单价	金　额								

②会计

会计：　　保管：　　领用人：

商品出库单

№00187506

出库单位：　　　　年　月　日

品　名	规格型号	单位	数量	单价	金　额								

②会计

会计：　　保管：　　领用人：

商品出库单

№00187507

出库单位：　　　　年　月　日

品　名	规格型号	单位	数量	单价	金　额								

②会计

会计：　　保管：　　领用人：

商品出库单

№00187508

出库单位：　　　　年　月　日

品　名	规格型号	单位	数量	单价	金　额								

②会计

会计：　　保管：　　领用人：

商品出库单

№00187509

出库单位：　　　　年　月　日

品　名	规格型号	单位	数量	单价	金　额								

②会计

会计：　　　　保管：　　　　领用人：

商品出库单

№001875010

出库单位：　　　　年　月　日

品　名	规格型号	单位	数量	单价	金　额								

②会计

会计：　　　　保管：　　　　领用人：

商品出库单

№001875011

出库单位：　　　　年　月　日

品　名	规格型号	单位	数量	单价	金　额								

②会计

会计：　　　　保管：　　　　领用人：

商品出库单

№001875012

出库单位：　　　　年　月　日

品　名	规格型号	单位	数量	单价	金　额								

②会计

会计：　　　　保管：　　　　领用人：

工资支付明细表

2005 年 12 月 10 日

部　门	姓　名	基本工资	岗位工资	餐费补助	合　计	签　字
商务部		1 800	300	400		
	王　义	1 000	200	200		
	赵　昂	800	100	200		
技术部		3 200	400	600		
	杨　柳	1 200	200	200		
	张　强	1 000	100	200		
	刘　勇	1 000	100	200		
销售部		4 400	500	600		
	王庆国	2 000	300	200		
	张强宏	1 200	100	200		
	宋　宁	1 200	100	200		
管理部		3 600	500	800		
	曲　红	1 200	200	200		
	张　单	1 000	100	200		
	谷玉中	800	100	200		
	张　宏	600	100	200		
合计		13 000	1 700	2 400		

制表：

固定资产折旧计算表

2005 年 12 月

固定资产名称	原始价值	月折旧率	月折旧额
营业用房屋	680 000	0.5%	
营业用汽车	120 000	0.8%	
办公设备	40 000	1%	
合　计	840 000		

制表：

商品购进短缺溢余报告单

年　　月　　日

品　名	单位	应收数量	实收数量	单价	短缺		溢　余	
					数量	金额		

供货单位：	处理意见：	溢余或短缺原因	

商品调价差额调整单

年　月　日

品　名	规格	单位	结存数量	零售单价		调整单价差额		调高金额	调低金额
				新价	原价	增加	减少		

商品盘点短缺溢余报告单

年　月　日

账存金额		溢余金额		短缺或溢余原因
实存金额		短缺金额		
处理意见		领导批复		

商品销售日报表

年　月　日

品　名	规　格	计量单位	数　量	单　价	金　额	备　注

商品销售日报表

年　月　日

品　名	规　格	计量单位	数　量	单　价	金　额	备　注

商品销售日报表

年　月　日

品　名	规　格	计量单位	数　量	单　价	金　额	备　注

商品销售日报表

年　月　日

品　名	规　格	计量单位	数　量	单　价	金　额	备　注

已销商品进销差价计算表

年　　月　　日

商品名称	月末进销差价余额（摊销前）	月末库存商品余额	本月商品销售成本	综合差价率	商品进销差价	
					已销商品	库存商品

制表：

含税商品销售收入进项税额分解表

年　　月　　日

商品名称	本月含税商品销售收入	增值税率 %	销项税额	本月不含税商品销售收入

制表：

应交城市维护建设税、教育费附加计算表

年　　月　　日

__计税依据	税　率　%	应　交　额

制表：

应交所得税计算表

年　　月　　日

应纳税所得额	所得税税率(33%)	应交纳所得税额

制表：

利润分配计算表

年　　月　　日

利润分配项目	分配比例%	分　配　额

制表：

三、实训要求

1. 根据大连金华办公设备经销有限公司12月初有关总账、“库存商品”明细账、“现金”、“银行存款”日记账期初余额设置相关账户，登记期初余额（其他明细账略）。

2. 根据实训资料3、4中所列示的经济业务及相关原始凭证分析、判断此项经济业务所涉及的相关其他原始凭证，并利用所给的空白凭证填写原始凭证。发货票、支票、商品出、入库单等在使用时应注意序号。

3. 已有的原始凭证和所填写的原始凭证，填写记账凭证。

4. 根据记账凭证登记相关的明细账。

5. 月末编制科目汇总表，并据以登记总账。

6. 年末编制资产负债表、利润表。

7. 实训用记账凭证、账页：收款凭证12张；付款凭证22张；转账凭证37张；数量金额式“库存商品”明细账13页；日记账2页；三栏式总账30页。